Christian Thies

Einführung in die philosophische Anthropologie

Einführungen Philosophie

Die Reihe „Einführungen" (Philosophie) soll vor allem den Studienanfängern Orientierung bieten. Auf dem neusten Stand der Forschung werden die wesentlichen Theorien und Probleme aller Hauptgebiete der Philosophie dargestellt. Dabei geht es nicht um Philosophiegeschichte, sondern um das Philosophieren selbst. Nicht Namen und Epochen stehen im Vordergrund, sondern Argumente. Jeder Band steht für sich und ermöglicht einen systematischen Überblick über das jeweilige Gebiet. Die didaktische Aufbereitung (Zusammenfassungen, Übungsaufgaben, Literaturhinweise …), eine übersichtliche Gliederung und die gute Lesbarkeit machen die Bände zu einem hervorragenden Hilfsmittel für Studierende.

Herausgeber:

Dieter Schönecker, Stonehill College, Easton, MA
Niko Strobach, Universität Rostock

Wissenschaftlicher Beirat:

Rainer Enskat (Halle-Wittenberg), Roland Henke (Bonn), Otfried Höffe (Tübingen), Wolfgang Künne (Hamburg), Wolfgang Malzkorn (Bonn), Enno Rudolph (Luzern), Wolfgang Spohn (Konstanz), Ursula Wolf (Mannheim)

Christian Thies

Einführung in die philosophische Anthropologie

Wissenschaftliche Buchgesellschaft

Einbandgestaltung: schreiberVIS, Seeheim.

Die Deutsche Bibliothek verzeichnet diese Publikation
in der Deutschen Nationalbibliografie;
detaillierte bibliografische Daten sind im Internet über
http://dnb.ddb.de abrufbar.

© 2004 by Wissenschaftliche Buchgesellschaft, Darmstadt
Gedruckt auf säurefreiem und alterungsbeständigem Papier
Printed in Germany

Besuchen Sie uns im Internet: www.wbg-darmstadt.de

ISBN 3-534-15470-3

Inhaltsverzeichnis

Vorwort

Einführungen in philosophische Disziplinen gleichen gewöhnlich Besichtigungen: Ein Experte zeigt einem interessierten Publikum die Besonderheiten eines komplexen, historisch gewachsenen Gebildes, erläutert dessen Grundstrukturen und schwierige Einzelheiten. Entweder handelt es sich um ein wertvolles Kulturdenkmal, das heute noch benutzt und bewohnt wird – so kann man in die Sprachphilosophie oder die Ethik einführen, in die Kerndisziplinen der Philosophie, in denen sich wenige Grundpositionen und zentrale Argumente herausgeschält haben. Oder man macht einen Rundgang über ein Trümmerfeld: Das scheint bei der Anthropologie der Fall zu sein. Diese Disziplin trägt zwar einen ehrwürdigen Namen, „Lehre vom Menschen", aber trotz einiger Blütezeiten hat sie sich nicht etablieren können; kaum ein philosophisches Teilgebiet kämpft mit solchen Identitätsproblemen wie die Anthropologie. Bei einem Rundgang würden die Leser und Leserinnen nur die Ruinen früherer Zeiten oder bestenfalls isoliert nebeneinander stehende Bauhütten kennenlernen. Das mag ein informatives und sogar unterhaltsames Unternehmen sein, eine gedankliche Herausforderung für unsere Gegenwart ist es nicht.

Deshalb wurde hier ein drittes Verfahren gewählt: Zunächst wird das Trümmerfeld freigeräumt, dann der Grundriss für ein neues Gebäude gezeichnet. Mangels allgemein akzeptierter Vorgaben muss der Autor selbst die Grenzen festsetzen und einen eigenen Konstruktionsplan zugrunde legen. Um das Fundament zu sichern, ist es sogar sinnvoll, pointiert Stellung zu beziehen. An vielen Stellen konnten ältere Bruchstücke eingesetzt werden; als fast unerschöpfliche Fundgrube erwiesen sich die philosophischen Klassiker und die deutsche Philosophische Anthropologie. Hinzu kommen neue Bausteine aus anderen Gebieten, nämlich den empirischen Wissenschaften vom Menschen. Die Verfahrensweise ist also nicht philosophiegeschichtlich, auch nicht analytisch im eigentlichen Sinne, sondern eher synthetisch und konstruktiv. Das Resultat ist sicherlich kein erdbebensicheres Gebäude, zudem soll es zu weiteren Um- und Anbauten anregen. Verfahrensweise

Das Buch gliedert sich in *drei Teile*: Der erste Teil dient dazu, die Idee einer philosophischen Anthropologie zu profilieren, in Auseinandersetzung mit anderen Auffassungen aus der Philosophiegeschichte und aus den Humanwissenschaften, vor allem unter Zurückweisung wichtiger Einwände gegen diese Disziplin. Im dritten Kapitel dieses Teils lassen sich die Umrisse der philosophischen Anthropologie schon gut erkennen. Auf dieser Grundlage werden im zweiten Teil die wichtigsten anthropologischen Kategorien systematisch erörtert; als Leitfaden dienen die klassischen Menschenbilder. Im dritten Teil greife ich einige der zentralen Kontroversen des anthropologischen Denkens auf. Ein wichtiges Thema früherer Zeiten, das Leib-Seele-Problem, wird man vielleicht vermissen; man wird ihm in einem anderen Band dieser Reihe, der Einführung in die Philosophie des Geistes, begegnen. Aufbau

Noch einige Ratschläge zum Umgang mit diesem Buch: Werfen Sie vor der Lektüre der einzelnen Kapitel einen Blick auf die Arbeitsaufgaben am Ende. Die erste Frage dient jeweils der eigenen Vorverständigung; deshalb sollte man sich ihr vor dem Studium des Kapitels widmen. Auch die als Hinweise
zur Benutzung

Motto vorangestellten Zitate eignen sich sicherlich als Diskussionseinstieg. Buchtitel oder Autorennamen, auf die der Text allgemein verweist, werden nicht gesondert belegt, sondern können im systematisch untergliederten Literaturverzeichnis nachgeschlagen werden.

Hilfreiche Hinweise verdanke ich Beatrix Gotthold, Michael Großheim, Heiner Hastedt und Dieter Schönecker sowie vor allem Niko Strobach. In einem anderen Sinne habe ich mich bei meinen Eltern zu bedanken; denn ohne sie wäre ich nicht der Mensch, der über Menschsein und Menschlichkeit nachdenkt. Ihnen sei deshalb dieses Buch gewidmet.

1. Was ist philosophische Anthropologie?

Die im Vorwort benannten Identitätsprobleme der philosophischen Anthropologie erfordern eine ausführliche Darstellung ihrer Aufgaben und Grenzen. Welche Fragen werden überhaupt in der philosophischen Anthropologie gestellt und welche nicht? In welchem Verhältnis steht sie zu den empirischen Wissenschaften vom Menschen sowie zu anderen Disziplinen der Philosophie? Das sind die Fragen des ersten Kapitels. Im zweiten Kapitel werden die zahlreichen Einwände gegen eine (philosophische) Anthropologie gebündelt. Es handelt sich um Kritikpunkte, die man ernst nehmen muss und aus deren Erörterung viel gelernt werden kann. Deshalb sollten auch Leser und Leserinnen, die an der Berechtigung der Anthropologie nicht zweifeln, diese Seiten nicht überblättern. Nach der Auseinandersetzung mit diesen Einwänden und nach den Vorklärungen des ersten Kapitels kann das dritte Kapitel die Umrisse einer zeitgemäßen philosophischen Anthropologie skizzieren: Eine solche muss kritisch, integrativ-interpretativ und dialektisch verfahren. Alle diese Begriffe werden erläutert.

1.1 Ziele und Grenzen

1.1.1 Prolog: Ein Rätsel und zwei Antworten

Es gab einmal ein geflügeltes Ungeheuer, das vorn wie eine junge Frau und hinten wie ein Löwe aussah – die Sphinx. Dieses Monstrum lagerte auf einem Felsen vor der griechischen Stadt Theben und stellte den Vorbeikommenden Fragen, die es von den Musen erlernt hatte. Da keiner die Antworten wusste, wurden alle von der Sphinx erwürgt und verschlungen. Die Königswürde versprach man deshalb demjenigen, der die Stadt von dieser Heimsuchung befreien würde. Als Ödipus erschien, wollte ihm die Sphinx ein besonders schweres Rätsel vorlegen: „Was ist das? Am Morgen ist es vierfüßig, am Mittag zweifüßig, am Abend dreifüßig. Es ist das einzige Lebewesen, bei dem die Zahl der Füße wechselt. Aber wenn es die meisten Füße hat, besitzt es die geringste Kraft und Schnelligkeit." Ödipus lächelte, als er das Rätsel vernahm, das ihm selbst gar nicht schwierig erschien. „Die Antwort lautet: der Mensch. Am Morgen seines Lebens, so lang er ein schwaches und hilfloses Kind ist, kriecht er auf seinen zwei Füßen und seinen zwei Händen; ist er erstarkt, so geht er am Mittage seines Lebens nur auf den zwei Füßen; ist er endlich am Lebensabend als Greis einer Stütze bedürftig, so nimmt er den Krückstock als dritten Fuß zu Hilfe." Daraufhin stürzte sich die Sphinx vom Felsen und Ödipus wurde König von Theben (frei nach: 356, S. 160).

Diesen Mythos, berühmt durch eine Tragödie des Sophokles, kann man an den Anfang der philosophischen Anthropologie stellen. Durch Ödipus gelingt die Befreiung vom Schrecken der Vorzeit; ein schicksalhaftes Verhängnis kann allein durch Nachdenken überwunden werden. Nicht irgendwelche Fabelwesen, sondern die Menschen sind nun, wie der Chor in einem anderen sophokleischen Drama hervorhebt, das Gewaltige und Ehrfurchtgebietende (359, V. 332 ff.). Zudem zeigt uns Sophokles den Ödipus als eine zutiefst menschliche Figur: Ohne sich auf übermenschliche Instanzen zu verlassen (auch nicht auf den blinden Seher), sucht er nach der

Wahrheit, auch wenn diese für ihn selbst verhängnisvoll ist (wie sich im weiteren Verlauf der Ereignisse zeigt). Im Unterschied zu vielen anderen Helden der griechischen Mythologie wie Achill oder Odysseus ist Ödipus kein Krieger, sondern der Vorläufer einer philosophischen Haltung (vgl. 156, S. 145 ff.).

Dies gilt noch in einer anderen Hinsicht. Denn das Rätsel der Sphinx korrespondiert mit dem Gebot des delphischen Apolls: „Erkenne dich selbst!" Diese Maxime soll von dem ersten uns namentlich bekannten Philosophen stammen, von Thales aus Milet, der die Selbsterkenntnis als die für uns schwerste Aufgabe ansah (35, I 36 u. 40). Sokrates bezog sich in den platonischen Dialogen mehrfach auf diesen Leitsatz (61, Charm. 164d, Phdr. 229e u. ö.). Selbsterkenntnis war es auch, was die Sphinx von Ödipus verlangte; denn er hätte auf ihre Frage noch eine andere, ebenfalls richtige Antwort geben können: „Ich, ich bin es, insofern ich ein Mensch bin."

Zwei Perspektiven   Die beiden Lösungsworte („der Mensch" und „ich als Mensch") unterscheiden sich nicht so wie Wörter aus verschiedenen Sprachen (anthropos, homo, homme, man, Mensch usw.), sondern richten sich auf denselben Gegenstand aus zwei unterschiedlichen Perspektiven. Ödipus' Antwort erfolgt aus der Perspektive der dritten Person, die andere Antwort aus der Perspektive der ersten Person. Das erste Ziel der philosophischen Anthropologie ist es, beide Perspektiven zu berücksichtigen.

1.1.2 Die Fragen der philosophischen Anthropologie

Philosophieren heißt radikales Weiterfragen. Deshalb entsprechen den beiden Perspektiven *zwei anthropologische Grundfragen*:

(1) Wer sind wir?

Die erste Grundfrage   Das ist die Frage nach unserer *Identität*, nach dem, was wir selbst sind. Wir stellen sie zunächst in der ersten Person Singular („wer bin ich?"). Wenn es aber um unsere Identität als Menschen geht, stehen wir nicht allein und formulieren die Frage aus der Perspektive der ersten Person Plural („wir"). Das entscheidende Merkmal dieser anthropologischen Grundfrage bleibt erhalten, ihre Selbstbezüglichkeit. Man kann sogar von einer *dreifachen* Selbstbezüglichkeit sprechen: Wir *selbst* sind es, die *selbst* nach uns *selbst* fragen. Erstens: Das Subjekt des Fragens sind wir; wir können die Suche nach unserer Identität keinem anderen überlassen. Zweitens: Wir gehen eigenständig vor, autonom. Deshalb können alle Selbstverständlichkeiten radikal in Frage gestellt werden. Es gibt keine unbezweifelbaren Autoritäten; unser gesamtes Kategoriensystem steht jederzeit vollständig zur Disposition, zumindest sollte es kritisch weiterentwickelt werden. Drittens: Wir sind nicht nur das Subjekt, sondern auch das Objekt der Suche; das Weiterfragen ist insofern eine Selbstbefragung, die Zurückbeugung (Reflexion) auf uns selbst. Primäres Ziel der philosophischen Anthropologie ist also die *Selbstverständigung* über das, was unsere Identität als Menschen ausmacht.

(2) Was ist der Mensch?

Die zweite Grundfrage   Schon im Alten Testament (346, Ps. 8, 5) und bei Sokrates (61, Alk. I, 129e) finden wir diese Formulierung. Fragen dieser Art setzen die Bekanntschaft mit dem Objekt der Frage voraus. Erwartet wird keine Definition (wie bei der Frage „Was ist ein Mensch?", siehe unten), sondern die Bestimmung des *Wesens* des Menschen, die noch Fichte auf rein spekulativem Wege geben wollte. Die moderne Philosophie weiß auf diese Frage keine allgemein gültige Antwort. Trotzdem ist die Suche nicht sinnlos geworden. Wir können uns zwar nicht auf einen absoluten Standpunkt stellen. Aber wir können eine objektivierende Perspektive einnehmen, in der wir uns als Menschen gewissermaßen von außen betrachten, aus der Perspektive der dritten Person. Die modernen Wissenschaften haben sich diese Vorgehensweise zu eigen gemacht, auf ihre Erkenntnisse können wir zurückgreifen. Das Resultat des Fragens wird zwar keine klassische Wesensbestimmung sein, aber immerhin mehr als empirisches Informationsmaterial, nämlich *Orientierungswissen*. Darunter verstehe ich begründete und systematisierte Einsichten, die helfen können, sich in einer unübersichtlichen, vieldeutigen Welt zurechtzufinden. Das gilt vor allem für wichtige Handlungsbereiche wie Medizin, Pädagogik und Politik. Insofern richtet sich die Anthropologie nicht nur an Spezialisten, sondern darüber hinaus an ein allgemeines, interessiertes Publikum. Denn die Philosophie ist zwar in der modernen Welt eine Wissenschaft wie jede andere, aber sie sollte mit unseren alltäglichen Bemühungen um Orientierung verbunden bleiben.

Die folgenden Fragen werden hingegen von einer philosophischen Anthropologie nicht gestellt:

Abgrenzung von anderen Fragen

– Was ist ein Mensch?

So fragen wir nach etwas Unbekanntem und erwarten als Antwort eine möglichst exakte Definition. Das geschieht in den Wissenschaften, die sich mit vergleichbaren Fragen wie „was ist ein Quadrat?", „was ist Energie?" oder „was ist ein Konsekutivsatz?" beschäftigen. Das mag bei der Frage nach dem menschlichen Genom möglich sein. Aber auch dessen Entschlüsselung gleicht eher dem Zeichnen einer Karte als dem Bereisen eines Landes; wer eine perfekte Karte von Mecklenburg-Vorpommern besitzt, kennt deswegen noch nicht Land und Leute. Zudem kann die Angabe einer endlosen Reihe komplexer Moleküle philosophische Bedürfnisse nicht befriedigen. Auf zentrale Fragen des Lebens sind endgültige Antworten nicht zu erwarten, schon gar nicht solche von naturwissenschaftlicher Genauigkeit. Philosophie ist bekanntlich nicht der Besitz, sondern das Streben nach Weisheit.

– Wer ist ein Mensch?

Diese Frage stellt sich bei Abgrenzungs- und Subsumtionsproblemen: Sind unsere stammesgeschichtlichen Vorläufer, die Australopithecinen oder die Neandertaler, schon Menschen oder nicht? Ab wann ist der Fötus im Mutterleib ein Mensch, dem alle Rechte zugesprochen werden müssen? Immer ist jedoch die Klärung dessen, was mit dem Begriff „Mensch" gemeint ist, vorausgesetzt. Bekanntlich wollten einige antike Denker Frauen und „Barbaren" nicht im vollen Sinne als Menschen gelten lassen. Wenn wir den Unterschied zwischen den Fragen „wer ist ein Mensch?" und „was ist der Mensch?" beachten, kann man auf der einen Seite diese Eingrenzungen zurückweisen und auf der anderen Seite dennoch die vielen tiefgründigen Einsichten übernehmen, die die antike Anthropologie hervorgebracht hat.

– Ist das ein Mensch?

So lautet der Titel eines berühmten Buches über Auschwitz, wo Menschen grausamste Untaten begingen und andere Menschen wie Tiere behandelten (354). Im Hintergrund steht die anthropologische Frage, warum Menschen zu so etwas fähig sind. Aber es geht auch darum, wie ein menschliches, ein humanes Zusammenleben aussehen sollte. Begriffe wie „human" und „Humanität" werden meistens normativ verwendet. Hingegen kann man das deutsche Wort „menschlich" sowohl deskriptiv („Irren ist menschlich") als auch normativ („Foltern ist unmenschlich") einsetzen. Normative Aussagen, also Aussagen darüber, wie Menschen handeln und leben sollten, sind aber, entgegen einer landläufigen Auffassung, nicht Thema der Anthropologie, sondern der Moralphilosophie bzw. Ethik. Auch die aktuellen Fragen, ob wir die menschliche Natur, etwa durch Reprogenetik, technisch gestalten sollten, gehören in die Angewandte Ethik; das gilt ebenso für die Diskussion, ob nur Menschen unbedingte Rechte besitzen oder ob dies eine illegitime Bevorzugung unserer Art, also Speziesismus, sei. Die philosophische Anthropologie kann nur sagen, wie Menschen sind und sein können. Eine normative Begrifflichkeit ist völlig zu vermeiden. Dennoch kann die philosophische Anthropologie für die praktische Philosophie eine wichtige Rolle spielen. Beispielsweise sollte eine Moralphilosophie, die sich nicht in einem wirklichkeitsfernen Utopismus verlieren möchte, auf anthropologisches Wissen über die Möglichkeiten und Grenzen der Menschen nicht verzichten.

1.1.3 Anthropologie außerhalb der Philosophie

Anthropologie ist, gemäß der griechischen Wortbedeutung, die *Lehre vom Menschen*, im engeren Sinne das begründete und systematisierte Wissen vom Menschen. In einem weiten Sinne verstehen wir unter Anthropologie *alles Nachdenken über den Menschen*. Dieses ist keineswegs auf die Philosophie beschränkt, nicht einmal auf die Universitäten, sondern findet sich sehr wohl auch in anderen Bereichen und in Zeiten vor der Entstehung der Wissenschaften.

Lebensweltliche Anthropologien

Implizite anthropologische Annahmen beeinflussen täglich unser soziales Handeln. Wer den Menschen generell für schlecht hält, wird Fremden anders begegnen und seine Kinder anders erziehen als jemand, der ein optimistisches Menschenbild hat. In den nicht reflektierten Weltbildern, die wir alle besitzen, spielen menschliche Selbstdeutungen eine große Rolle. Die reife Gestalt einer impliziten Anthropologie darf als *Menschenkenntnis* bezeichnet werden. Man kann sie zwar auch durch die Lektüre von Büchern erwerben, vor allem durch Belletristik und (Auto-)Biographien. Nicht zu ersetzen sind jedoch primäre Erfahrungen, zum Beispiel durch Reisen und Gespräche, überhaupt eine generelle Offenheit gegenüber anderen Menschen. In der frühen Neuzeit steht die *Welt-Anthropologie* polyglotter Kosmopoliten in direkter Konkurrenz zur Schul-Anthropologie, zum trockenen Bücherwissen aus den Gelehrtenstuben. Als unübertroffen galt lange Zeit die Menschenkenntnis der französischen Moralisten, etwa eines Michel de Montaigne. In Deutschland erreicht dieses Niveau erst Kant in seiner „Anthropologie in pragmatischer Hinsicht"; dieses Werk Kants, dessen Originalhandschrift in Rostock aufbewahrt wird, stellt eine oft unterschätzte Synthese von Schul- und Welt-Anthropologie dar. In Großbritannien protestieren noch an der Wende vom 19. zum 20. Jahrhundert Schriftsteller wie Matthew Arnold und T. S. Eliot, die sich für diesen Erfahrungsbereich zuständig fühlen, gegen die Etablierung der Humanwissenschaften (341, S. 77).

Anthropologische Grundannahmen finden sich in allen *Mythen, Religionen und Weltanschauungen*, nicht zuletzt auch in der *Kunst* – und das seit vorgeschichtlichen Zeiten. „Jede Kulturschöpfung schließt eine heimliche, eine Kryptoanthropologie, ein." (13, S. 11) Vielleicht ist aus den Weltreligionen und den großen Werken der Literatur sogar mehr über den Menschen zu erfahren als aus den spezialisierten empirischen Wissenschaften oder dem abstrakt-philosophischen Denken; zumindest kann die philosophische Anthropologie diese Texte wie Quellen benutzen. Selten wird die Ambivalenz des Menschen besser ausgedrückt als in den Geschichten des Alten Testaments; die Menschenbilder der großen fernöstlichen Weisheitslehren hätten auch in dem vorliegenden Buch eine stärkere Berücksichtigung verdient. Die Einsichten, die sich zum Machtstreben des Menschen in Shakespeares Königsdramen finden, sind kaum zu übertreffen (vgl. 348). Man muss sich nicht einmal auf Texte beschränken: Ein Streifzug durch die Geschichte der bildenden Kunst kann im wahrsten Sinne des Wortes zu einer Erkundung von Menschenbildern werden.

Eine besondere Hervorhebung verdienen *tiefenpsychologische Ansätze*, die auf eigenartige Weise zwischen Reflexion und Spekulation, therapeutischer Praxis und wissenschaftlichem Denken angesiedelt sind. Vor allem die Freud'sche Psychoanalyse hat das anthropologische Denken im 20. Jahrhundert stark beeinflusst.

Wissenschaften, die sich ausschließlich und direkt mit dem Menschen beschäftigen, entwickeln sich relativ spät, nämlich erst seit Ende des 18. Jahrhunderts. In dieser Epoche beginnt die systematische empirische Erforschung des Menschen, angestoßen oft durch Ärzte, Pädagogen und Forschungsreisende. In welcher Form die Anthropologie sich jedoch als *eigenes Fach* etablierte, hing stärker als bei anderen Wissenschaften von nationalen Kulturen und zeitbedingten Umständen ab. Im deutschen Sprachbereich wurde nur eine Disziplin namens Physische Anthropologie institutionalisiert, die eigentlich einen Teil der Biologie, genauer der Zoologie, bildet. Der soziokulturellen Seite des Menschen widmet sich in Deutschland die Völkerkunde oder Ethnologie, die ein Orchideenfach am Rande des akademischen Betriebs geblieben ist. Daneben gibt es traditionellerweise noch die Volkskunde, die sich nicht mit fremden Kulturen, sondern mit der eigenen beschäftigt. Wichtiger ist die Ethnologie in den Ländern, die über einen längeren Zeitraum ein großes Kolonialreich besaßen, also in Großbritannien und Frankreich, wo man die Bezeichnungen „Social Anthropology" bzw. „Anthropologie sociale" bevorzugt. In den USA bürgerte sich der Name „Cultural Anthropology" ein. Diese darf allerdings nicht mit der philosophischen Kulturanthropologie verwechselt werden, wie sie einige deutsche Denker im 20. Jahrhundert vertreten haben. An vielen US-amerikanischen Universitäten ist die „Anthropology" ein Fach mit

Nichtwissenschaftliche Anthropologien

Wissenschaftliche Anthropologien

vielen Studierenden und großer Bedeutung, das bei uns eigenständige Disziplinen wie die Ethnologie, die Humanbiologie sowie die Vor- und Frühgeschichte umfasst, oft sogar noch Linguistik und Soziologie.

Die deutsche Tradition einer philosophischen Anthropologie wurde in Frankreich und in den USA kaum rezipiert. In Frankreich beanspruchte die Zuständigkeit für diesen Bereich zum einen eine Soziologie, die von Emile Durkheim bis Pierre Bourdieu immer sehr starke Beziehungen zur Ethnologie hatte (vgl. 314). Zum anderen widmete sich innerhalb der Philosophie die Phänomenologie intensiver als in Deutschland anthropologischen Themen, etwa bei Maurice Merleau-Ponty. In den USA wird die integrative Funktion einer philosophischen Anthropologie von der Kulturanthropologie wahrgenommen; was dieser jedoch fehlt, sind philosophische Reflexionen, wie sich am undurchdachten Bekenntnis vieler ihrer Vertreter zum Relativismus immer wieder zeigt.

Ferner gibt es Anthropologie nicht nur als eigenes Fach, sondern auch als *Teildisziplin* innerhalb verschiedener Wissenschaften. Neben der schon erwähnten Physischen Anthropologie als Teil der Biologie sind vor allem die medizinische Anthropologie, die soziologische Anthropologie, die pädagogische Anthropologie und die theologische Anthropologie zu erwähnen. Die historische Anthropologie und die literarische Anthropologie sind neue, interdisziplinäre *Forschungsprogramme*. Schließlich meint man heute mit Anthropologie manchmal auch die Anwendung bestimmter *Methoden*. In diesem Sinne sprach man in den Kulturwissenschaften schon von einer „anthropologischen Wende" (344). Unter „Anthropologie der Naturwissenschaft" versteht man dann die teilnehmende Beobachtung in einer Wissenschaftlergruppe; eine Anthropologie des Terrors liefert eine dichte Beschreibung von Gewalt-Phänomenen aus einer verfremdenden Perspektive (320 in Anlehnung an 307; 325 in Anlehnung an 301).

Humanwissen-
schaften

Alle empirischen Wissenschaften, die sich hauptsächlich oder zumindest in einer Teildisziplin mit dem Menschen beschäftigen, werden von mir im Folgenden als *Humanwissenschaften* bezeichnet. Diese sind nicht identisch mit den (wie auch immer verstandenen) Kulturwissenschaften; zudem liegen sie quer zum üblichen Dualismus von Natur- und Geisteswissenschaften. Denn zu den Humanwissenschaften gehören sowohl die Biologie als auch Psychologie, Soziologie und Ethnologie. Große Fortschritte erzielten in den letzten Jahrzehnten vor allem die Paläoanthropologie (die Erforschung unserer direkten stammesgeschichtlichen Vorfahren) und die Neurobiologie (vor allem die Erforschung des menschlichen Gehirns). Erwähnenswert ist darüber hinaus die Primatologie, die sich mit unseren nächsten Verwandten im Tierreich beschäftigt, den Primaten oder Herrentieren, vor allem den großen Affen, also den Schimpansen, Gorillas und Orang-Utans. Alle diese Wissenschaften haben zu neuen Erkenntnissen geführt, die eine philosophische Anthropologie nicht ignorieren darf.

Von den Humanwissenschaften unterscheidet sich die philosophische Anthropologie in zwei Hinsichten: Zum einen thematisieren jene den Menschen bloß aus der Außenperspektive, hingegen wird in dieser die Innenperspektive systematisch integriert. Zum anderen bleibt die philosophische Anthropologie der Ort, an dem das Ganze des Menschen in den Blick genommen wird. Zwar wird dieser Anspruch auch immer wieder von einzelnen Wissenschaften erhoben, aber allein die Tatsache, dass dies in verschiedenen Fächern geschieht, weist einer philosophischen Anthropologie zumindest die Rolle eines Vermittlers zu. Auf beide Unterschiede wird zurückzukommen sein (1.3.2, 1.3.3).

1.1.4 Anthropologie innerhalb der Philosophie

Die Anthropologie als philosophischer Teilbereich unterscheidet sich dadurch von anderen Disziplinen wie Metaphysik, Erkenntnistheorie und Ethik, dass diese, streng genommen, kein Äquivalent in anderen Wissenschaften haben und deshalb auf den Zusatz „philosophisch" verzichten können. Zudem ist der Stellenwert die Anthropologie innerhalb der Philosophie hochgradig umstritten; typologisch lassen sich vier Positionen unterscheiden (2, S. 890f.).

Nach einer ersten Auffassung ist eine philosophische Anthropologie überflüssig, unmöglich oder sogar schädlich. Notwendig und sinnvoll seien bestenfalls *vereinzelte anthropologische Aussagen*, manchmal werden selbst diese abgelehnt. Die Liste der Denker, die man hier nennen könnte, ist lang und voller Prominenz: von den antiken Klassikern Platon und Aristoteles über Meisterdenker des 19. Jahrhunderts wie Kierkegaard und Marx bis zu einigen der einflussreichsten Philosophen des 20. Jahrhunderts, nämlich Heidegger, Adorno, Habermas und Derrida. Die anthropologie-kritischen Argumente dieser Denker werde ich im nächsten Kapitel erörtern.

Eine zweite Gruppe sieht die Anthropologie als eine *periphere Teildisziplin*. Die Notwendigkeit der Anthropologie wird nicht bestritten, aber die kategorialen wie normativen Grundlagen der Philosophie werden andernorts gelegt. Gute Beispiele sind Kant und Hegel. Obwohl Kant in einer Vorlesung die Frage „Was ist der Mensch?" zur allgemeinen Bestimmung der Philosophie benutzt (47, Logik A 25 f.), ist die „Anthropologie in pragmatischer Hinsicht" bei ihm letztlich nur ein Anhang zur Ethik. Bei Hegel bildet die Anthropologie einen Teil der Philosophie des subjektiven Geistes, die wiederum der Philosophie des objektiven und des absoluten Geistes untergeordnet ist (40, X: §§ 387 ff.). Ähnliche Einschätzungen des Rangs der Anthropologie finden sich deshalb gegenwärtig sowohl bei Kantianern wie Otfried Höffe als auch bei Hegelianern wie Vittorio Hösle (148, 2. Teil; 157, Kap. 4).

Drittens kann die Anthropologie eine *zentrale Teildisziplin* der Philosophie sein. Seit der Renaissance, die nach den Worten Jacob Burckhardts zur „Entdeckung des Menschen" geführt hat (330, S. 335 ff.), wird diese Auffassung vertreten. Erwähnt seien nur Pico della Mirandola mit seiner berühmten „Rede über die Würde des Menschen" (1486) und Thomas Hobbes mit der Schrift „Vom Menschen" (1658). Die Idee, dass die Anthropologie die zentrale Disziplin der Philosophie sein sollte, findet sich im 20. Jahrhundert vor allem bei den Vertretern der deutschen Philosophischen Anthropologie, also bei Max Scheler, Helmuth Plessner und Arnold Gehlen. (Ich unterscheide im Folgenden immer zwischen der philosophischen Anthropologie als einer Disziplin und der Philosophischen Anthro-

Vier Auffassungen

pologie als einer Schule, einem Forschungsprogramm innerhalb dieser Disziplin.) Einen vergleichbaren Stellenwert haben heute anthropologische Aussagen für Charles Taylor (vgl. 153, S. 295 f.) und Martha C. Nussbaum (vgl. 176, S. 9 ff.).

Die vierte Position ist die, dass die Philosophie insgesamt als Anthropologie anzusehen sei, dass zumindest die Philosophie in anthropologischen Aussagen fundiert werden müsse. Diese Auffassung, die ich in Anlehnung an Husserl als *Anthropologismus* (105, § 34; vgl. 106) bezeichne, kann man auf den Sophisten Protagoras zurückführen (vgl. 188, S. 285 f.). Denn von ihm stammt der berühmte *Homo-mensura*-Satz: „Aller Dinge Maß ist der Mensch" (34, B 1; 35, IX 51). Zu den Anthropologisten in diesem Sinne zählen einige radikale Aufklärer. So behandelt etwa David Hume in seinem Hauptwerk, „A Treatise on Human Nature" (1739/40), sowohl erkenntnistheoretische wie moralphilosophische Probleme auf anthropologischer Grundlage. Ludwig Feuerbach möchte die Anthropologie nicht nur zur Basis der Philosophie, sondern sogar zur Universalwissenschaft machen (38, § 55). Zu Beginn des 20. Jahrhunderts bezieht sich der Pragmatist F. C. S. Schiller ausdrücklich auf den Satz des Protagoras und fordert eine „Vermenschlichung" der Logik.

Hier wird die zweite Position vertreten: Die philosophische Anthropologie ist eine periphere Disziplin der Philosophie, die allerdings in den letzten Jahren zu Unrecht völlig vernachlässigt wurde. Sie sollte einen ähnlichen Stellenwert haben wie Naturphilosophie und Sozialphilosophie. Diese drei Disziplinen haben gemeinsam, dass sie sich abgrenzbaren Sphären unserer Wirklichkeit zuwenden und auf die Zusammenarbeit mit den entsprechenden empirischen Wissenschaften angewiesen sind. Sie können jedoch allesamt nicht an die Stelle philosophischer Kerndisziplinen wie Sprachphilosophie, Erkenntnistheorie und Moralphilosophie treten; eine Fundamentalanthropologie ist genauso unmöglich wie die naturalistische oder gesellschaftstheoretische Fundierung der Philosophie. Auch für die Begründung der Humanwissenschaften sind erkenntnis- und wissenschaftstheoretische Reflexionen erforderlich, keine anthropologischen.

Die beiden Fehlschlüsse des Anthropologismus   Die Fehler des Anthropologismus sind immer die gleichen: Erstens begeht man einen *genetischen Fehlschluss*, wenn man die Überprüfung der Wahrheit einer Aussage mit der Erklärung ihres Zustandekommens verwechselt. Es ist eine Sache, wie jemand zu einer Behauptung gekommen ist, etwas anderes, ob diese Aussage begründet werden kann. Ein ähnlicher argumentativer Fehler liegt vor, wenn die begründete Kritik einer Aussage durch den Nachweis ihrer biologischen oder gesellschaftlichen Funktion ersetzt werden soll. Der Anthropologismus in seinen verschiedenen Spielarten hat immer versucht, eine bestimmte Weltsicht auf evolutionäre Anpassungsakte oder psychische Erfordernisse zurückführen; über den Geltungsanspruch der entsprechenden Aussagen ist damit jedoch noch nichts ausgemacht. Ohnehin ist das Menschliche, wie uns die anthropologische Alltagsweisheit *Errare humanum est* (Irren ist menschlich) belehrt, ein unsicherer Boden für unser Wissen. Die Geltung unseres Wissens wird deshalb nicht in der Anthropologie, sondern in der theoretischen Philosophie im engeren Sinne (Sprachphilosophie, Erkenntnis- und Wissenschaftstheorie u. a.) überprüft.

Zweitens begeht man einen *Sein-Sollens-Fehlschluss*, wenn man normative Behauptungen unmittelbar aus deskriptiven Prämissen ableiten möchte. Dieser argumentative Irrtum findet sich regelmäßig bei denen, die Moral und Politik auf Aussagen über die menschliche Natur stützen wollen. So wurde etwa aus dem (vermeintlichen) Gesetz der biologischen Arterhaltung gefolgert, dass es strafrechtliche Sanktionen gegen Homosexualität und versuchte Selbsttötung geben müsse. Nach dieser falschen Logik könnte man auch aus dem alten Diktum *Homo homini lupus* (Der Mensch ist dem Menschen ein Wolf) – unterstellt, es wäre richtig – ableiten, dass wir unsere Mitmenschen bis aufs Messer bekämpfen sollten. Aussagen über das Sein befinden sich prinzipiell auf einer anderen Ebene als Aussagen über ein Sollen. Dass Frauen weniger Rechte als Männer besitzen, lässt sich weder durch biologische noch durch sozialhistorische Tatsachen rechtfertigen; um die Frage zu beantworten, welche Rechte jemand besitzen sollte, sind nicht deskriptive, sondern in erster Linie normative Aussagen erforderlich. Normative Aussagen werden aber nicht in der Anthropologie, sondern in der praktischen Philosophie im engeren Sinne (Moralphilosophie, Ethik, politische Philosophie u. a.) überprüft.

Hingegen lässt sich auf anthropologischer Grundlage, wie schon Platon gegen die Sophisten eingewandt hat (61, Tht. 151d–187a; Gorg. 481b–506c u. ö.), nicht zwischen Meinen und Wissen, nicht zwischen bloßer Information und begründeter Wahrheit unterscheiden, ebenso wenig zwischen Macht und Gerechtigkeit, zwischen positivem (faktisch geltendem) und vernünftigem (idealiter geltendem) Recht. Menschen sind irrende und zum Bösen neigende Wesen, zumindest sind wir fehlbar und schuldfähig. Deshalb kann „der Mensch" als solcher nicht der Maßstab für Denken, Erkennen und Handeln sein – und die Anthropologie nicht das Fundament der Philosophie.

1.1.5 Zusammenfassung, Literaturhinweise, Fragen und Übungen

Zusammenfassung
1. Die philosophische Anthropologie zeichnet sich dadurch aus, dass in ihr die Innenperspektive („Wer sind wir?") und die Außenperspektive („Was ist der Mensch?") gleichermaßen berücksichtigt werden.
2. Aus der Innenperspektive stellen wir die Frage „Wer sind wir?", die auf unsere reflexive und intersubjektive Selbstverständigung zielt. Aus der Außenperspektive stellt sich die Frage „Was ist der Mensch?", mit der wir Orientierungswissen erlangen möchten. Hingegen werden normative Fragen der praktischen Philosophie überlassen.
3. Anthropologie in einem weiten Sinne gibt es auch in Lebenswelt, Religion und Kunst, nicht zuletzt in den Wissenschaften, sogar in sehr unterschiedlichen Fächern wie Biologie und Soziologie. Alle Wissenschaften, die sich mit dem Menschen beschäftigen, kann man als Humanwissenschaften bezeichnen. Von diesen unterscheidet sich die philosophische Anthropologie durch zwei Merkmale: (a) Die Innenperspektive wird nicht ausgeblendet; (b) es geht um den Menschen als Ganzes, um die Integration seiner verschiedenen Aspekte.
4. Innerhalb der Philosophie gab und gibt es recht unterschiedliche Auffassungen vom Gewicht der Anthropologie. Hier wird die These vertreten, dass die philoso-

phische Anthropologie als periphere Disziplin anzusehen ist, vergleichbar der Natur- und der Sozialphilosophie. Denn die zentralen Fragen der Philosophie (etwa nach der Geltung unseres Wissens und der Begründung normativer Aussagen) gehören nicht in die Anthropologie, sondern in Kerndisziplinen wie Erkenntnistheorie und Moralphilosophie.

Literaturhinweise
Geeignet sind die Titel, die in der ersten Rubrik des Literaturverzeichnis aufgeführt sind. Knappe Überblicke liefern (4) und (18). Sehr gut sind die älteren historischen Einführungen (13) und (14); philosophisch weniger anspruchsvoll ist (17); für die Begriffsgeschichte sind (5) und (15) unverzichtbar. Die systematischen Einführungen haben unterschiedliche Zugänge, so (3) eher analytisch und (11) eher soziologisch.

Fragen und Übungen:
- In welchen alltäglichen Situationen stellt sich die Frage nach dem menschlichen Wesen bzw. nach unserer Identität?
- Suchen Sie sich ein Kunstwerk (oder einen Mythos, ein religiöses Gleichnis o. ä.), in dem ein prägnantes Menschenbild zu finden ist. Reformulieren Sie diese anthropologische Auffassung mit eigenen Worten.
- Erstellen Sie eine Liste der Wissenschaften, die sich mit dem Menschen beschäftigen. Versuchen Sie den spezifischen Beitrag dieser Fächer zu einer Anthropologie zu charakterisieren.
- Recherchieren Sie Neuerscheinungen der letzten Jahre, die das Wort „Anthropologie" oder „anthropologisch" im Titel oder Untertitel tragen. Welchen Fachgebieten sind diese Bücher zuzuordnen?
- Informieren Sie sich über die Geschichte des Ausdrucks „Anthropologie".
- Suchen Sie in Lexika, Handbüchern und anderen Einführungen nach Bestimmungen der philosophischen Anthropologie. Vergleichen Sie diese mit der hier entwickelten.
- Ordnen Sie Denker(innen), die Ihnen bekannt sind, den vier möglichen Positionen der philosophischen Anthropologie im Rahmen des gesamten Faches zu.
- Geben Sie eigene Beispiele für die beiden Fehlschlüsse des Anthropologismus.
- Diskutieren Sie die Rolle, die die Anthropologie innerhalb der Humanwissenschaften und der Philosophie spielen sollte.

1.2   Kritik an der Anthropologie-Kritik

1.2.1 Die szientistischen Einwände und der Metaphysik-Vorwurf

„Jetzt können wir den Menschen definieren. Genotypisch besteht er jedenfalls aus einer 180 Zentimeter langen bestimmten molekularen Folge von Kohlenstoff-, Wasserstoff-, Sauerstoff-, Stickstoff- und Phosphoratomen – das ist die Länge der DNS, die im Kern des Ursprungseies und im Kern jeder reifen Zelle zu einer dichten Spirale gedreht ist, die fünf Milliarden gepaarte Nukleotide lang ist." Joshua Lederberg (222, S. 292)

„… das letzte Ziel der Wissenschaften vom Menschen (ist) … die Kultur in die Natur und schließlich das Leben in die Gesamtheit seiner physikochemischen Bedingungen zu reintegrieren." Claude Lévi-Strauss (309, S. 284)

Vertikale Reduktion   Eine philosophische Anthropologie, so der erste Kritikpunkt, gelange nicht zu brauchbaren Ergebnissen, sondern verliere sich in vagen und unfruchtbaren Spekulationen. Allein empirisch gestützte naturwissenschaftliche Theorien könnten sinnvolle, präzise und überprüfbare Aussagen über den Menschen liefern, die sich dann auch praktisch anwenden ließen, etwa in der Medizin. Als Produkt der Evolution sei der Mensch ein wissenschaftlicher Gegenstand wie jeder andere, bestenfalls von höherer Komplexität. In der schwächeren Version dieses Einwandes werden die Biowissenschaften zur Grundlage gemacht, in der stärkeren die Physik. Das folgende Schema soll diese Kritik auf einfache Weise verdeutlichen:

Der Mensch als Gegenstand der (philosophischen) Anthropologie
↓
Der Mensch (= Organismus) als Gegenstand der Biologie
↓
Der Mensch (= Körper) als Gegenstand der Physik

Dieses Diagramm kann auf zweifache Weise gelesen werden: Zum einen wird die Transformation wissenschaftlicher Theorien dargestellt. Alle anthropologischen Aussagen lassen sich vollständig in biologische Begriffe oder sogar in die Terminologie der Physik übersetzen (*begriffliche Reduktion*). Zum anderen wird die *ontologische Reduktion* dargestellt: Der Mensch ist nichts anderes als ein Organismus oder sogar nur ein physikalischer Körper. Ich fasse beide Formen zusammen unter dem Begriff des *vertikalen Reduktionismus*. (In den folgenden Abschnitten werden wir noch andere Formen der Reduktion kennenlernen, also der Zurückführung von Begriffen und Phänomenen auf andere.) Der vertikale Reduktionismus verbindet sich meist mit der für die moderne Naturwissenschaft typischen Verfahrensweise der Zerlegung (Analyse) ihrer Gegenstände. Wer etwas über den Menschen erfahren möchte, so empfehlen die szientistischen Anthropologie-Kritiker, solle ihn in seine elementaren Bestandteile auflösen, ihn also bis auf die Ebene der Zellen, Gene oder gar Moleküle zerlegen. Auf jeden Fall seien die wissenschaftlichen Erklärungen umso besser, je tiefer man sie ansiedeln könne.

Letztlich, so die Kritiker, bliebe die philosophische Anthropologie einer unhaltbaren Metaphysik verhaftet. Das zeige sich an vielen ihrer Grundbegriffe, von „Vernunft" über „Geist" bis „Subjekt". Beispielsweise könne man den Ausdruck „Seele" den Theologen überlassen; Phänomene, für die dieser Begriff in Anspruch genommen wurde, ließen sich vielmehr reduktionistisch erklären, so einige „seelische Krankheiten" durch Störungen von Stoffwechselprozessen oder genetische Fehler. Sogar der Ausdruck „Mensch" sei, vor allem wegen seiner normativen Konnotationen, ein metaphysischer Restbestand, von dem man sich lösen sollte. Das Programm von Skinners Behaviorismus lautete: „Den Menschen als Menschen werden wir leicht los. Erst wenn wir uns von ihm befreien, können wir uns den wahren Ursachen menschlichen Verhaltens zuwenden." (zit. nach 132, S. 662) Der Anthropologie wird letztlich vorgeworfen, an einem mythischen Menschenbild festzuhalten.

Metaphysik-Vorwurf

Sicherlich liefern uns die empirischen Wissenschaften eine Fülle von interessanten Erkenntnissen über den Menschen. Dies gilt selbstverständlich nicht nur für die Natur-, sondern auch für die Sozial- und Geisteswissenschaften. Beispiellos sind die Fortschritte in der Biologie: Der durch die moderne Evolutionstheorie markierte Bruch in der Sichtweise des Menschen kann gar nicht überschätzt werden. Aber gegen die totale Abdankung der Anthropologie zugunsten biologischer und physikalischer Konzeptionen sprechen die folgenden Argumente.

Vier Gegen-
argumente Erstens ist der vertikale Reduktionismus *ontologisch* zweifelhaft. Man kann nicht bestreiten, dass der Mensch ein physikalischer Körper und ein biologischer Organismus ist, zu bezweifeln ist jedoch, dass er *nichts als* ein Organismus oder gar bloß ein Körper ist. Das lässt sich am obigen Schichtenmodell in aller Vorläufigkeit verdeutlichen. Als Körper unterliegen alle Lebewesen auf der Erde den physikalischen Gesetzen, aber als Organismen besitzen sie zusätzliche Eigenschaften, vor allem die Fähigkeiten zur Selbstreplikation (zum Beispiel mittels geschlechtlicher Fortpflanzung), zum Stoffwechsel, zur Reaktion auf Umweltreize, zum Wachstum usw. Die Prämisse der philosophischen Anthropologie ist darüber hinaus, dass es Eigenschaften gibt, die außer uns Menschen keinem anderen Lebewesen zukommen. Als Beispiele für die spezifische Differenz von Mensch und Tier sind in der Geistesgeschichte unterschiedliche Eigenschaften genannt wurden. Im zweiten Teil werden wir uns diesem Thema anhand einiger klassischer Bestimmungen des Menschen widmen, in 3.1.3 wird das Schichtenmodell weiterentwickelt.

Zweitens kann man auf die neuere *Wissenschaftstheorie* verweisen. Diese hat gezeigt, dass der wissenschaftliche Zugang zur Wirklichkeit immer vorstrukturiert ist; jede Beobachtung ist theoriebeladen. Aus der Empirie lässt sich nicht mit Notwendigkeit eine bestimmte Theorie ableiten; vielmehr sind empirische Daten mit verschiedenen Theorien verträglich. Komplexe wissenschaftliche Theorien haben jeweils ihre eigenen Vokabulare; hinzu kommen divergierende Fragerichtungen und Erkenntnisinteressen. Wenn wir die Wissenschaften insgesamt (in starker Vereinfachung) als das Projekt ansehen, Warum-Fragen durch intersubjektiv überprüfbare Erklärungen zu beantworten, so lassen sich mindestens drei Blickwinkel unterscheiden, die jeweils eigene Theoriesprachen erfordern und gleichberechtigt nebeneinander stehen:

- Wer nach *kausalen* Erklärungen fragt, also nach Ursache-Wirkungs-Zusammenhängen, bedient sich einer physikalistischen Sprache, in der von Ereignissen und Prozessen die Rede ist. In diesem Sprachspiel ist der Mensch ein physikalisches Objekt wie jedes andere auch.
- Wer nach *funktionalen* Erklärungen fragt, also sich für komplexe Einheiten und ihre Bestandsbedingungen interessiert, verwendet eine systemtheoretische Sprache, die in der Biologie entwickelt wurde, aber auch auf soziale Systeme anwendbar ist. In diesem Sprachspiel ist der Mensch entweder ein Organismus, dessen funktionale Elemente man untersuchen kann, oder selbst ein solches in einem übergeordneten System.
- Wer nach *intentionalen* Erklärungen fragt, also nach den Absichten sucht, die Handlungen oder symbolischen Gebilden zugrunde liegen, muss deren Bedeutungen verstehen können. Dafür benötigt man einen sinnverstehenden Zugang und eine hermeneutische Sprache, die mentale Phänomene zulässt. Darauf sind vor allem die Geisteswissenschaften angewiesen. In diesem Sprachspiel ist der Mensch ein Individuum mit einem intentionalen Bewusstsein.

Die Unterschiede zwischen diesen drei Herangehensweisen lassen sich an einem Beispiel verdeutlichen: Am 23. Mai 1618 stürzen drei Männer aus einem Fenster der Prager Burg fünfzehn Meter tief in den Schlossgraben. Aus physikalistischem Blickwinkel ist dieses Ereignis nicht verwunderlich, denn Körper bewegen sich im freien Fall Richtung Erdmittelpunkt. Aus biologischer Sicht ist schon eher überraschend, dass alle drei den Sturz überlebten (allerdings besteht auch der Unterschied zwischen toten und lebendigen Katzen darin, dass letztere immer auf ihre Füße fallen). Eine funktionalistische Analyse auf der sozialwissenschaftlichen Ebene würde dieses Ereignis in einen systemischen Zusammenhang einordnen: Der frühabsolutistische Staat der Habsburger möchte im Machtkampf mit Frankreich sowie in Zeiten einer Wirtschaftskrise die böhmischen Ressourcen intensiver nutzen und kollidiert dadurch mit den traditionellen Privilegien einer Ständegesellschaft. Der Konflikt war unvermeidlich, ganz unabhängig von den Ereignissen des 23. Mai 1618; einzelne Personen spielen insofern bei dieser Betrachtungsweise keine Rolle. Das ist aus dem intentionalistischem Blickwinkel anders, weil man sich hier auf die Absichten der Akteure konzentriert: Einige namentlich bekannte Adlige sahen in den drei defenestrierten Männern die Verantwortlichen für jüngst ergangene Dekrete und Dokumente, durch die sich die Prager Stände ungerecht behandelt fühlten. Jedoch beabsichtigten sie keineswegs, mit diesem Akt den Dreißigjährigen Krieg auszulösen.

Mit diesem Beispiel sollte gezeigt werden, dass sich ein beliebiges Phänomen aus verschiedenen Blickwinkeln erklären lässt, wenn auch mit unterschiedlicher Tiefenschärfe und Aussagekraft im Hinblick auf die erkenntnisleitenden Fragestellungen. Eine Reduktion des einen Blickwinkels auf den anderen ist meines Erachtens nicht möglich. Zu den drei genannten Sprachspielen käme dasjenige der philosophischen Anthropologie noch hinzu, denn in dieser geht es gar nicht primär um wissenschaftliche Erklärungen, sondern um Selbstverständigung und Orientierungswissen. Dann könnte man das Ereignis des 23. Mai 1618 beispielsweise als Beleg dafür heranziehen, dass die nicht-intendierten Folgen und Nebenwirkungen menschlicher Handlungen die intendierten oft weit übersteigen.

Das dritte Argument ist ein *forschungspragmatisches*. Nur noch wenige vertreten das Projekt einer physikalistischen Einheitswissenschaft; begriffliche Reduktionen werden nicht mehr angestrebt. In der tatsächlichen Forschungspraxis sind wir von einer „Weltformel", die auch den Menschen umfasst, weit entfernt. Nun mag es sein, dass sich die Zeiten ändern und eine Supertheorie auf physikalischer (oder zumindest auf biologischer) Grundlage doch noch entwickelt wird. Aber selbst dann wäre fraglich, ob man menschliche Eigenschaften sinnvollerweise reduktionistisch erklären sollte. Allein um eine einfache Körperbewegung, etwa den Sturz aus einem Fenster, in der Terminologie der Quantenphysik darzustellen, müsste ein ungeheurer Aufwand betrieben werden, der sich wohl nicht lohnen würde; um die Komplexität sozialer Prozesse in einer biologistischen Sprache zu beschreiben, wären immense Übersetzungsleistungen notwendig. Aus Gründen der wissenschaftlichen Zweckmäßigkeit bliebe also eine prinzipiell reduzierbare Anthropologie erhalten.

Die vierte Verteidigungsstrategie ist eine *normative*. Selbst wenn der vertikale Reduktionismus ontologisch, wissenschaftstheoretisch und forschungspragmatisch möglich wäre, sollten wir ihn ablehnen. Denn die philosophische Anthropologie ist mit ihren Leitfragen und ihren Grundbegriffen (Denken, Sprechen, Handeln usw.) in der Lebenswelt verankert. Ein radikaler Reduktionismus müsste sich also auch auf diese erstrecken, insbesondere auf unsere Alltagssprache, in der unser Selbstverständnis formuliert ist. Zwar darf das alltagssprachlich formulierte *common-sense*-Wissen nicht gegen seine Revision durch wissenschaftliche Erkenntnisse abgeschottet werden; umgekehrt bleiben diese immer auf ihre Rückübersetzung in die Alltagssprache angewiesen. Selbst Physikalisten verständigen sich auf ihren Kongressen untereinander nicht in einer physikalistischen Sprache. Nehmen wir an, dieses Wechselverhältnis ließe sich dadurch einseitig auflösen, dass (was höchst unwahrscheinlich ist) sogar die vertikale Reduktion der Alltagssprache gelänge. Dann würden sich unsere Selbstinterpretationen ändern und somit auch unser Denken und Handeln. Sogar das Bemühen um Selbstverständigung würde sinnlos werden. Eine solche Transformation wäre aber aus meiner Sicht nicht wünschenswert. Denn dadurch brächte man auch unsere moralische Sprache und unsere metaphysischen Fragen zum Verschwinden, letztlich nicht mehr und nicht weniger als die menschliche Lebensform selbst.

Es ist einzuräumen, dass die vier vorgebrachten Argumente andernorts gestützt werden müssen. Das Schichtenmodell verweist auf eine allgemeine Philosophie des Lebendigen bzw. die Naturphilosophie; die Unterscheidung verschiedener, prinzipiell oder zweckmäßigerweise nicht ineinander überführbarer Herangehensweisen ist in der Wissenschaftstheorie zu begründen; eine normative Verteidigung wie im letzten Absatz erfordert den Beistand der Moralphilosophie. Letztlich kann sich die Anthropologie also nicht selbst begründen; dieser Umstand belegt die oben (1.1.4) behauptete Abhängigkeit der Anthropologie von anderen philosophischen Disziplinen.

1.2.2 Die partikularistischen Einwände und der Normativismus-Vorwurf

„Es gibt gar keinen Menschen in der Welt. Ich habe in meinem Leben gesehen: Franzosen, Italiener, Russen usw. … Aber was den Menschen anbelangt, so erkläre ich, daß ich ihm in meinem Leben nicht begegnet bin." Joseph de Maistre (zit. nach 152, S. 263)

„… daß Wir Menschen sind, das ist das Geringste an Uns und hat nur Bedeutung, insofern es eine unserer Eigenschaften, d. h. unser Eigentum ist. Ich bin zwar unter anderem auch ein Mensch, wie Ich z. B. ein lebendiges Wesen, also animal oder Tier, oder ein Europäer, ein Berliner u. dergl. bin; aber wer Mich nur als Menschen oder nur als Berliner achten wollte, der zollte Mir eine Mir sehr gleichgültige Achtung. Und weshalb? Weil er nur eine meiner Eigenschaften achtete, nicht Mich." Max Stirner (69, S. 191)

Horizontale Reduktion Der zweite Einwand läuft darauf hinaus, dass die Anthropologie einen Allgemeinbegriff des Menschen voraussetze, dem in der Wirklichkeit nichts entspreche. Die Menschen seien sowohl im historischen als auch im interkulturellen Vergleich, ja selbst innerhalb einer Gesellschaft so unterschiedlich, dass sich das Allgemein-Menschliche gar nicht finden ließe. Es gebe überhaupt nicht „den Menschen". Im Unterschied zur eben erörterten vertikalen Reduktion wird hier gleichsam eine *horizontale Reduktion* des Menschen gefordert.

Dieser Einwand wird nicht (wie der erste) von den Naturwissenschaften getragen, sondern von den Sozialwissenschaften. Die Soziologie verweist auf divergierende soziale Lagen oder Milieus, die Demographie auf unterschiedliche Altersstufen oder Familienkonstellationen, die Geschlechterforschung auf den Gegensatz von Mann und Frau usw. Auch diejenigen, die nicht von der Menschheit sprechen wollen, sondern nur von Rassen oder Ethnien (Völkern), wären hier zu nennen. Typologisch kann man die Vertreter dieses Einwands in zwei Lager einordnen: Die „Rechten" betonen eher die konzentrischen Kreise, die sich um die atomaren Sozialeinheiten legen; die „Linken" sehen eher polare, sich bekämpfende Gruppen. Gefordert wird also die Abdankung der Anthropologie zugunsten verschiedener Humanwissenschaften, kritisiert wird das Allgemeine im Namen des Besonderen. Aber das ist nur die *schwache* Variante des Angriffs. Die Vertreter der *starken* Variante sind darüber hinaus der Ansicht, dass nicht nur eine generelle Anthropologie, sondern sogar die partikularen Humanwissenschaften unmöglich seien. Denn eigentlich gleiche kein Mensch dem anderen; was es gebe, seien allein die Individuen, die Einzelnen, mit ihren unvergleichlichen Eigenschaften. Dieser Einwand wurde in den letzten Jahren vor allem von Vertretern der postmodernen Philosophie vorgebracht.

Der Vorwurf, die philosophische Anthropologie unterschätze die Mannigfaltigkeit der Menschen, führt zu einem weitergehenden Verdacht: Ein spezifischer Menschentypus werde nicht nur übergeneralisiert, sondern sogar allen zur Orientierung empfohlen, zur Leitlinie erklärt. Letztlich werde das Besondere und Einzelne ignoriert, ausgeschlossen oder unterdrückt. Dies mag gar nicht die Absicht der jeweiligen Anthropologen sein, aber bekanntlich gebe es die normative Kraft des Faktischen: Wissenschaftliche Aussagen, eigentlich deskriptiv gemeint, werden als normative missverstanden. Die philosophische Anthropologie steht also im Verdacht, inhumane Ideologien zu fördern, etwa die Dominanz eines bestimmten Volkes (Ethnozentrismus) oder der Männer (Androzentrismus).

Normativismus-Vorwurf

Solche ideologiekritischen Vorwürfe gegen frühere anthropologische Entwürfe sind nicht von der Hand zu weisen. Die philosophische Anthropologie muss sich tatsächlich hüten, einen bestimmten Menschentypus zum Maßstab zu erheben, etwa den männlichen heterosexuellen bildungsbürgerlichen Westeuropäer – oder dessen Gegenbild, den edlen Wilden, die liebevolle Frau, das unschuldige Kind u.ä. Um dem Normativismus-Vorwurf zu entgehen, ist die philosophische Anthropologie gut beraten, wenn sie (wie bereits zu Beginn empfohlen) völlig auf normative Aussagen verzichtet.

Auch die partikularistischen Einwände sind insofern berechtigt, als tatsächlich alle Menschen einmalige Individuen sind. Jeder von uns besitzt eine numerische Individualität, weil sich alle Menschen eindeutig an einer Raum-Zeit-Stelle lokalisieren lassen; deshalb können Individuen, wie üblich, durch Geburtsort und -datum identifiziert werden und bilden von dort eine kontinuierliche Weltlinie. Darüber hinaus kann man jedem eine qua-

Individualität

litative Individualität zusprechen, weil wir alle unverwechselbare Kennzeichen besitzen: Fingerabdrücke, Unterschrift, psychische Eigenschaften, die spezifische Kombination sozialer Rollen usw. Sogar biologisch haben alle Menschen eine qualitative Individualität: phänotypisch durch ihr umweltbedingtes Erscheinungsbildes (mit Ausnahme perfekter Doppelgänger), genotypisch durch die jeweiligen Erbinformationen (mit der Ausnahme von eineiigen Zwillingen und zukünftig vielleicht klonierten Menschen).

Menschliche
Eigenschaften

Um die Anthropologie zu verteidigen, sollte man fünf Typen von Eigenschaften unterscheiden, die jedes menschliche Individuum besitzt:

1. Eigenschaften, die es mit niemandem gemeinsam hat, die also *allein* diesem zugeschrieben werden können und seine qualitative Individualität ausmachen;
2. Eigenschaften, die es mit *einigen* anderen Individuen gemeinsam hat, etwa mit seiner Familie, seiner Altersgruppe, seiner sozialen Schicht, seiner Ethnie usw.;
3. Eigenschaften, die es mit *allen* anderen Individuen gemeinsam hat, also allen Menschen;
4. Eigenschaften, die es darüber hinaus mit Individuen *anderer* Gattungen gemeinsam hat, in erster Linie mit den großen Affen, darüber hinaus mit den Säugetieren oder sogar mit allen anderen Lebewesen (etwa die Art und Weise der Verschlüsselung der Erbinformationen in DNS-Molekülen);
5. Eigenschaften, die es mit der *anorganischen* Materie gemeinsam hat; mit dieser teilen wir Menschen die Art der elementaren Bausteine und deren Herkunft: Alle Atome, deren Kern aus mehr als zwei Protonen besteht, sind vor vielen Milliarden Jahren im glühenden Zentrum längst untergegangener Sterne entstanden.

Nun kann man differenzieren: Individuelle Eigenschaften können bestenfalls von Biographien und der Kunst eingefangen werden. Die partikularen (gruppenspezifischen) Eigenschaften des zweiten Typs sind Gegenstand der Sozialwissenschaften im weitesten Sinne, im Besonderen der Entwicklungspsychologie, der soziologischen Klassentheorie, der Ethnographie usw. Die vierte Gruppe von Eigenschaften wird in der Biologie erforscht, die fünfte in der Physik. Die Anthropologie konzentriert sich hingegen auf die dritte Gruppe von Eigenschaften. Sie ist also keineswegs die einzige Wissenschaft, die sich mit dem Menschen beschäftigt, allerdings die einzige, die die Gesamtheit der Eigenschaften thematisiert, die allen Menschen gemeinsam sind.

Was heißt hier „alle"? Eine philosophische Anthropologie, die von der Frage „Wer sind wir?" ausgeht, denkt dabei primär an die erwachsenen Individuen unserer Epoche. Jedoch darf man die genetische Dimension, den Wandel menschlicher Eigenschaften, nicht ausblenden (vgl. 2.1.4). Denn uns interessieren auch die Fragen „Wo kommen wir her?" und „Wo gehen wir hin?", also Fragen nach der Geschichte des Menschen. Das gilt sowohl für die individuelle Entwicklung jedes Individuums von der Geburt bis zum Tod (Ontogenese) wie für die stammesgeschichtliche Entwicklung der Menschengattung (Phylogenese). In der phylogenetischen Dimension sollte man sich auf die letzten 25 000 Jahre beschränken, also auf den Zeitraum seit dem Verschwinden des Neandertalers und der anderen Arten der Hominiden (Menschenartigen), die mit unserer biologischen Spezies konkurrierten. Ich plädiere also paläoanthropologisch für einen engen Begriff des Menschen.

Ein hartnäckiger Skeptiker könnte jedoch selbst dieser eher bescheidenen Version vorhalten, dass es bei genauerem Hinsehen überhaupt keine gemeinsamen Eigenschaften aller Menschen gebe; bei dem dritten Eigenschaftstyp handele es sich um eine Leermenge. Hier wird jedoch ein falscher Maßstab von wissenschaftlicher Exaktheit angelegt, den schon Aristoteles zurückgewiesen hat: Im Spektrum der verschiedenen Wissenschaften zwischen Mathematik und Ethik ist immer nur eine *gegenstandsangemessene Genauigkeit* möglich. Auch die anthropologischen Aussagen sind genau, aber man kann eben „nur so viel Präzision … verlangen, als es die Natur des Gegenstandes zuläßt" (28, NE I 1, 1094b 23). Die philosophische Anthropologie liefert, in Anlehnung an Aristoteles, zwar nur ein Umriss- oder Grundriss-Wissen. Aber man darf sie auch nicht mit den Kriterien messen, die für eine Wissenschaft gelten, die in künstlichen Laborsituationen experimentell zu ihren Ergebnissen kommt.

(Marginalie: Gegenstandsangemessene Genauigkeit)

Das sei am Beispiel der Körpergröße erläutert. Jeder weiß, dass Menschen im Laufe ihrer Kindheit und Jugend wachsen, dass wir in den heutigen Wohlstandsgesellschaften in der Regel größer werden als die Menschen früherer Epochen, dass Männer im Durchschnitt einige Zentimeter länger sind als Frauen. Ebenfalls bekannt ist, dass es eklatante Ausnahmen gibt, Zwerge und Riesen, Missgebildete und Menschen mit Wachstumsstörungen. Dennoch ist nicht zu leugnen, dass Menschen sich in ihrer Körpergröße eindeutig von Schimpansen unterscheiden, ganz zu schweigen von Ameisen oder Giraffen. Die Unterschiede innerhalb der Menschengattung ergeben zudem die typische Glockenkurve einer statistischen Normalverteilung. Selbstverständlich darf man nun „Normalität" (also einen Durchschnittswert) nicht mit „Norm" (also einer moralischen oder rechtlicher Vorschrift) verwechseln; das, was normativ verlangt ist, muss keineswegs das sein, was normal ist. Zudem muss die anthropologische Begrifflichkeit so angelegt sein, dass geschlechts- und altersspezifische, kulturelle und soziale Differenzen berücksichtigt werden können. Ich ziehe daraus die sprachliche Konsequenz, im Folgenden den Ausdruck „Mensch" möglichst immer im Plural zu verwenden.

1.2.3 Die gesellschaftskritischen Einwände und der Konservatismus-Vorwurf

„Was der Mensch sei, läßt sich nicht angeben. … Die Verstümmelungen, die ihm seit Jahrtausenden widerfuhren, schleppt er als gesellschaftliches Erbe mit sich. Würde aus seiner gegenwärtigen Beschaffenheit das Menschenwesen entziffert, so sabotierte das seine Möglichkeit. Kaum taugte eine historische Anthropologie mehr. Zwar begriffe sie Gewordensein und Bedingtsein ein, aber rechnete sie den Subjekten zu, unter Abstraktion von der Entmenschlichung, die sie zu dem machte, was sie sind." Theodor W. Adorno (72, S. 130)

Die Anthropologie-Kritiker einer dritten Gruppe argumentieren folgendermaßen: Selbst wenn wir Gemeinsamkeiten aller Individuen identifizie-

(Marginalie: Externe Reduktion)

ren würden, so sagen diese nichts über die Menschen an sich aus, sondern bloß etwas über die Lebensbedingungen in einer Welt, in der sich niemand dem gesellschaftlichen Druck entziehen kann. Was wir entdecken, seien nicht allgemein-menschliche Eigenschaften, sondern soziale Rollen, Anpassungsleistungen, Charaktermasken, Zwangsneurosen usw. Das Denken und Handeln der Individuen werde weitgehend bestimmt durch Strukturen, Systeme, Macht- und Diskursformationen etc. Wir sollten uns also weniger um die Menschen kümmern als vielmehr um die Verhältnisse, in denen sie existieren. Im Unterschied zur vertikalen oder horizontalen Reduktion, die wir aus den ersten beiden Einwände kennen, wird hier eine *externe Reduktion* vorgeschlagen: Die Menschen seien nichts anderes als ein Produkt äußerer Einflüsse, die allerdings, im Gegensatz zu unserem biologischen Erbe, letztlich selbst auf menschliches Handeln zurückzuführen sind.

Entfremdung Philosophiegeschichtlich ist diese Denkfigur auf das *Entfremdungstheorem* zurückzuführen, das sich folgendermaßen rekonstruieren lässt: Immer wenn Menschen handeln, entstehen Produkte, die wir als Objektivationen (Vergegenständlichungen) bezeichnen können: materielle Gegenstände, symbolische Gebilde, soziale Institutionen usw. Sofern es sich um bewusste und erfolgreich abgeschlossene Akte handelt, drücken diese Objektivationen die Absichten (Intentionen) ihres Urhebers aus, aber es gibt immer auch nicht-intendierte Neben- und Folgewirkungen. Zudem haben Handlungsprodukte die Tendenz, sich gegenüber ihren Urhebern zu verselbständigen: Andere Personen interpretieren und verwenden unsere Produkte ganz anders als geplant; durch die Vernetzung und Verkettung endlos vieler Handlungen entstehen neue Zusammenhänge. Diese Strukturen weisen eigene Entwicklungstendenzen auf, für die es viele Beispiele gibt: ökonomische Konjunkturen und Krisen, Schwankungen von Aktien- und Wechselkursen, der technische Fortschritt, die Entwicklung der politischen Systeme, der Wandel der moralischen Werte, die Abfolge von Kunststilen, Moden usw. – alles dies geschieht zwar aufgrund menschlicher Handlungen, aber selten lassen sich die Ergebnisse direkt auf unsere Intentionen zurückführen. Keiner hat es so gewollt, aber alle haben dazu beigetragen.

Dadurch bildet sich eine dritte ontische Region, die in der Antike noch unbekannt war. Damals hatten die Sophisten unterschieden zwischen dem, was aus sich selbst entsteht (*physis*), und dem, was durch uns gesetzt wird (*thesis*) – also zwischen Natur und Kultur. Im ersten Bereich gelten Naturgesetze, für den zweiten Bereich haben wir selbst Gesetze (*nomoi*) geschaffen. Erst im 18. Jahrhundert wird die eben dargestellte Sphäre überindividueller dynamischer Strukturen wahrgenommen. Bei einem der schottischen Denker dieser Zeit, Adam Ferguson, findet sich die unübertroffene Formulierung, ein solcher Bereich sei „result of human action, but not of human design" (37, III. Teil, Kap. 2). Dasselbe meint Marx, wenn er sagt, dass die Menschen zwar ihre Geschichte selbst machen, aber weder frei noch mit Bewusstsein; deshalb setzen sich deren Gesetze „hinter unserem Rücken" durch (54, Bd. 8: 115; 55, S. 156, 176 u. ö.). Schließlich wirken diese verselbständigten Strukturen auf uns zurück, auf die eigentlichen Urheber dieser Prozesse; unsere Denk- und Verhaltensmuster werden durch sie geprägt.

Dieser Einwand führt zu einem zweifachen Konservatismus-Vorwurf gegen die Anthropologie: Zum einen halte sie die Menschen fälschlicherweise für unveränderliche Wesen. Dabei würde man verkennen, in welchem Ausmaße unsere Eigenschaften durch die sich wandelnden gesellschaftlichen Bedingungen bestimmt seien; stattdessen werde die gegenwärtige Beschaffenheit der Menschen für ihr invariantes Wesen gehalten. Zum anderen schreibe man die negativen Folgen unserer Vergesellschaftung den Menschen selbst zu und nicht den abgekoppelten gesellschaftlichen Strukturen. Sicher seien viele Menschen aggressiv, neidisch, apathisch usw. – aber dies sei eher eine Folge ihrer Sozialisation sowie der schlechten Verhältnisse, in denen sie aufwachsen müssten. Wie beim Normativismus-Vorwurf wird diagnostiziert, dass sich die Anthropologie politisch-strategisch instrumentalisieren lasse.

Während es bei den ersten beiden Einwänden um das Verhältnis der philosophischen Anthropologie zu den Natur- und Sozialwissenschaften ging, stellt sich hier die Frage nach dem Verhältnis verschiedener philosophischer Teildisziplinen zueinander. Die erste Möglichkeit wäre, gar nicht zwischen den intendierten und den verselbständigten Objektivationen zu unterscheiden. Dann würde die Anthropologie (wie etwa bei Ernst Cassirer) zu einer umfassenden *Kulturphilosophie* werden, die grundlegende Eigenschaften des Menschen (beispielsweise die Sprache), kulturelle Objektivationen (wie Kunst) und verselbständigte Strukturen (wie Technik) gleichermaßen behandelt (86, vgl. 190). Wie man sieht, gehen hier wichtige Differenzierungen verloren; zudem wird die biologische Seite des Menschen vernachlässigt. Die zweite Möglichkeit beruht auf der, vor allem von Adorno vertretenen These, dass die Individuen vollständig durch die gesellschaftlichen Strukturen bestimmt seien. In diesem Fall könnte (und müsste) man auf die Anthropologie verzichten, zugunsten einer umfassenden *Gesellschaftstheorie*. Zu derselben Konsequenz kommt ein Soziologe wie Luhmann: Die Verselbständigung der sozialen Systeme ist auch seine Prämisse; darüber hinaus unterscheidet er zwischen psychischen und organischen Systemen, so dass in seiner Theorie für Menschen kein Platz bleibt.

Die dritte Möglichkeit, für die ich plädiere, sieht Anthropologie und Sozialphilosophie als zwei gleichberechtigte Disziplinen. Beide hatten ihre Blüte- und ihre Verfallszeiten; aber die wenigsten Denker haben sich ausschließlich auf eine Seite festgelegt. Auch innerhalb der Frankfurter Schule wurden anthropologische Aussagen nur von Adorno und Habermas völlig abgelehnt. Die drei Begründer der deutschen Philosophische Anthropologie, Scheler, Plessner und Gehlen, haben alle selbst als Soziologen gearbeitet; insbesondere Gehlen war sich über die Verselbständigung sozialer Strukturen völlig im Klaren. Wo genau die Grenze verläuft zwischen den Eigenschaften des Menschen, die wir ihm selbst und die wir den abgekoppelten Strukturen zuschreiben müssen, bleibt eine offene Frage, die nur durch die Kooperation zwischen Anthropologie und Sozialphilosophie (sowie mit den entsprechenden empirischen Disziplinen) beantwortet werden kann. Wahrscheinlich sind Persönlichkeitstypen wie der (von Adorno u. a. analysierte) autoritäre oder der narzisstische Charakter eher Produkte der modernen Gesellschaft; hingegen finden sich aggressive Neigungen und die Orientierung an Vorbildern in allen bisher bekannten Gesellschaf-

> Konservatismus-Vorwurf

> Anthropologie, Kulturphilosophie und Gesellschaftstheorie

ten. Weitere empirische Forschungen und der geschichtliche Wandel könnten jedoch diese Ansicht korrigieren.

Der rationale Kern des Entfremdungstheorems

Allerdings sollte der kritische Impuls des Entfremdungstheorems beibehalten werden. Das ist möglich, wenn wir die romantischen Assoziationen dieser Gedankenfigur überwinden: Der Ausdruck „Entfremdung" suggeriert, dass wir uns von einem ursprünglichen Zustand entfernt haben, zu dem wir zurückkehren sollten. Aber frühere Zeiten müssen keineswegs freundlichere Menschen gesehen haben; ein ursprünglicher Wesenskern des Menschen lässt sich ohnehin nicht identifizieren. Darüber hinaus kann man die verselbständigten Strukturen mit ihren Auswirkungen auf die Individuen auch positiv bewerten; erst die Gesellschaft mache nach Ansicht vieler Soziologen aus der liquiden Masse des biologischen Menschen überhaupt ein Individuum. Während Linkshegelianer wie Adorno in allen verselbständigten Objektivationen eine verkappte Entmenschlichung wittern, werden sie von Rechtshegelianern wie Gehlen als befreiende Entlastung begrüßt (96; vgl. 197, Teil III).

Der rationale Kern des Entfremdungstheorems kann gerettet werden, wenn wir drei Untersuchungsebenen unterscheiden:
– wie wir Menschen sein sollten
– wie wir Menschen (faktisch) sind
– wie wir Menschen sein könnten

Oft wurde die Anthropologie mit allen drei Aufgaben betraut. Die erste Ebene sollten wir (wie schon bei der Erörterung des zweiten Einwands dargestellt) abkoppeln, um eine Kollision mit normativen Disziplinen wie der Moralphilosophie zu vermeiden. Die zweite Ebene ist Thema der empirischen Humanwissenschaften, also der physischen Anthropologie, der Psychologie, der Ethnologie usw. Deren Erkenntnisse wird eine integrativ angelegte philosophische Anthropologie zwar aufgreifen. Ihr primäres Interesse gilt jedoch der dritten Ebene, d.h. der Frage, wie wir Menschen sein könnten, welche universalen Potentiale wir besitzen, welche Möglichkeiten und Grenzen.

Menschliche Möglichkeiten

Dafür muss der *Begriff der Möglichkeit* geklärt werden: Gemeint ist nicht ein logischer oder naturwissenschaftlicher Begriff der Möglichkeit (der zu einer Theorie möglicher Welten führt): Man kann sich ohne logischen Widerspruch vorstellen, dass alle Menschen fliegen könnten; es würde nicht den Naturgesetzen widersprechen, wenn einer der Kontinente völlig unbesiedelt geblieben wäre. Gemeint ist auch nicht die subjektive Möglichkeit im Sinne einer individuellen Disposition, die unter bestimmten Bedingungen aktualisiert werden kann („ich kann schwimmen"), oder einer situationsspezifischen Chance für bestimmte Verhaltensweisen („morgen könnte ich ausschlafen"). Stattdessen geht es um objektive Möglichkeiten aller Menschen, um universale Vermögen. Um sich nicht in der Vielfalt miteinander verschränkter und schwer abgrenzbarer Fähigkeiten zu verlieren, müssen diese wiederum auf Grundfähigkeiten zurückgeführt werden, die ich im Folgenden als *Kompetenzen* bezeichne. Dabei kann an den aristotelischen Begriff der Potentialität angeknüpft werden. Der Stagirit unterscheidet zwischen *dynamis* und *energeia*, kurz gesagt: einem Vermögen und dessen Verwirklichung. Alle Menschen haben beispielsweise das Vermögen, zu allgemeinem Wissen zu gelangen; aber nicht bei allen Menschen wird dieses Vermögen verwirklicht.

In der Gegenwart vertreten insbesondere Martha C. Nussbaum und Amartya Sen eine solche aristotelische Anthropologie. Nach ihrer Ansicht sind die gesellschaftlichen Verhältnisse in einem großen Teil der Welt so beschaffen, dass den Menschen die Verwirklichung (oder sogar schon die Entwicklung) ihrer Kompetenzen unmöglich gemacht wird. Zudem sind sich viele Individuen ihrer Möglichkeiten gar nicht bewusst; die erniedrigenden Umstände, in denen sie leben müssen, haben sie aller Wünsche und Hoffnungen beraubt. Das politische Anliegen von Nussbaum und Sen ist es dementsprechend, in der Dritten Welt Lebensbedingungen zu schaffen, die allen Menschen die Verwirklichung ihrer kognitiven, praktischen und ästhetischen Kompetenzen ermöglichen. Gegen solche Ansätze ist oft eingewandt worden, dass sie zu politischem Missbrauch führen könnten, zu Erziehungsdiktaturen oder zumindest zu einer Bevormundung der anderen (Paternalismus). Das ist aber aus zwei Gründen ausgeschlossen: Zum einen sind, wie hier nur wiederholt werden kann, anthropologische Aussagen, also auch eine mögliche Liste menschlicher Möglichkeiten, nicht normativ zu verstehen. Für den Einzelnen ergibt sich keine Pflicht, diese Möglichkeiten zu verwirklichen. Zum anderen enthält die Liste nicht nur positive, sondern auch negative Eigenschaften, neben unserem moralischen Vermögen auch unsere aggressiven und destruktiven Neigungen (siehe 3.2).

1.2.4 Die existenzphilosophischen Einwände und der Objektivismus-Vorwurf

„Der Mensch ist grundsätzlich mehr, als er von sich wissen kann." Karl Jaspers (107, S. 68)

„Ursprünglicher als der Mensch ist die Endlichkeit des Daseins in ihm." Martin Heidegger (102, Bd. 3: 229)

Schließlich lautet der vierte Einwand, dass die philosophische Anthropologie (wie überhaupt jede Humanwissenschaft) die wesentlichen Merkmale des Menschen auf Grund ihrer Vorgehensweise verkennen müsse. Gemeint sind Eigenschaften wie Leiblichkeit, Selbstbewusstsein und Willensfreiheit, die untrennbar mit unserer Subjektivität verknüpft sind. Unter Subjektivität wird die Innenperspektive des jeweiligen Individuums verstanden, die sich sprachlich in Sätzen ausdrückt, die mit Pronomina der ersten Person formuliert sind („ich", „mich" u. a.). Dagegen werde in der Anthropologie vom Menschen stets nur „in der dritten Person" gesprochen und seine „Ichhaftigkeit" ignoriert (6, S. 45). Der Grund hierfür liege in den objektivierenden Verfahren der Wissenschaften; wegen ihres Anspruchs auf Allgemeingültigkeit und Unparteilichkeit betrachten sie den Menschen nicht aus der Innen-, sondern nur aus der Außenperspektive. Das, was uns als Menschen ausmache, ließe sich aber nicht von außen erkennen, liege überhaupt nicht in äußeren Eigenschaften, sondern allein in unserem Inneren. Insofern handelt es sich hier im Unterschied zum dritten Einwand nicht um eine externe, sondern um eine *interne Reduktion*.

Die objektivierenden Verfahren der Wissenschaft, so der weitergehende Vorwurf, führen dazu, dass eine wissenschaftliche Anthropologie den

Interne Reduktion

Objektivismus-Vorwurf

Menschen zu einem Gegenstand degradiere, ihn auf bestimmte Eigenschaften fixiere und das Leben verdingliche. Somit steht der vierte Einwand im diametralen Gegensatz zum ersten. Während der Metaphysik-Vorwurf lautet, dass die Anthropologie dem Menschen besondere Eigenschaften wie Willensfreiheit und Subjektivität zuschreibt, lautet der Objektivismus-Vorwurf, dass sie dies gerade nicht tut. Im gewissen Sinne handelt es sich hier um eine Radikalisierung des zweiten und dritten Einwandes. Der Mensch ist nicht nur ein Individuum mit vielen Möglichkeiten, sondern sogar ein absolut freies Wesen, Autor seiner Lebensgeschichte und Zentrum seiner Welt. Um dies zu erfassen, wäre eine völlige Umkehr der Perspektive notwendig – dadurch komme es aber zur Auflösung der Anthropologie.

Historischer Exkurs zur Existenzphilosophie
Der wichtigste Denker der Existenzphilosophie ist Martin Heidegger. Zu Recht hat er sich immer gegen anthropologische Deutungen seiner Philosophie, vor allem seines Hauptwerks „Sein und Zeit" gewehrt. Dort wird eine „existentiale Anthropologie" allerdings nicht prinzipiell abgelehnt (101, S. 183 u. 301). Inhaltlich kritisiert Heidegger, dass die Anthropologie den Menschen fälschlicherweise als irgendein Seiendes unter Seienden betrachte und damit zu einem Ding mache. Falsch sei es allerdings auch, vom Menschen als Subjekt auszugehen, wie seit Descartes in der neuzeitlichen Philosophie üblich (101, S. 43–49 u. ö.). Nach dem Erscheinen von „Sein und Zeit" intensiviert Heidegger zunächst seine Beschäftigung mit der Anthropologie, vor allem in seinem Kant-Buch und der Vorlesung „Grundbegriffe der Metaphysik" vom Wintersemester 1929/30. Doch schon bald endet diese Zwischenphase und es kommt zu einer stärkeren Distanzierung von der Anthropologie. Das gilt sowohl für die Phase seines nationalsozialistischen Engagements als auch für das „Seinsdenken". Einige Interpreten meinen sogar, dass die „Entmenschlichung" seiner Philosophie das entscheidende Moment dieser „Kehre" war (194, S. 183). Auf jeden Fall möchte Heidegger den Menschen nun vom Sein her denken. Kurz gesagt: Verschwindet der Mensch in „Sein und Zeit" zugunsten der jemeinigen Existenz, so im Spätwerk zugunsten des Seins. Nun heißt es, dass die in der Anthropologie üblichen Vergleiche mit den Tieren irreführend seien, weil der Mensch so „endgültig in den Wesensbereich der animalitas verstoßen" bleibe; der Mensch dürfe nicht primär als Lebewesen betrachtet werden. Auch die bisherigen Humanismen haben die „humanitas" des Menschen zu niedrig angesetzt; seine Würde geht über alle bisherigen Bestimmungen hinaus. Stattdessen sind wir, so Heidegger, vom Sein „geschickt", um die Wahrheit zu hüten. „Der Mensch ist der Hirt des Seins." (102, Bd. 9: 323 u. 331; Bd. 79: 71) Wie auch immer dies zu verstehen sein mag, auf jeden Fall endet Heidegger, im diametralen Gegensatz zu den sub-humanen Menschenbildern der Naturwissenschaften, bei einem supra-humanen Ansatz: Er möchte den Menschen nicht „von unten", sondern „von oben" her denken; das Göttliche ist uns näher als das Animalische (102, Bd. 9: 326). Dennoch lassen sich Gedankenfiguren bei Heidegger finden, die für eine philosophische Anthropologie wichtig sind; das belegen Arbeiten seiner Schüler (Karl Löwith, Herbert Marcuse u. v. a.). Hingegen findet Heideggers Anthropologie-Kritik ein spätes Echo bei Derrida (133).

Das existenzphilosophische Beharren auf der Subjektivität des Menschen ist prinzipiell berechtigt. Dass wir die Selbstinterpretationen der Menschen nicht ignorieren dürfen, wurde schon gegen die szientistischen Einwände angeführt. Dies kann letztlich jedoch auch objektivierend geschehen (etwa bei der Betrachtung fremder Kulturen). Anthropologie ist aber darüber hinaus der Sonderfall einer Wissenschaft, deren Gegenstand, der Mensch, selbst das Subjekt dieser Beschäftigung ist: Der Mensch denkt über sich selbst nach. Dieser Umstand muss methodisch berücksichtigt werden.

Trotzdem lassen sich die von der deutschen Existenzphilosophie vorgetragenen Einwände zurückweisen. Denn die Existenzphilosophie kann sicherlich die Anthropologie nicht ersetzen. Objektivierende Forschung kann vieles über uns in Erfahrung bringen, das der Innenperspektive nicht zugänglich ist: die phylogenetische und ontogenetische Genese des Menschen, die biologischen und soziokulturellen Bedingungen unserer Existenz usw.; der Ertrag der Humanwissenschaften darf philosophisch nicht ungenutzt bleiben. Letztlich stehen die Existenzphilosophen in einer metaphysischen Tradition, die das wahrhaft Menschliche allein in der Seele findet. Wenn man die Menschen mit ihrem Inneren identifiziert, werden sowohl die leibliche als auch die soziale Dimension des menschlichen Daseins vernachlässigt. Plessner hat Heidegger deshalb „Drückebergerei" vorgeworfen und ihn in die Geschichte der deutschen Innerlichkeit eingeordnet (115, Bd. VIII: 356 u. Bd. X: 239).

Anthropologie und Existenzphilosophie

An dieser Stelle wäre der Kompromiss möglich, dass man eben beides brauche, sowohl Existenzphilosophie als auch Anthropologie. Darüber hinaus kann man aber darauf verweisen, dass eine Anthropologie kritisiert wird, die kaum jemand vertritt. In den anthropologischen Konzeptionen von Scheler und vor allem von Plessner wird der Mensch ausdrücklich als Subjekt (als Person bzw. als Ich) gedacht, wird also die Innenperspektive berücksichtigt; umgekehrt haben Merleau-Ponty und der späte Sartre, die von der Phänomenologie ausgehen, eine objektivierende Anthropologie in ihr Denken integrieren wollen. An diese Ansätze sollte die philosophische Anthropologie anknüpfen, mit dem Ziel, die beiden Perspektiven zu kombinieren – so wie es bereits zu Beginn dieses Buches vorgeschlagen wurde.

1.2.5 Zusammenfassung, Literaturhinweise, Fragen und Übungen

Zusammenfassung
Gegen die philosophische Anthropologie sind vor allem vier Einwände vorgebracht worden:
1. Die Szientisten kritisieren die Oberflächlichkeit und Ungenauigkeit einer Anthropologie, die nicht naturwissenschaftlich und analytisch verfahre. Dadurch bestehe die Gefahr, dass an einem überholten oder sogar metaphysischem Menschenbild festgehalten werde.
2. Viele Sozialwissenschaftler und postmoderne Philosophen kritisieren, dass in der Anthropologie die Unterschiede zwischen den Menschen ignoriert werden. Dadurch bestehe die Gefahr, dass man einen bestimmten partikularen Menschentypus zum generellen befördere.
3. Autoren der Frankfurter Schule haben auf die gesellschaftliche Überformung aller Menschen hingewiesen. Dadurch bestehe die Gefahr, dass man den Menschen negative Eigenschaften zuspreche, die aber allein durch die Verhältnisse, in denen sie leben müssten, bedingt seien.
4. Die Existenzphilosophen beklagen, dass die Anthropologie den Menschen nur

aus der Perspektive der dritten Person thematisiere. Dadurch bestehe die Gefahr der Objektivierung bzw. theoretischen Verdinglichung des Menschen.

Die genannten Gefahren lassen sich nicht bestreiten. Die entsprechenden Bedenken werden aber von einer philosophischen Anthropologie, wie sie im nächsten Kapitel skizziert werden soll, ausgeräumt. Im Gegenzug kann man zeigen, dass die Einwände jeweils eine Form des Reduktionismus voraussetzen. In den Naturwissenschaften kommt es zu einer vertikalen und in den Sozialwissenschaften zu einer horizontalen Reduktion; die Einwände Adornos implizieren eine externe und die Anthropologiekritik Heideggers eine interne Reduktion. In allen Fällen wird man der Komplexität, Vielschichtigkeit und Mehrdimensionalität der Menschen nicht gerecht; zudem werden die integrativen Möglichkeiten der philosophischen Anthropologie unterschätzt.

Literaturhinweise
Die szientistische Anthropologie-Kritik findet Vertreter in allen Naturwissenschaften. Die biologischen Positionen werden in 3.1. erörtert. Ein Physiker wie Penrose (177) will das menschliche Bewusstsein quantenmechanisch erklären. Moderne Vertreter einer partikularistischen Anthropologie-Kritik sind Foucault (89, 90, 91) und Rorty (181, Kap. 2). Die gesellschaftstheoretische Ablehnung der Anthropologie kann man bei Luhmann studieren (322 sowie 321, S. 15 ff., 67 f., 286–289). Die Einwände der Frankfurter Schule finden sich vor allem bei Adorno (72, S. 61, 130, 347 ff.) und Habermas (7). Hingegen ist Horkheimers Kritik der Anthropologie vergleichsweise milde (103). Die existenzphilosophischen Einwände haben Jaspers (107, S. 67–74) und Heidegger formuliert; Heideggers Verhältnis zur Anthropologie erörtern einführend (135) u. (140). Die Argumente zur Verteidigung der philosophischen Anthropologie finden Sie in der in 1.1 und 1.3 angegebenen Literatur.

Fragen und Übungen
– Überlegen Sie sich (vor der Lektüre des Kapitels) eigene Einwände gegen eine philosophische Anthropologie.
– Formulieren Sie die dargestellten Einwände gegen die philosophische Anthropologie in eigenen Worten! Unterscheiden Sie jeweils verschiedene Versionen dieser Einwände.
– Erläutern Sie die vier Formen der Reduktion, jeweils mit einem eigenen Beispiel.
– Informieren Sie sich über folgende philosophische Strömungen: Wiener Kreis, Strukturalismus, Frankfurter Schule, Existenzphilosophie.
– Lesen Sie die Schlusskapitel von Foucaults Büchern „Wahnsinn und Gesellschaft" (89 bzw. 90) sowie „Die Ordnung der Dinge" (91). Welche Einwände gegen die Anthropologie finden sich dort und wie werden diese begründet? Diskutieren Sie Foucaults Argumente.
– Lesen Sie Heideggers Brief über den „Humanismus" (102). Welche Auffassungen vom Menschen weist er als falsch zurück und aus welchen Gründen? Diskutieren Sie seine Argumente.
– Formulieren Sie die Argumente zur Verteidigung der philosophischen Anthropologie in eigenen Worten.
– Erläutern Sie folgende Begriffe (mit eigenen Beispielen): kausale, funktionale und intentionale Erklärungen; gegenstandsangemessene Genauigkeit; Entfremdung, Kompetenz, Verdinglichung.
– Inszenieren Sie eine Pro-und-Kontra-Debatte zwischen Gegnern und Befürwortern der philosophischen Anthropologie.

1.3 Konturen einer philosophischen Anthropologie

„Diese dreifache Verbundenheit der Philosophischen Anthropologie mit der Einzelwissenschaft, der Philosophie und der geschichtlichen Situation des menschlichen Lebens gilt es für die Exposition ihrer Aufgabe im Auge zu behalten." Helmuth Plessner (115, Bd. VIII: 36)

1.3.1 Kritische Anthropologie

Eine philosophische Anthropologie ist möglich und sinnvoll – das war das Fazit des letzten Kapitels. Doch aus den Gegenargumenten (ob naturwissenschaftlicher, sozialwissenschaftlicher, gesellschaftskritischer oder existenzphilosophischer Herkunft) kann man lernen, dass eine philosophische Anthropologie in mehrfacher Hinsicht kritisch sein muss.

Erstens: Die philosophische Anthropologie ist *erkenntniskritisch* zu betreiben, und zwar im Sinne Kants, also im Bewusstsein der prinzipiellen Grenzen unseres Wissens. Anthropologische Aussagen sind nur möglich innerhalb der Grenzen unserer Erfahrung; wir können zum Beispiel nichts über die Fortexistenz der Seele, ein wichtiges Element vieler Menschenbilder, wissen. Ferner sind Aussagen, die den empirischen Erkenntnissen der Wissenschaften widersprechen, unzulässig. Darüber hinaus steht alles Wissen der Anthropologie unter einem prinzipiellen Fallibilismus-Vorbehalt; wir sind uns bewusst, dass es sich in Zukunft als unzutreffend erweisen könnte. Daran schließt sich unmittelbar die Forderung nach einem *sprachkritischen* Vorgehen an: Die philosophische Anthropologie verhält sich gleichermaßen kritisch gegenüber der Alltagssprache, den verschiedenen Wissenschaftssprachen und der Sprache der philosophischen Tradition. Kategorienfehler und Diskursvermengungen aller Art sind zu vermeiden. Abzulehnen ist deshalb nicht nur der vertikale Reduktionismus, sondern auch die entgegengesetzte Strategie, die man als Elevationismus (von Elevation = Emporhebung) bezeichnen kann (212, S. 260 f.): Hier versucht man Phänomene niederer Ebenen mit Begriffen zu erklären, die nur für höhere Niveaus geeignet sind, beispielsweise schon niederen Lebensformen ein Bewusstsein zuzuschreiben. Zudem ist die philosophische Anthropologie insofern *metaphysikkritisch*, als sie sich gegen alle Versuche richtet (ob aus Mythos, Tradition, Religion, Philosophie, Wissenschaft o. a.), das menschliche Leiden oder die Endlichkeit unseres Daseins verklären. Wir als Kinder der Moderne können nicht mehr unbefangen vom „Endzwecke unseres Daseins" oder der „Bestimmung des Menschen" sprechen. Dennoch liefert eine philosophische Anthropologie wichtiges Orientierungswissen, das auch für metaphysische Reflexionen relevant sein könnte. Die metaphysischen Anthropologien früherer Jahrhunderte lassen sich nicht mehr verteidigen; die Frage ist aber, was man aus ihnen retten kann (siehe 3.3).

Erkenntnis-, Sprach- und Metaphysikkritik

Zweitens: *Ideologiekritisch* bekämpft die philosophische Anthropologie alle Versuche, einen bestimmten Menschentypus zum Maßstab für andere oder gar für alle zu erheben. Beispielsweise scheint der Ethnozentrismus ein weltweites Phänomen zu sein; nichtsdestotrotz muss er selbstverständlich in der philosophischen Anthropologie restlos beseitigt werden. Die

Ideologiekritik

entscheidende Vorsorgemaßnahme ist die Enthaltsamkeit gegenüber normativen Aussagen, was einen anstrengenden Abstraktionsakt, geradezu eine asketische Leistung, erfordert.

Wirklichkeitskritik

Drittens: Die philosophische Anthropologie ist *wirklichkeitskritisch*. Sie macht nicht den Fehler, das Wirkliche für das Notwendige halten und damit das Mögliche zu leugnen. Nicht nur die Veränderbarkeit der Menschen wird berücksichtigt, sondern auch die massive Prägung aller Individuen durch gesellschaftliche Verhältnisse, die selbst dem historischen Wandel unterworfen sind. Weil Menschen nie ganz in dem aufgehen, was sie sind, müssen sie als Möglichkeitswesen konzipiert werden. Daraus folgt kein anthropologischer Optimismus: Es geht um Grenzen und Möglichkeiten der Menschen, um unsere Anlagen zum Guten und zum Bösen (siehe 3.2).

Gegenstandskritik

Viertens: Man kann Menschen nicht vollständig zu einem wissenschaftlichen Forschungsobjekt machen. Das Dingschema, mit dem die Wissenschaften in der Regel operieren, ist unzureichend. Insofern ist die philosophische Anthropologie, wie wir sagen können, *gegenstandskritisch*. Auf klare Begriffe kann nicht verzichtet werden, aber diese dürfen nicht mit den Objekten selbst verwechselt werden; man muss sich bewusst sein, dass die Wirklichkeit viel komplexer ist, als es unsere Theorien darstellen können. Zudem sollten Prozessbegriffe an die Stelle von Gegenstandsbegriffen treten („Fühlen" statt „Gefühl", „Handeln" statt „Handlung" usw.) (95, Bd. 3.2: 491). Vor allem aber betrachtet die philosophische Anthropologie die Menschen nicht nur aus der Außen-, sondern auch aus der Innenperspektive. Aus dieser können wir uns nicht vollständig zu einem Ding machen, nicht total objektivieren. Darüber hinaus führt der Ansatzpunkt bei der ersten Person dazu, dass das Nachdenken über uns ständig neu beginnt, nie zu einem Abschluss kommt und immer im Fluss bleibt.

1.3.2 Integrativ-interpretative Anthropologie

Kooperation von Philosophie und Humanwissenschaften

Es wurde bereits betont, dass man einerseits das empirische Wissen über den Menschen nicht ignorieren darf, andererseits die szientistische Auflösung der Philosophie abzulehnen ist. Sowohl die radikale Wissenschaftskritik des späten Heidegger als auch das Streben nach einer wissenschaftlichen Weltauffassung, wie im Wiener Kreis, ist unbefriedigend. Philosophische Anthropologie kann weder apriorisch-spekulativ noch empirisch-experimentell betrieben werden. Erforderlich ist vielmehr die Kooperation von Theorie und Empirie. Denn die empirischen Humanwissenschaften bleiben ohne Rückgriff auf die philosophische Anthropologie ebenso konfus wie diese ohne jene spekulativ. Die unterschiedlichen Zugänge zum Menschen werden nicht hierarchisch geordnet, sondern sollen sich gegenseitig durchdringen, damit beide Seiten profitieren. Dabei gehen weder die Humanwissenschaften noch die philosophische Anthropologie in dieser Zusammenarbeit auf; sie bilden eher zwei sich überschneidende Kreise. Viele Spezialstudien auf der einen Seite sowie reflexive und historische Anteile auf der anderen befinden sich außerhalb der Schnittmenge.

Als historische Orientierung bietet sich die deutsche Philosophische Anthropologie an. Ihre Hauptvertreter sind Max Scheler, Helmuth Plessner und Arnold Gehlen; zum Umfeld gehört eine Reihe weiterer Autoren. Man kann diese Strömung als Endpunkt einer langen deutschen Tradition ansehen; Gedanken des deutschen Idealismus, der Lebensphilosophie und der Phänomenologie fließen in sie ein. Ihre Blütezeit lässt sich exakt angeben. Nach einigen Vorstudien und Vorläufern schoss die Philosophische Anthropologie 1928 in die Höhe; die anthropologischen Hauptwerke von Scheler und Plessner erschienen in diesem Jahr. Allerdings blieb sie auch in Deutschland immer im Schatten der Existenzphilosophie. Der Absturz ereignete sich 1958; in diesem Jahr veröffentlichte der damals noch unbekannte Jürgen Habermas in einem auflagenstarken Philosophie-Lexikon eine Bilanz der Philosophischen Anthropologie, deren Quintessenz deutlich war: Das neue Thema ist nicht mehr der Mensch, sondern die Gesellschaft (7).

Historischer Exkurs zur Philosophischen Anthropologie

Die drei Hauptvertreter der Philosophischen Anthropologie haben unterschiedliche, oft unklare Konzeptionen des Verhältnisses von Theorie und Empirie vorgelegt. Max Scheler demonstriert in seiner Schrift „Die Stellung des Menschen im Kosmos" (1928), wie sich empirisches Wissen so zusammenfassen lässt, dass wichtige anthropologische Einsichten zu gewinnen sind. Sein erklärtes Ziel bleibt jedoch, das „Wesen des Menschen" zu erfassen. Erst in den posthum veröffentlichten Manuskripten seiner letzten Lebensjahre wird Schelers Konzeption deutlich. Dort entwickelt er folgende Hierarchie. Den Ausgangspunkt bilden die einzelnen empirischen Wissenschaften, deren Grenz- und Grundprobleme in eigenen „Metaszienzien" behandelt werden. Diese werden in einer „Metaphysik erster Ordnung" zusammengeführt, einem Äquivalent der klassischen Erkenntnistheorie. Da diese wiederum in der Philosophischen Anthropologie begründet ist, die nun auch als „Metanthropologie" bezeichnet wird (123, S. 83), favorisiert Scheler ein Fundierungsmodell. Die Philosophische Anthropologie besitzt auch insofern eine Schlüsselstellung, als nur von ihr der Übergang zur „Metaphysik zweiter Ordnung", der „Metaphysik des Absoluten", gelingt. Dieser Stufenaufbau lässt sich mit Schelers berühmter Differenzierung von Wissenstypen kombinieren: Die empirischen Wissenschaften liefern funktionales Wissen (Herrschafts-, Funktions- oder Leistungswissen). Aus der Anthropologie können wir Bildungswissen gewinnen, das der Integration und Entfaltung der Person dient. Noch wertvoller ist das Heils- oder Erlösungswissen der Metaphysik. Der Weg führt also von den Einzelwissenschaften über die Anthropologie zur Metaphysik.

Hingegen hat Arnold Gehlen jede Metaphysik abgelehnt. Als er sich 1935 der Anthropologie zuwandte, wollte er sie als philosophische Grundlagendisziplin etablieren; noch in einigen Kapiteln von „Der Mensch" finden sich fundamentalanthropologische Ansichten. Davon rückte er bald ab und bekannte sich zum Projekt einer „empirischen Philosophie", ohne dieses jedoch näher zu erläutern. Ein direkter Bezug auf die Empirie findet sich bei ihm jedenfalls nicht; in der Regel hat er bewährte Theorien aus den Humanwissenschaften herangezogen und zusammengefügt.

Am reflektiertesten sind die wissenschaftstheoretischen Überlegungen, die sich bei Helmuth Plessner finden. Jedoch muss zwischen seinem anthropologischen Hauptwerk und einer späteren Konzeption unterschieden werden. Im ersten Kapitel von „Die Stufen des Organischen und der Mensch" (1928) will Plessner die philosophische Anthropologie als Fundamentalwissenschaft begründen und damit Kants Transzendentalphilosophie beerben. Plessner skizziert, wie man an Diltheys Grundlegung der Geisteswissenschaften anknüpfen könne. Dilthey habe gezeigt, dass zum Verstehen menschlicher Äußerungen nicht nur die kognitiven Fähigkeiten erforderlich seien. Die Kantische Vernunftkritik müsse durch eine „Kritik der Sinne" ergänzt werden, weil auch Wahrnehmungen Synthesecharakter besitzen und in ihnen Geltungsansprüche erhoben werden. Durch eine „Ästhesiologie der Sinne" (im Unterschied zur traditionellen Ästhetik) werde somit die Einheit des Menschen auf der transzendentalen Ebene wiederhergestellt. Plessner geht sogar noch einen Schritt weiter: Die Transzendentalanthropologie wird in einer strukturellen Philosophie des Lebendigen fundiert; die Philosophie der menschlichen Natur bedarf einer Philosophie der lebendigen Natur, die mit dem Menschen in „Wesenskorrelation" stehe. Methodisch soll (wie auch bei Scheler) die Phänomenologie Husserls den Weg weisen. Plessner schwebt offensichtlich ein Gegenprogramm zu Heideggers „Fundamentalontologie" vor; das erste Kapitel von „Die Stufen des Organischen und der Mensch" (1928) kann man als indirekte Antwort auf „Sein und Zeit" (1927) lesen. Dieses anspruchsvolle Ziel einer transzendentalhermeneutischen Fundierung der Wissenschaften wurde wenige Jahre später von Plessner stillschweigend fallengelassen. Im niederländischen Exil entwarf er eine andere Standortbestimmung der Philosophischen Anthropologie. Dort entwickelt er ein Kooperationsmodell, an das ich mich im Folgenden weitgehend anlehne. Ein direkter Anschluss, vor allem inhaltlich, ist heute nicht mehr möglich; dazu hat sich nicht nur in Philosophie und Wissenschaften, sondern auch in Lebenswelt und Gesellschaft zu viel getan. Dem würden Scheler, Plessner und Gehlen sicherlich zustimmen.

Konstruktive Deutung

In der interdisziplinären Kooperation übernimmt die philosophische Anthropologie drei Hauptaufgaben. Als erstes obliegt ihr die *Deutung* der humanwissenschaftlichen Erkenntnisse. Welche anthropologischen Konsequenzen etwa die molekularbiologischen oder paläontologischen Forschungsergebnisse haben, ist keineswegs offensichtlich; dazu bedarf es einer theoretisch angeleiteten Interpretation. Diese ist *konstruktiv*, weil sie den wissenschaftlichen Erkenntnissen etwas hinzufügt, zwar keine neuen Tatsachenbehauptungen, aber Einsichten in Bedingungs- und Verweisungszusammenhänge. Zudem möchte die philosophische Anthropologie auch weitere humanwissenschaftliche Forschungen anregen. Anthropologische Aussagen bilden deshalb keinen definitiven Abschluss, sondern eher den Auftakt für Gespräche und weitere Forschung.

Zur Deutung humanwissenschaftlicher Erkenntnisse benutzt die philosophische Anthropologie spezifische Begriffe, die wir *Kategorien* nennen wollen, obwohl wir diese weder transzendentalphilosophisch ableiten noch uns ihrer Vollzähligkeit versichern können. Exakte Definitionen wie in Logik, Mathematik und Naturwissenschaften sind ebenfalls nicht möglich. Das lässt sich am Beispiel einer Kategorie wie „Arbeit" zeigen. Zwar wird man diesen Begriff in der philosophischen Anthropologie erläutern müssen; aber definieren, wie in der Physik mit $W = F \times s$ (Arbeit W ist das Produkt aus der Kraft F und dem Weg s), kann man ihn nicht. Zudem handelt es sich bei den anthropologischen Kategorien nicht um klassifikatorische Begriffe, um Schubladen, in die die Objekte restlos einzuordnen wären, sondern um Typisierungen, denen die Phänomene mehr oder weniger entsprechen, ohne dass die jeweilige Abweichung einen Mangel bedeuten würde. Um beim obigen Beispiel zu bleiben, so wird man zwar „Arbeit" und „Spiel" gegenüberstellen können, aber viele Phänomene lassen sich nicht eindeutig zuordnen. Die anthropologischen Kategorien haben also einen ähnlichen Status wie Max Webers soziologische Idealtypen, denen in der Realität eher Grenzfälle und Extremzustände entsprechen (327). Bei der Konstruktion der Grundbegriffe kann man die klassischen Wesensbestimmungen des Menschen aufgreifen (vgl. 2. Teil), aber nur wenn man diese als offene Leitbegriffe versteht, die sich in theoretischer Reflexion und empirischer Forschung zu bewähren haben.

Die zweite Aufgabe der philosophischen Anthropologie ergibt sich aus dem einfachen Umstand, dass es die Humanwissenschaften im Plural gibt, die philosophische Anthropologie nur im Singular. Ihr Ziel ist es deshalb, der Zerstreuung des Wissens über den Menschen entgegenzuwirken; sie muss *integrativ* sein. Damit ist nicht die Synthese aller humanwissenschaftlichen Erkenntnisse gemeint, etwa in Form eines „Lehrbuchs des Menschen". Ein solches Projekt ist heutzutage selbst für den geistreichsten Philosophen eine Überforderung; schon fachinterne Synthesen sind angesichts der Pluralität der Ansätze und der schieren Menge des Wissens kaum noch möglich.

Problembezogene Integration

Aber es geht gar nicht um die Quantität von Informationen. Vielmehr ist das empirische Wissen zurückzubinden an unsere lebensweltlichen Interessen an Selbstverständigung und Orientierung. Aus ihnen entspringen anthropologische Grundfragen wie diejenigen, die im 3. Teil dieses Buchs behandelt werden. Mit diesen als Ausgangspunkt kann man zwischen *wesentlichen und unwesentlichen Eigenschaften* des Menschen unterscheiden. Bereits Aristoteles differenzierte zwischen dem Eigentümlichen (*proprium*) und dem Wesentlichen (28, Top. I 5). In seinen biologischen Schriften hat er viele Eigentümlichkeiten des Menschen zusammengetragen (aufrechter Gang, Nachahmungsfähigkeit, sterbliches der Wissenschaft fähiges Sinnenwesen usw.) (28, TT IV 10, Poet. I 4, Top. V 1). Dieses Wissen hat sich, vor allem in den letzten Jahrzehnten, potenziert. Das Wesentliche am Menschen hat man damit noch lange nicht begriffen. Erforderlich ist die sinnvolle Auswahl der relevanten Informationen. So verfährt auch Aristoteles. Denn wenn er sich lebensweltlich wichtigen Fragen (wie denen der praktischen Philosophie) zuwendet, konzentriert er sich auf wenige Kernaussagen (vgl. 149).

Wissen vom Menschen gibt es in ganz unterschiedlicher Form; vor allem die Kluft zwischen Natur- und Geisteswissenschaften ist zu überwinden. (Dafür ist es allerdings notwendig, dass die Philosophie sich nicht selbst, wie in Deutschland weit verbreitet, als Geisteswissenschaft versteht.) Damit nicht genug: Explizite und implizite anthropologische Aussagen finden sich, wie oben (1.1.2) dargelegt, auch an anderen Stellen, in lebensweltlicher Menschenkenntnis, in Religion und Kunst, nicht zuletzt in der Geschichte der Philosophie. Zwar sind die Wissenschaften als der Ort anzuerkennen, an dem heute die meisten Erkenntnisse über den Menschen gewonnen werden; wir sollten aber andere Wissensquellen nicht von vornherein ausschließen. Man muss *alle Typen von Erfahrung* zulassen: neben der naturwissenschaftlichen Empirie und sozialwissenschaftlichen Erhebungen auch Lebens- und Selbsterfahrungen sowie schwer artikulierbare ästhetische und mystische Erfahrungen.

Die integrative Leistung der Philosophie ist also im doppelten Sinne zu verstehen: Zum einen muss sie die Rolle des Moderators zwischen den verschiedenen Wissenschaften spielen, zum anderen ist sie Vermittlerin zwischen den Wissenschaften insgesamt und der Lebenswelt. Aus der Lebenswelt entspringen die Erfahrungen, in denen unser philosophisches Fragen verwurzelt ist; in die Lebenswelt zurück führen die philosophischen Interessen an Selbstverständigung und Orientierungswissen. Da zwischen unterschiedlichen Konzeptionen einer philosophischen Anthropologie keine definitive Entscheidung zu treffen sein wird, kann (und sollte) es konkurrierende Forschungsprogramme geben: Warum nicht mehrere Orientierungspunkte?

Orientierung am Ganzen

Schließlich ist die dritte Aufgabe zu erwähnen: Es ist Sache der Philosophie, die *Orientierung am Ganzen des Menschen* aufrechtzuerhalten. Deshalb ist die philosophische Anthropologie nicht nur interpretativ und integrativ, sondern auch *holistisch* (ganzheitlich). Zwar sind Menschen organisch und psychisch als funktionelle Einheiten zu begreifen. Aber der hier vertretene Holismus ist weniger als ontologische, sondern vielmehr als methodologische Position zu verstehen. Ziel ist ein begrifflicher Rahmen, vergleichbar den Weltmodellen der Kosmologie oder den Gesellschaftsbegriffen der Sozialphilosophie. Mit diesen Modellen kann man nicht die gesamte Welt in ihrer Komplexität und ihrem Detailreichtum erfassen; das Ganze ist auch nicht als Summe allen Wissens zu verstehen. Aber eine solche Idee des Ganzen ist unentbehrlich, um den Stellenwert und den Zusammenhang einzelner Aussagen oder Theorien zu erfassen.

Woher soll aber diese Ganze kommen? Sicher nicht aus der empirischen Forschung, die nur zu immer mehr Detailwissen führt. Vielmehr entspringt die Idee des Ganzen dem Vorverständnis, das jeder Mensch implizit vom Menschsein hat. Wir können gar nicht anders, als bei der Deutung von Teilaspekten menschlichen Lebens immer schon unseren Vorbegriff des Ganzen des Menschen ins Spiel zu bringen. Dieses Vorverständnis gilt es kritisch zu analysieren und systematisch weiterzuentwickeln, unter Einbeziehung empirischen Wissens und theoretischer Konzeptionen – und unter Ausblendung normativer Aspekte.

1.3.3 Dialektische Anthropologie

Innen- und Außenperspektive

Es wurde bereits mehrfach darauf verwiesen, dass Menschen prinzipiell aus zwei Perspektiven thematisiert werden können, aus der Innenperspektive und aus der Außenperspektive (die sich wiederum, was hier vernachlässigt werden kann, in verschiedene Blickwinkel aufspaltet). Die Innenperspektive ist der Standpunkt der Subjektivität, des Ich, der ersten Person Singular. Die Außenperspektive beruht auf der Abstraktion von allen subjektiven Zutaten; sie ist der Standpunkt einer neutralen dritten Person. Wir können auch von phänomenologischen und objektivierenden Verfahren sprechen. Es handelt sich also nicht um einen ontologischen Dualismus, der Mensch zerfällt nicht in zwei Substanzen oder Schichten, sondern um eine methodische Doppelgleisigkeit. Sprachlich drückt sich dies so aus, dass wir den Gegenstand der philosophischen Anthropologie nicht nur (objektivierend) als „Menschen" bezeichnen, sondern, wie schon bisher in diesem Text, auch mit den Personalpronomen der ersten Person Plural („wir", „uns").

Die Differenz zwischen Außen- und Innenperspektive spielt in verschiedenen Wissenschaften eine Rolle. Die Laute der menschlichen Sprachen werden von der Phonetik naturwissenschaftlich (physikalisch und physiologisch) untersucht, hingegen von der Phonologie am Leitfaden der Frage, welche Phoneme für uns aus der Innenperspektive bedeutungstragend sind. Als Ethnologe kann ich eine fremde Kultur von außen beobachten; ich kann aber auch in ihr leben, mit ihren Mitgliedern kommunizieren, am normalen Alltag teilnehmen. Vor allem Plessner hat für die Kombination beider Zugänge in der Anthropologie plädiert: „Beide Methoden müssen zur Kooperation kommen, weil sie nur zusammmen, aber bei voller Wahrung ihrer Autonomie, den komplexen Gegenstand … in Angriff nehmen können." Vor allem dürfe die philosophische Anthropologie nicht „in Naturwissenschaft, d.h. Messung, und Bewußtseinswissenschaft, d.h. Selbstanalyse", zerrissen werden (114, S.70).

Hinsichtlich des methodischen Begriffs der Innenperspektive sind zwei Missverständnisse auszuräumen. Zum einen ist die Innenperspektive nicht mit *Innerlichkeit* zu verwechseln. Es handelt sich um eine Stellung zur Wirklichkeit, aber sie impliziert nicht die Bevorzugung von Methoden der Selbstversenkung oder der Introspektion. Die Beziehung auf psychische Erlebnisse in meiner „Innenwelt" ist nur einer der Weltbezüge des Menschen aus der Perspektive der ersten Person (siehe 2.1.3). Tatsächlich kann ich prinzipiell jeden Gegenstand unserer Lebenswelt aus der Innenperspektive betrachten; beispielsweise vermag fast jedes Phänomen unter geeigneten Umständen meine affektive Betroffenheit auszulösen. Zum anderen darf auf keinen Fall aus dem Umstand, dass es sich um die Perspektive der ersten Person handelt, geschlossen werden, dass hier Subjektivität im Sinne einer individuellen *Beliebigkeit* gemeint ist. Zugegebenermaßen besteht die Gefahr, dass eine Anthropologie aus der Innenperspektive in einen methodischen Solipsismus führt, also von einem einsam reflektierenden Subjekt betrieben wird. Die Extremform dieser Art von Subjektivität ist der endlose Bewusstseinsstrom, der uns aus der modernen Literatur als innerer Monolog bekannt ist. Hingegen muss das Philosophieren aus der Innenperspektive in methodisch kontrollierter Form durchgeführt werden; die entsprechenden Aussagen sind genauso mit einem Anspruch auf Allgemeingültigkeit versehen und werden ebenso in einen wissenschaftlichen Diskurs eingebracht wie die Resultate experimenteller Untersuchungen. Ziel ist die reflexive Rekonstruktion allgemeiner Strukturen unseres Selbst- und Weltverhältnisses sowie die systematische Explikation unseres Vorverständnisses wesentlicher menschlicher Eigenschaften.

Was ich meine, lässt sich an zwei Beispielen verdeutlichen. Nehmen wir als erstes das Phänomen des *Schmerzes*. Ich weiß (aus der Innenperspektive gesprochen), was das ist; dazu brauche ich momentan gar nicht unter Schmerzen leiden; ich kann deren unterschiedliche Gestalten beschreiben, mich an ihr erstes Auftauchen erinnern usw. Ich kann mich deshalb auch in andere Personen hineinversetzen und deren Schmerzen verstehen, begrenzt sogar die Schmerzen von Tieren. Aus der Außenperspektive erforscht man u.a., wie es physiologisch zu Schmerzempfindungen kommt, auf welche kausalen Ursachen sie zurückzuführen sind und welche Funktion Schmerzen in einem biologischen Organismus haben. Wenn ich unter Rückenschmerzen leide, erlebe ich sie aus der Innenperspektive; mein Arzt analysiert sie aus der Außenperspektive; wenn ich medizinisch informiert bin, kann ich selbst eine Übersetzung in die Außenperspektive versuchen. Aber auch Ärzte leiden manchmal unter Schmerzen; sofern diese sie nicht überwältigen, können sie beide Perspektiven kombinieren. Das wäre auch

Weder Innerlichkeit noch Beliebigkeit

Beispiele

die Aufgabe einer philosophischen Anthropologie: Sie müsste sowohl die phänomenologische Bedeutsamkeit des Schmerzes als Leiden wie die objektivierenden Analysen über seine Ursachen und Funktionen berücksichtigen.

Ein zweites Beispiel betrifft den Begriff der *Regel*. Die Planeten unseres Sonnensystems folgen (wenn nichts dazwischen kommt) bestimmten Regeln, nämlich den Kepler'schen Gesetzen. Ebenso kann man beobachten, dass manche Personen jeden Abend (falls nichts dazwischen kommt) einige Runden durch einen Park laufen. Aber die Planeten haben diese Regel nicht, verfügen über ihr Bewegungsgesetz nicht, wie es die betreffenden Freizeitsportler tun (wie wir annehmen wollen und aus der Innenperspektive nachvollziehen können). Die physikalische Regelmäßigkeit unterscheidet sich insofern deutlich von einer subjektiven Maxime. Allerdings sind auch wir den Naturgesetzen unterworfen. So mag eine eingehende Untersuchung aus der Außenperspektive zeigen, dass das regelmäßige Laufen durch eine Fülle von Faktoren kausal determiniert ist, eventuell sogar auf einer unbewussten Zwangsneurose beruht oder schon genetisch bedingt ist.

Gleichrangigkeit der beiden Perspektiven
Die beiden Perspektiven sind in der philosophischen Anthropologie prinzipiell *gleichberechtigt*. Einige Phänomene lassen sich nur aus der Ich-Perspektive erfassen (z. B. affektives Betroffensein, normative Einstellungen, ästhetische Phänomene), andere nur aus der Perspektive der dritten Person (z. B. die naturwissenschaftlich gewonnenen Erkenntnisse über unser Gehirn). Zudem sind die beiden Perspektiven miteinander verschränkt. Einerseits ist die menschliche Innenperspektive zweifellos ein onto- und phylogenetisches Produkt, dessen Entstehung, Funktion und Rahmenbedingungen aus der Außenperspektive beschrieben werden können. Andererseits beruht die Außenperspektive selbst onto- und phylogenetisch auf einem langwierigen Abstraktionsprozess vom Standpunkt der ersten Person, einer Dezentrierung des Ich. Würden keine Wesen existieren, die die Welt aus ihrer Innenperspektive betrachten, gebe es auch keine Außenperspektive.

Primat der Innenperspektive
Aus allgemein-philosophischer Sicht existiert aber ein *Vorrang der Innenperspektive*. Erstens müssen Aussagen aus beiden Perspektiven in einer intersubjektiv verständlichen Sprache formuliert werden. Sowohl eine nur subjektiv (also bloß für mich) verständliche Sprache als auch eine total formalisierte, von allen alltagssprachlichen Bedeutungen völlig abgekoppelte Wissenschaftssprache sind meines Erachtens unmöglich. Sprachverstehen verlangt aber einen Zugang aus der Innenperspektive; aus der Außenperspektive kann man die Bedeutung sprachlicher Ausdrücke nicht zureichend erfassen. Die öffentliche Sprache, in der Aussagen aus beiden Perspektiven formuliert sein müssen, ist gewissermaßen der Standpunkt der ersten Person *Plural*.

Zweitens sind die Aussagen aus beiden Perspektiven in den wissenschaftlichen Diskurs einzubringen. Die Einsichten aus der Innenperspektive müssen intersubjektiv plausibel sein, die Erkenntnisse aus der Außenperspektive müssen sich empirisch bewähren. Als Aussagen mit Geltungsanspruch unterliegen sie dabei bestimmten transzendentalen Voraussetzungen. Diese lassen sich nur aus der Innenperspektive erfassen, reflexiv vom Standpunkt der ersten Person. Zu diesen unhintergehbaren Unterstellungen (Präsuppositionen), die immer schon akzeptiert sein müssen, gehört etwa die Aussage „Es gibt wahre Aussagen". Diese Aussage kann nämlich niemand ohne Selbstwiderspruch bestreiten, da auch die Behauptung „Es gibt keine wahren Aussagen" wahr sein soll. Den Zugang zu dieser transzendentalen Ebene ermöglicht jedoch nur die Innenperspektive; aus der Außenperspektive lassen sich transzendentale Voraussetzungen nicht rekonstruieren. Hingegen kann man aus der Innenperspektive gleichsam in zwei Richtungen denken, phänomenologisch zu den Sachen, reflexiv zu den transzendentalen Voraussetzungen.

Wegen der Verschränkung der beiden Perspektiven und des Vorrangs der Innenperspektive kann man nicht von einem methodischen Dualismus sprechen. Vielmehr handelt es sich um eine *dialektische Anthropologie*. Die Verwendung des Begriffs „dialektisch" mag gewagt erscheinen. Zum einen ist dieses Wort im Laufe der Philosophiegeschichte von Platon bis Adorno so unterschiedlich benutzt worden, dass eine einheitliche Begriffsbestimmung gar nicht möglich scheint. Zum anderen hat nichts so sehr die Dialektik diskreditiert wie die dogmatische und die weniger dogmatische Begeisterung für sie im östlichen und westlichen Marxismus. Nachdem die Dialektik einige Jahre als Zauberwort und translogische Wunderwaffe galt, war ihre Ablehnung danach nur um so heftiger und sie geriet fast völlig in Vergessenheit. Da aber sowohl 1968 als auch 1989 schon einige Zeit zurückliegen, scheint mir heute nichts mehr gegen einen reflektierten Gebrauch dieses Begriffs zu sprechen. Auf keinen Fall jedoch darf eine solche Begriffswahl die Auseinandersetzung mit den sachlichen Problemen versperren: Wer also mit diesem Ausdruck nichts anfangen kann, mag auf ihn verzichten und sich eine andere Bezeichnung überlegen.

Beabsichtigt sind einige inhaltliche Assoziationen zu Hegels Philosophie, in der der Begriff der Dialektik eine wichtige Rolle spielt. Zunächst einmal ist die philosophische Anthropologie holistisch. Alle Einzelerkenntnisse sind in einen umfassenden begrifflichen Rahmen einzuordnen, der durch eine Idee vom Ganzen des Menschen getragen wird. Sodann soll das Konzept der dialektischen Entwicklung aufgegriffen werden: Menschen sind keine statischen Wesen; sowohl als Individuen wie als Gattung verändern sie sich. Dabei kommt es bisweilen zu Krisen und Spannungen, die sich nur lösen lassen, wenn die entstandenen Antagonismen auf einer höheren Ebene „aufgehoben" werden. „Aufhebung" ist dabei im dreifachen Sinne zu verstehen: bewahren, beseitigen und auf ein höheres Niveau heben (2.1.4). Schließlich kann man anknüpfen an die landläufige Auffassung, dass Dialektik etwas mit Widersprüchen zu tun habe. Logische Widersprüche darf die philosophische Anthropologie freilich nicht produzieren. Es geht vielmehr um die Ambivalenz, Zweideutigkeit und Zerrissenheit des Menschen: Wir sind Naturwesen und Kulturwesen, besitzen sowohl genetische Anlagen als auch individuelle Freiheit; wir finden die unterschiedlichsten Tendenzen in uns, sind zum Guten und zum Bösen fähig, schwanken zwischen Größenwahn und Minderwertigkeitskomplex usw. Weil die philosophische Anthropologie bei diesen „Widersprüchen" stehen bleibt und keine Versöhnung im Absoluten erstrebt, würde sie auch in Hegels Terminologie als dialektisch gelten (und nicht als spekulativ).

Dialektische Anthropologie

1.3.4 Zusammenfassung, Literaturhinweise, Fragen und Übungen

Zusammenfassung

1. Um die Argumente ihrer Gegner zurückweisen zu können, muss die philosophische Anthropologie in mehrfacher Hinsicht kritisch sein: erkenntnis-, sprach- und metaphysikkritisch, ideologiekritisch, wirklichkeitskritisch und gegenstandskritisch.

2. Die philosophische Anthropologie ist eine integrativ-interpretative Disziplin. Sie sollte in einer kooperativen Beziehung zu den Humanwissenschaften stehen, deren Resultate aufgreifen und neue Forschungen anstoßen. Es ist vor allem ihre Aufgabe, empirische Erkenntnisse mit Hilfe von Kategorien konstruktiv zu deuten und bezogen auf lebensweltlich relevante Probleme zusammenzufügen. Dabei vermittelt die Philosophie sowohl zwischen den verschiedenen Humanwissenschaften als auch zwischen Wissenschaft und Lebenswelt. Nicht zuletzt bleibt es Aufgabe der philosophischen Anthropologie, an der Orientierung am Ganzen des Menschen festzuhalten.

3. In einer dialektischen Anthropologie werden die Innen- und die Außenperspektive kombiniert. Die Außenperspektive steht für die objektivierenden Verfahren der Wissenschaften; Aussagen werden vom Standpunkt der dritten Person formuliert. Die Innenperspektive steht für die phänomenologischen Verfahren der Philosophie; Aussagen werden vom Standpunkt der ersten Person formuliert. Beide Perspektiven sind gleichberechtigt, aber der Vorrang gebührt der Innenperspektive. Denn nur diese ermöglicht den Zugang zu einer intersubjektiv verständlichen Sprache sowie zu den transzendentalen Voraussetzungen von Aussagen mit Geltungsanspruch.

Literaturhinweise

Die Geschichte der deutschen Philosophischen Anthropologie wird in (1) und (20) dargestellt. Schelers anthropologisches Hauptwerk ist (122); aus der Sekundärliteratur seien (178) und (183) erwähnt. Plessners anthropologisches Hauptwerk ist (114); der revidierte Programm-Entwurf, dem ich weitgehend folge, findet sich in (115, Bd. VIII: 33–51); zur Einführung eignen sich (131) und (136). Gehlens anthropologisches Hauptwerk ist (95); gut zu lesen sind seine kleineren Aufsätze (98) und (99); einführend zu Gehlen (161), (198) und (207). Methodisch stehen der frühe Horkheimer (103), dazu auch (197, S. 17–26), und der späte Sartre (119) der Philosophischen Anthropologie sehr nahe.

Fragen und Übungen

– Geben Sie eine eigene Aufgabenbestimmung der philosophischen Anthropologie.
– Inwiefern kann eine kritische Anthropologie die Einwände ihrer Gegner abwehren?
– Informieren Sie sich über die Geschichte der deutschen Philosophischen Anthropologie.
– Lesen Sie Plessners Aufsatz „Die Aufgabe der Philosophischen Anthropologie" von 1937 (115). Vergleichen Sie seine Ausführungen mit denen dieses Kapitels.
– Erörtern Sie das Verhältnis von philosophischer Anthropologie und Humanwissenschaften. Ziehen Sie zum Vergleich eventuell andere philosophische Disziplinen wie Erkenntnistheorie, Ethik oder Geschichtsphilosophie heran.
– Worin bestehen bei der Kooperation mit den Humanwissenschaften die wichtigsten Leistungen der philosophischen Anthropologie?
– Erläutern Sie mit eigenen Worten und Beispielen die beiden Perspektiven der philosophischen Anthropologie.
– Wiederholen Sie die Argumente für den Vorrang der Innenperspektive mit eigenen Worten.
– Informieren Sie sich über den Begriff „Dialektik".

2. Grundbegriffe der philosophischen Anthropologie

Ausgehend von dem Blick aus der Innenperspektive werden zunächst (2.1) die Kategorien entwickelt, mit denen sich die Grundstruktur der menschlichen Existenz skizzieren lässt. Im Mittelpunkt der fünf folgenden Kapitel (2.2 bis 2.6) steht jeweils eine klassische Bestimmung des Menschen: animal rationale, homo passionis, homo faber, zoon politikon, animal symbolicum. Aus diesen grundlegenden Menschenbildern lassen sich noch heute Kategorien der philosophischen Anthropologie gewinnen. Denn mit ihnen werden wesentliche Tätigkeiten des Menschen bezeichnet: Denken, Fühlen, Arbeiten, soziales Handeln, Sprechen. Bei der Bestimmung dieser Begriffe sind die im ersten Teil entwickelten methodischen Prinzipien zu beachten: Sowohl Innen- als auch Außenperspektive sind zu berücksichtigen; außer einigen kurzen historischen Bemerkungen enthält jedes Kapitel einen Vergleich mit unseren nächsten Verwandten im Tierreich, den großen Affen, sowie Ausführungen zur ontogenetischen Entwicklung unserer Kompetenzen. Im letzten Kapitel dieses Teils (2.7) fasse ich querschnittartig einige Ergebnisse zusammen.

2.1 Die Grundstruktur der menschlichen Existenz

„krieg raus, wer du bist! und
schnüffel nicht Gott hinterher!
denn das, was die Menschheit ist
begreifst du am besten an dir."
Wolf Biermann frei nach Alexander Pope (347, S. 351)

„Der Mensch ist Geist. Doch was ist Geist? Geist ist das Selbst. Doch was ist das Selbst? Das Selbst ist ein Verhältnis, das sich zu sich selbst verhält; das Selbst ist nicht das Verhältnis, sondern dass sich das Verhältnis zu sich selbst verhält." Søren Kierkegaard (49, S. 13)

2.1.1 Ich und Selbst

Die philosophische Anthropologie beginnt nicht, wie vielleicht einige erwarten, mit dem Vergleich von Mensch und Tier. Nur aus der Außenperspektive lassen sich *Homo sapiens* und Schimpanse wie zwei Gegenstände vergleichen. Gemäß dem Vorrang der Innenperspektive denke ich selbst zunächst über mich als Menschen nach. Durch dieses Nachdenken, das jede(r) nachvollziehen kann, entsteht in uns eine Differenz, der Unterschied zwischen Subjekt und Objekt, zwischen einer betrachtenden und einer betrachteten Instanz. Wir sind in der Lage, uns von uns selbst zu distanzieren sowie auf uns selbst Bezug zu nehmen. Wir leben nicht einfach nur, sondern sind uns dieses Lebens bewusst bzw. leben unser Leben. Ein solches Leben zweiter Ordnung kann als Existenz bezeichnet werden. Nur über die Grundstrukturen unserer menschlichen Existenz, nicht über das menschliche „Wesen" (*essentia*), können wir in einer philosophischen Anthropologie etwas aussagen.

Durch meine Bezugnahme auf mich bin ich immer schon mehr als der

Existenz, nicht Essenz

Exzentrische Positionalität des Ich

empirische Mensch, der sich aus der Außenperspektive erforschen lässt. Wir haben uns selbst überschritten; wir befinden uns außerhalb unserer selbst, in einer *exzentrischen Position*. Das, was sich in der exzentrischen Position befindet, nenne ich ab jetzt das *Ich*. Wo befindet sich das Ich? Aus der Außenperspektive kann diese Frage allein deshalb nicht beantwortet werden, weil es aus dieser überhaupt kein Ich gibt. Die Hirnforscher, die das Ich für eine Illusion halten, haben aus ihrem Blickwinkel Recht: Das Ich ist kein Phänomen, das sich mit objektivierenden Mitteln dingfest machen ließe (etwa als Region im Gehirn). Dennoch können auch diese Hirnforscher ihre Instrumente beiseite legen und sich auf sich selbst besinnen. Aus der Perspektive der ersten Person wird deutlich, dass das Ich in seinen Reflexionen alle zeitlichen und räumlichen Bezüge abschütteln kann; es steht gewissermaßen im Nichts.

Leib Selbstverständlich sinkt man oft in einen Zustand zurück, in dem man „zentrisch" lebt, in präreflexiver Vertrautheit mit sich. Dies geschieht bei vielen alltäglichen Verrichtungen, aber auch im Zustand sachbezogener Konzentration. Mit dem betrachtenden Ich verschwindet dann auch das betrachtete. Natürlich löse ich mich damit nicht einfach auf, aber ich verliere meine eindeutigen Konturen. Für das, was bleibt, verwende ich den Begriff des *Leibes*, der nicht verwechselt werden darf mit den Begriffen des physikalischen Körpers oder des biologischen Organismus. Der Blick eines anderen Menschen kann meinen Körper nicht verletzen, sehr wohl aber meinen Leib. Der Leib ist zwar von seiner Umgebung abgrenzbar, aber die Grenzlinien entsprechen nicht den Konturen meines Körpers; aus der Erfahrung des Leibes muss sich ontogenetisch erst ein Körperschema entwickeln. Viele Teile meines organischen Körpers spüre ich überhaupt nicht, andere in übermäßigem Maße. Ein krasses Beispiel dafür sind die berühmten Phantomschmerzen, die sich auf einen Körperteil beziehen, den ich gar nicht mehr besitze. Dinge um mich können mit meinem Leib verschmelzen, andere auf ihn bedrohlich wirken; ein Rennfahrer mag mit seinem Wagen völlig eins werden, ein erschöpfter Sportler nach dem Wettkampf kein einzelnes Glied mehr spüren. Je nach Situation, beispielsweise wenn ich eine kleine stickige Rumpelkammer oder einen schönen großen Saal betrete, kann man Leib enger oder weiter werden – damit sind keine physikalisch messbaren Größen gemeint, sondern die aus einer noch unreflektierten Innenperspektive empfundenen Raumgefühle des Leibes. Prinzipiell lassen sich jedoch die phänomenalen Leiberfahrungen auch naturwissenschaftlich rekonstruieren; ohne die neurobiologischen Entsprechungen dieser Erlebnisse im Gehirn würde man gar nichts empfinden. Gerade die Unterschiede zwischen subjektiver und objektiver Wahrnehmung des eigenen Leibes sind aufschlussreich; sie zeigen uns, welche Regionen für unser Selbstgefühl besonders wichtig sind.

Selbst Aus meiner exzentrischen Position beziehe ich mich auf mich selbst, auf mein *Selbst*. Das Selbst kann kleiner und größer werden; es kann unwillkommene negative Affekte, unmoralische Gedanken usw. abwehren; es kann unter starkem äußeren Druck zusammenbrechen. Es kann aber auch größer werden, indem es Schwächen integriert und mit Erfolgen wächst. Wie beim Leib sind auch auf das Selbst zwei Perspektiven möglich, außer der Perspektive der ersten Person auch der objektivierende Blick der Wissenschaften. So haben verschiedene Hirnforscher Vermutungen über mögliche neuronale Äquivalente des Selbst geäußert, über die Integrations- und Steuerungssysteme des menschlichen Gehirns (249, S. 317–324; 250, S. 263–272). In der Psychologie und Soziologie hat sich für das Selbst der Begriff der Identität eingebürgert (Ich-Identität, Rollen-Identität usw.). Allerdings ist diese Wortwahl irreführend. Denn es handelt sich nicht um ein Selbst im Sinne des *idem*, also eines, das sich immer gleich bleibt. Vielmehr besitzen wir als Menschen ein Selbst im Sinne von *ipse*, ein sich wandelndes Selbst, dessen Veränderungen teilweise auf Interventionen des Ich zurückgeführt werden können; treffender wäre also der Ausdruck „Ipseität".

Durch die Aufspaltung in Ich und Selbst kann es nun Situationen geben, von denen ich sage, dass ich in ihnen nicht ich selbst gewesen bin; ich kann mich selbst aufmuntern und überraschen, lieben und hassen, ja ich kann mich selbst töten. Der Selbstmord ist eine menschliche Errungenschaft, die ohne das Ich in seiner exzentrischen Position nicht möglich wäre. Es lassen sich grundsätzlich zwei Einstellungen unterscheiden, die das Ich gegenüber dem Selbst einnimmt, eine deskriptive und eine normative. Aus der *deskriptiven Einstellung* entspringt meine Vorstellung von dem, wie ich selbst bin; aus der *normativen Einstellung* entspringt meine Vorstellung von dem, wie mein Selbst sein sollte. Mein deskriptives Selbstbild mag falsch sein, aber es gibt wieder, wie ich mich sehe. Mein normatives Selbstbild mag zu geringe oder zu hohe Ansprüche an mich selbst stellen, aber es gibt wieder, wie ich gern sein möchte. Beide Selbstbilder sind dadurch geprägt, wie andere mich sehen, durch die Bilder, die andere von mir besitzen und die ich verinnerlicht habe. Insofern sind auch hier Innen- und Außenperspektive verkoppelt.

Zwischen Ich und Selbst besteht, wie wir sagen können, ein dialektisches Verhältnis (114, S. 299). Zwar kann der Leib existieren, ohne ein Selbst auszubilden. Das Selbst existiert jedoch nur, weil es das Ich gibt; es existiert überhaupt nur für das Ich. Das Ich wiederum wäre ohne Selbst nicht möglich; wenn es kein Selbst gebe, auf das es sich beziehen kann, verschwindet es. Ohne Ich gibt es kein Selbst und ohne Selbst kein Ich; diese beiden Momente unserer Existenzform stehen immer in einem Wechselverhältnis. Dabei handelt es sich um eine dynamische Relation, die nur im Vollzug existiert, im Prozess der Bezugnahme des Ich auf das Selbst. Auch die Substantivierung von „ich" und „selbst" dient nur der besseren Verständlichkeit und soll zugleich ein Hinweis darauf sein, dass es sich um allgemeine Strukturen der menschlichen Existenz handelt. Allerdings bilden Ich und Selbst keine gleichwertigen Pole. Denn alle Aussagen über ihr Verhältnis können wiederum nur vom Standpunkt des Ich vorgenommen werden. Wir können versuchen, auch das Ich zu objektivieren und damit zum Selbst zu machen. Aber ein solcher Akt erfordert ebenfalls ein Subjekt, dem dieses gelingen soll und dieses kann nur das Ich sein. Mit anderen Worten: das Ich ist nicht zu objektivieren, es ist nicht beobachtbar und nicht erlebbar, weil das Ich es ist, das alle diese Vollzüge immer schon tätigt. Differenz und Einheit von Ich und Selbst gibt es immer nur für das Ich.

Man kann folgende *Typen unseres Selbstverhältnisses* unterscheiden (vgl. 162, S. 216 ff.): Im ersten Fall bezieht sich das Ich unmittelbar auf das

Ich und Selbst

Formen
des Selbstbezugs

Selbst, etwa wenn man sich vornimmt: „Ich sollte mich ändern." Dieser direkte Selbstbezug wird als Reflexivität bezeichnet. Im zweiten Modell bezieht sich das Ich auf dem Umweg über Andere(s) auf das Selbst. Vor allem andere Menschen sind für mich als Vorbilder oder abschreckende Beispiele wichtig. Die Begegnung mit großer Kunst, die mir eigene Lebenserfahrungen zurückspiegelt, kann in mir die Einsicht auslösen, dass ich mein Leben ändern sollte. Einen solchen Umweg nenne ich indirekte Selbstvermittlung. Das dritte Modell betrifft die zentrische Daseinsweise des Leibes. Der Leib kann sich von seiner Umgebung abgrenzen und seine Bewegungen steuern, beispielsweise auf die Wahrnehmung einer Gefahrensituation mit einer Ortsänderung reagieren. Man spricht hier von präreflexiver Vertrautheit. Alle Formen des Selbstbezugs spielen für die menschliche Existenz eine Rolle.

Genese des Selbstbezugs

Die *Entstehung des Selbstverhältnisses* ist empirisch gut erforscht. Eine präreflexive Vertrautheit mit sich selbst dürfen wir bei allen höheren Wirbeltieren vermuten. Denn viele der Erfahrungen, die bei Menschen ontogenetisch zu einem Ich-Begriff führen, liegen auch bei ihnen vor, beispielsweise bei Selbstberührungen die gleichzeitige Wahrnehmung des berührenden und des berührten Körperteils. Insbesondere Säugetiere, die in stabilen Gemeinschaften leben, behandeln sich gegenseitig als Individuen und nehmen jeweils einen bestimmten Platz in ihrem sozialen Bezugssystem ein. Den Übergang zu einer höheren Form der Selbstbezüglichkeit finden wir bei großen Affen. Das konnte vor allem durch Experimente vor Spiegeln festgestellt werden: Im Gegensatz zu anderen Tieren fliehen Schimpansen, Gorillas und Orang-Utans nicht vor ihrem Spiegelbild. Nachdem sie zunächst ihr Konterfei für einen Artgenossen halten, erkennen sie sich dann in ihrem Spiegelbild selbst. Sie benutzen später sogar den Spiegel als Hilfsmittel, um ihre Zähne zu reinigen. Die Schimpansin Washoe, der die Zeichensprache der Taubstummen beigebracht worden war, antwortete, nachdem sie in einen Spiegel geguckt hatte, auf die Frage „Was ist das?" mit: „Ich, Washoe." (238, S. 322; 240, S. 212 ff.) Das widerlegt den ersten Satz von Kants Anthropologie: „Daß der Mensch in seiner Vorstellung das Ich haben kann, erhebt ihn unendlich über alle andere auf Erden lebende Wesen." (47, Anthr. § 1) Offensichtlich beziehen sich Schimpansen nicht nur auf sich selbst, sie sind sich dessen auch bewusst und können dem durch sprachliche Zeichen Ausdruck verleihen. Da dieser Selbstbezug über den Spiegel vermittelt ist, können wir von indirekter Selbstvermittlung sprechen. Zudem haben sie sogar ein normatives Selbstbild: Wenn man ihnen im Schlaf einen Farbklecks auf die Stirn malt und sie betrachten sich im Laufe des Tages im Spiegel, bemühen sie sich, den Fleck zu entfernen. Auf diese Weise hat man auch die Entstehung des Selbstbezugs bei Menschen untersucht und festgestellt, dass Kinder sich im Alter von 16 bis 24 Monaten im Spiegel selbst erkennen. Zu diesem Zeitpunkt beginnt also die individuelle Geschichte von Ich und Selbst.

2.1.2 Das Selbst und die Anderen

Mit der Abgrenzung des Ich vom Selbst entwickelt sich auch die Unterscheidung zwischen Selbst und Anderem. Dass ich weiß, wo die Grenze zwischen dem Selbst und dem Anderen verläuft, ist sogar eine Voraussetzung jeden Selbstbezugs. Während ich aber zum Selbst einen direkten Kontakt herstellen kann, ist dies zum Anderen nicht möglich; Telepathie ist unmöglich. Unser Verhältnis zum Anderen ist immer über den Leib vermittelt, vor allem über unsere Sinnesorgane. Das Andere ist nicht die gesamte Umgebung des Leibes; aus dieser werden vielmehr Figuren ausgegrenzt. Das erste Andere ist ontogenetisch die primäre Bezugsperson, in der Regel die Mutter. Die Interaktion mit ihr, Auge in Auge, bleibt der Grundtyp der Begegnung mit dem Anderen. Andere sind aber auch Arbeitskollegen, flüchtige Kontakte, Personen, die ich nur aus dem Fernsehen kenne usw. Sogar meine Vorfahren und Nachfahren sind für mich Andere. Das Andere bleibt nicht auf Menschen beschränkt, auch materielle Gegenstände, ideelle Gestalten, sogar Teile meines Leibes usw. sind dafür Beispiele. Manchmal ist es schwer, das Selbst klar vom Anderen abzugrenzen, beispielsweise wenn ich nach den Ursachen einer gereizten Gesprächsatmosphäre suche. Von einem Vorrang des Anderen, der neuerdings in der Moralphilosophie vertreten wird, kann anthropologisch keine Rede sein, vielmehr handelt es sich um ein Wechselverhältnis, um die Dialektik von Selbst und Anderem, von Selbigkeit (Ipseität) und Andersheit (Alterität).

Andere

Im sozialen Bereich lassen sich, rein begrifflich, *zwei Stufen des Anderen* unterscheiden: Menschen, die sich in vielen Eigenschaften von mir unterscheiden, aber auch einige Gemeinsamkeiten mit mir besitzen (die Ähnlichen), und Menschen, die sich in allen Eigenschaften von mir unterscheiden (die Fremden). Die Menschen meiner Lebenswelt, insbesondere die Angehörigen meiner Familie, meiner sozialen Schicht, meiner Altersgruppe usw., sind mir in mancherlei Hinsicht ähnlich. Fremde Menschen hingegen stehen außerhalb dieser Gruppen. Selbstverständlich handelt es sich um Kontinuum, das von minimalen Abweichungen bis zur totalen Unterschiedlichkeit reicht. Wenn ich jedoch in Interaktion mit einem Fremden trete, wird sich bald erweisen, dass es sehr wohl einen gemeinsamen Rahmen gibt. Sonst wäre schon der Beginn jeglicher Kommunikation unmöglich, in deren Verlauf immer Prozesse der Assimilation und Akkomodation stattfinden. Zudem bricht die aus der Innenperspektive vorgenommene Unterscheidung zwischen dem Ähnlichen und dem Fremden auch deshalb zusammen, weil sich aus der Außenperspektive zeigen lässt, dass ich mit allen Menschen gemeinsame Eigenschaften aufweise.

Ähnliche
und Fremde

So wie eben beim Selbstbezug kann man für die unterschiedlichen Bezüge zum Anderen, vor allem zu anderen Menschen, eine Typologie entwickeln. Im ersten Modell wird der Andere dem Selbst untergeordnet; das Ziel ist die *Selbstbehauptung*. Je nach Umständen und Temperament kann ich mich entweder in meine Innerlichkeit zurückziehen oder expansiv mein Selbst auszudehnen versuchen. Soziologisch führt dies zu einem Begriff des innengeleiteten Charakters. Die Psychoanalyse diagnostiziert verschiedene Abwehrmechanismen, mit denen der Andere fern gehalten werden kann, etwa die Verleugnung des Anderen oder die Projektion eigener

Formen des Bezugs
zum Anderen

Schwächen auf ihn, um sich besser abgrenzen zu können. Im Extremfall wird das Ich versuchen, den Anderen zu zerstören. Im zweiten Modell wird das Selbst dem Anderen untergeordnet, an dem ich mich kognitiv und normativ orientiere. Je nach Umständen und Temperament kann eine solche *Entäußerung* zu vollständiger Unterwerfung unter Autoritäten oder zum selbstlosen Aufgehen in Dienst- und Pflichtbewusstsein führen. Im Extremfall lässt das Ich beispielsweise zu, dass das Selbst in einer Menschenmasse untergeht. Soziologisch führt das zum Begriff des außengeleiteten Charakters; einschlägige Abwehrmechanismen sind die Identifikation mit dem Anderen oder die Regression auf eine frühere Entwicklungsstufe, etwa die Rolle des Kindes, das sich der elterlichen Autorität unterwirft. Das dritte Modell, das Verhältnis der *Anerkennung*, ist komplizierter als die beiden ersten. Denn es erfordert sowohl ein starkes Selbst als auch günstige Umstände, nämlich ein spiegelbildliches Verhalten des Anderen. Im einfachen und einseitigen Fall wird der Andere als Anderer akzeptiert; eine gegenseitige Anerkennung liegt vor, wenn sich beide Seiten so verhalten. Die komplexe Form einer vermittelten Anerkennung liegt vor, wenn beide Seiten in ihrem Selbstbezug nach dem Modell einer indirekten Selbstvermittlung verfahren, also sich auf dem Umweg über den akzeptierten Anderen auf sich selbst beziehen. Dieser Fall ergibt sich bei geglückten intersubjektiven Beziehungen wie einer hingebungsvollen Liebe und der kooperativen Tätigkeit in einem gemeinsamen Projekt.

2.1.3 Lebenswelt und Weltbezüge

Lebenswelt

Die moderne Biologie weiß, dass man Organismen nicht isoliert betrachten kann, sondern immer nur im Zusammenhang mit ihrer Umwelt. Die funktionalistischen Systemtheorien haben diese methodische Maxime verallgemeinert. Auch die philosophische Anthropologie muss sie beherzigen: Das an den Leib gebundene Selbst befindet sich immer in einem Kontext, den ich ab jetzt als *Lebenswelt* bezeichne. Kein Selbst ohne Lebenswelt. Dieser Ausdruck ist strikt zu unterscheiden vom biowissenschaftlichen Terminus „Umwelt" und vom philosophischen Begriff „Welt". Der Begriff der Lebenswelt ist hier reserviert für eine Sphäre, die sich nur aus der Innenperspektive erfassen lässt; insofern handelt es sich immer um *meine* Lebenswelt. Aus der Außenperspektive ist meine Lebenswelt ein winziger Ausschnitt des Universums, allerdings ist sie dann auch nicht mehr *meine* Lebenswelt.

Jedes Selbst bildet das Zentrum seiner Lebenswelt. Zwar gehören zu meiner Lebenswelt auch andere Personen. Bei Menschen, deren Biographien weitgehend parallel verlaufen, also bei Geschwistern, Ehepaaren, engen Freunden usw., werden sich die Lebenswelten weitgehend decken. Mit ihnen brauche ich nicht erst eine gemeinsame Situationsdeutung zu entwickeln; ich bin mit ihnen vor-verständigt. Aber im Grunde hat jeder Mensch seine eigene Lebenswelt, die mit ihm entsteht und mit ihm vergeht; „unter jedem Grabstein liegt eine Weltgeschichte" (Heinrich Heine, 352, S. 378). Der Kernbereich der Lebenswelt, in dem ich lebe und handele, ist mein *Alltag*. Hier ist fast alles selbstverständlich, geregelt, normal.

Hinzu kommt Nicht- und Außeralltägliches. Zur Lebenswelt gehört überhaupt alles, was *für mich* eine Bedeutung hat. Das können auch irreale Dinge und Irrtümer, Ideale und Wunschbilder, Phantasien und Träume sein. Bedeutung ist im zweifachen Sinn des Wortes genommen: als Relevanz und als Sinn. In meiner Lebenswelt kenne ich mich aus; hier weiß ich, was mir wichtig und unwichtig ist.

Mit dem Wandel des Selbst, etwa dem Erwachsenwerden, verändern sich die Grundstrukturen der Lebenswelt; ich ziehe in eine andere Stadt, lerne neue Menschen kennen usw. Dadurch verschiebt sich der *Horizont*, der meine Lebenswelt begrenzte. Was für mich als Jugendlichen jenseits des Horizonts lag, ist längst Teil meiner Lebenswelt geworden. Horizonte können sich erweitern und mit denen anderer verschmelzen. Insofern ist der Mensch weltoffen. Diese Weltoffenheit ist jedoch nicht unbegrenzt; sie stößt an unübersteigbare *Schranken* (114, S. 155f.; 115, Bd. VIII: 357). Menschliches Leben bleibt (vorerst?) an die Erde gebunden; selbst die Existenz in Arktis und Antarktis, in Wüsten und Hochgebirgen ist kaum möglich. Es gibt keine Lebenswelten ohne andere Menschen, ohne sprachliche Verständigung, wahrscheinlich auch nicht ohne politische Institutionen.

Das wichtigste Fazit dieser Überlegungen ist: Wir Menschen können zwar unsere Heimat verlassen, unser Alltag kann sich radikal ändern – trotz allen Wandels bleibt unsere Lebenswelt mit uns verwachsen; das Selbst trägt sie immer mit sich, wie die Schnecke ihr Schneckenhaus. Steine haben keine Welt; wir können sie deshalb problemlos von einem Kontinent auf einen anderen versetzen. Hingegen sind Tiere gebunden an ihre artspezifische *Umwelt*, an ihre biologische Nische; sie würden in einer fremden Umgebung gar nicht überleben. Menschen können zwar überall auf der Erde leben, aber sie nehmen ihre Lebenswelt überallhin mit. Deshalb kann man Fragen, so interessant sie als hypothetische sein mögen, wie *ich* mich 1933 verhalten hätte oder wie *ich* mich als Afrikaner fühlen würde (also in anderen Lebenswelten), prinzipiell nicht beantworten. Denn dann wäre ich nicht mehr ich selbst.

So wie das Selbst kann man auch die Lebenswelt aus der Außenperspektive betrachten. Je nach Blickwinkel wird sie dann als Teil der physischen Welt, als Teil eines Systemzusammenhangs oder als Teil einer intentional erzeugten Welt gesehen. Durch die erste Zugangsweise, die sich einer physikalistischen Theoriesprache bedient, können wir allgemeine Bedingungen menschlichen Lebens konstatieren (Sauerstoffgehalt der Luft, Temperatur usw.); ansonsten ist sie für eine philosophische Anthropologie wenig ergiebig. Der zweite Blickwinkel führt zu einer funktionalistischen Theoriesprache, in der die Lebenswelt als biologische Umwelt und/oder als soziales System thematisiert wird. Allerdings hat auch diese Zugangsweise ihre Grenzen: Eine zentrale These von Gehlens „Der Mensch" ist, dass wir Menschen keine biologische Umwelt besitzen, sondern eine zweite Natur, nämlich die Kultur (= Lebenswelt), die wir uns durch eigene Arbeit immer erst aufbauen müssen. Eine zentrale These von Habermas' „Theorie des kommunikativen Handelns" ist, dass die Lebenswelt nicht als soziales System begriffen werden kann, weil sie durch verständigungsorientiertes, durch kommunikatives Handeln entsteht. Am fruchtbarsten dürfte somit

Veränderungen der Lebenswelt

Lebenswelt aus der Außenperspektive

der sinnverstehende Zugang sein, mit dem wir auch intentionale Handlungen (Arbeitsprozesse) und symbolische Leistungen (vor allem Sprechakte) erfassen können. Dies geschieht in mikrosoziologischen oder ethnologischen Studien, die erweitert werden können zu einer makrosoziologischen, gesellschaftsgeschichtlichen Untersuchung.

Welt Das Ich kann sich von seiner Lebenswelt genauso distanzieren wie vom Selbst. Ich muss dann von meinen subjektiven Vorstellungen und Absichten, den Konventionen und Üblichkeiten meiner Lebenswelt Abstand nehmen. An die Stelle der primär praktischen Orientierung, die ich im Kernbereich meiner Lebenswelt, dem Alltag, einnehme, tritt eine theoretische Einstellung. Meine Lebenswelt wird dadurch zur *Welt*, über die ich mich mit anderen, die ebenfalls diesen Schritt vollziehen, verständigen kann. Die Welt ist alles das, worüber wir Aussagen mit allgemeinem Geltungsanspruch machen können. Es gibt jedoch nicht nur eine Welt, denn ich kann die Lebenswelt aus der exzentrischen Position gleichsam von verschiedenen Seiten und durch unterschiedliche Filter (die die jeweiligen Sprachen sind) betrachten. Wie die Außenperspektive ermöglicht auch die Innenperspektive verschiedene Blickwinkel, die ich ab jetzt *Weltbezüge* nenne. Durch sie werden aus der Innenperspektive *drei Welten* konstituiert, die jeweils bestimmte Aspekte der Lebenswelt hervortreten lassen. Die Grundlage bilden also nicht ontologische Unterscheidungen, sondern transzendentale Einstellungen, die zu Aussagen mit unterschiedlichen Geltungsansprüchen führen. Aussagen mit dem Anspruch auf Wahrheit, auf Legitimität und auf Authentizität beziehen sich jeweils auf andere Welten bzw. beruhen auf unterschiedlichen Weltbezügen.

Drei Weltbezüge Der *objektive Weltbezug* konstituiert die *Außenwelt*. Sie ist raumzeitlich strukturiert und unterliegt dem Kausalprinzip; wir können auf sie mit unseren Handlungen einwirken. Der objektive Weltbezug ist nicht identisch mit der objektivierenden Perspektive der Wissenschaften, denn nicht alles Wissen ist wissenschaftliches Wissen. Aber unser Wissen über die Außenwelt ist dessen Vorstufe; in den Wissenschaften wird aus der Außenwelt, die ohnehin nur ein Fragment der gesamten Wirklichkeit ist (neben Mit- und Innenwelt), ein weiteres Stück abstrahiert, die *objektive Welt*. Die Außenwelt ist alles das, worüber Aussagen mit Wahrheitsanspruch möglich sind.

Der *intersubjektive Weltbezug* konstituiert die Sphäre der Werte und Normen. Gemeint sind nicht die faktisch geltenden Werte und Normen, die zur Außenwelt gehören und die man sozialwissenschaftlich studieren kann. Gemeint sind vielmehr die idealerweise geltenden Werte und Normen, die wir als Maßstab benutzen können, um die faktischen Werte und Normen auf ihre Berechtigung zu überprüfen. Zu den Werten, die sich allein im intersubjektiven Weltbezug erfassen lassen, gehört der intrinsische Wert (der Wert an sich), der einem Gegenstand abgesehen von seinem möglichen extrinsischen Wert (als Mittel für einen Zweck) zugeschrieben wird. Einen intrinsischen Wert besitzen alle Menschen, die wir als Personen begreifen; alle Personen zusammen bilden unsere *Mitwelt*. Die idealen Werte und Normen bilden die *normative Welt*. Wie die objektive Welt der physikalistischen Sprache ist die normative Welt von unserer Lebenswelt denkbar weit entfernt; sie besitzt weder eine raumzeitliche Struktur noch ein materielles Substrat. So wie wir aber trotzdem den physikalischen

Grundkräften unterliegen, können wir uns im Alltag an den idealen Werten und Normen orientieren. Die Mitwelt ist alles das, worüber Aussagen mit Legitimitätsanspruch möglich sind (normativ-praktische Aussagen).

Der *subjektive Weltbezug* konstituiert die *Innenwelt,* die uns durch subjektive Erlebnisse gegeben ist. Diese psychische Realität hat eine subjektiv-phänomenale Raum-Zeit-Struktur, die sich von der im objektiven Weltbezug unterscheidet. Die Zeitlinie der objektiven Welt ist homogen, kontinuierlich und quantifizierbar, während die Zeit der Innenwelt heterogen, diskontinuierlich und qualitativ erfahrbar ist (79, S. 21 ff.). Die physikalischen Zeittheorien liefern exakte Definitionen; hingegen ist unser subjektives Zeitempfinden sehr unterschiedlich, dennoch lassen sich auch hier allgemeine Aussagen machen, beispielsweise über die Beschleunigung der Zeitwahrnehmung im Alter oder die als Gegenwart empfundene Zeitspanne. Entsprechendes gilt für den Raumbegriff. Unsere Innenwelt können wir auf verschiedene Weise zum Ausdruck bringen, wir können sie unterdrücken, anregen, ignorieren usw. Jeder Mensch hat zu seiner je eigenen psychischen Realität, seiner *subjektiven Welt,* einen privilegierten Zugang; aber andere können, vor allem bei guter Menschenkenntnis oder in tiefenpsychologischer Behandlung, sehr wohl Einblick in diese Innenwelt nehmen und Aussagen über subjektive Erlebnisse kritisieren. Die Innenwelt ist alles das, worüber Aussagen mit Authentizitätsanspruch möglich sind.

In den drei Weltbezügen erscheinen das Selbst und das Andere in unterschiedlicher Weise. Im objektiven Weltbezug bin ich als *Körper* ein Gegenstand der Außenwelt. Das betrifft nicht nur sinnlich wahrnehmbare Abschnitte meines Leibes; ich kann auch mein Gehirn wissenschaftlich vergegenständlichen und mit technischen Hilfsmitteln untersuchen. Die prägnante Formulierung, dass wir einen Körper haben, aber Leib sind, bezieht sich auf den Umstand, dass wir als Leib zentrisch leben, dieser Leib aber im objektiven Weltbezug zum Körper vergegenständlicht wird, gleichsam zu einem „Er" oder „Sie". Im intersubjektiven Weltbezug wird mein Selbst zu einer *Person,* die einen intrinsischen Wert hat wie alle anderen Personen auch. In der informellen Welt der moralischen Normen bin ich eine moralische Person, in der Welt der rechtlichen Normen bin ich eine Rechtsperson. Das Andere in dieser Welt sind alle diejenigen, zu denen ich „Du" sagen könnte. Im subjektiven Weltbezug erscheint mein Selbst als *Seele,* die mit subjektiven Erlebnissen erfüllt ist. Viele dieser Erlebnisse bleiben mir jedoch unbewusst, viele rechne ich mir gar nicht selbst zu, sondern einem Anderen, das man mit Freud treffend als „Es" bezeichnet.

Die verschiedenen Welten lassen sich nicht in eine Hierarchie bringen. Sie sind, wie noch einmal betont werden sollte, überhaupt nicht ontologisch zu verstehen. Der objektive Weltbezug ist nicht, wie man meinen könnte, auf die äußere Natur beschränkt. Wir können sehr wohl die Gesellschaft als eine Welt objektiv existierender Sachverhalte begreifen und unsere Seele als Fakteninnenwelt, die erforscht werden muss. Jedoch wird man dann feststellen, dass dieser Zugang an seine Grenzen stößt und wesentliche Merkmale dieser Sphären nicht erfassen kann. Ebenso mag der Kreis der Personen, die die Mitwelt bilden, enger oder weiter gezogen werden. So galten in früheren Epochen nur Mitglieder der eigenen Gesellschaft

Körper, Person, Seele

als Personen. Heute werden Diskussionen darüber geführt, einerseits bestimmte Menschengruppen (wie z. B. Neugeborene, Komatöse und Altersdemente) auszuschließen, andererseits hochentwickelte Tiere (etwa Schimpansen) einzubeziehen. Einen intrinsischen Wert besitzen für uns auch Kunstwerke und schützenswerte Landschaften. Der subjektive Weltbezug kann auf die Natur und die Gesellschaft ausgedehnt werden: Ich kann diese als Projektionsflächen für meine subjektiven Empfindungen betrachten; es gibt Stimmungen, in denen mir alles in Farben meines Inneren getaucht zu sein scheint.

2.1.4 Ontogenese und Phylogenese

Menschen verändern sich, sogar ihr Selbst unterliegt einem Wandel. Es gibt zwei Dimensionen solcher Entwicklungen: zum einen die ontogenetische Dimension, also individuell-biographische Veränderungen zwischen Geburt (oder Zeugung) und Tod; zum anderen die phylogenetische Dimension, also menschheitsgeschichtliche Veränderungen, der Wandel grundlegender Strukturen der menschlichen Existenz in den letzten Jahrtausenden oder Jahrzehntausenden. Die Ontogenese ist viel besser erforscht. Man hat immer wieder versucht, von der Ontogenese auf die Phylogenese zu schließen, also Parallelen zwischen den beiden Entwicklungsdimensionen zu entdecken (142, Kap. 1 u. 6; 212, Kap. 6; 315, S. 20 ff.). Allerdings sind die Ergebnisse dieser Vergleiche nicht gesichert. Deshalb wird hier und in den späteren Kapiteln die Ontogenese im Vordergrund stehen.

Quantitative und qualitative Veränderungen — Die Entwicklungsprozesse sind unterschiedlicher Art. Man kann *vier Formen der Veränderung* auseinanderhalten: Die erste Variante bilden *quantitative* Veränderungen, etwa die kumulativen Prozesse des körperlichen Wachstums oder der Erweiterung des Wortschatzes. Zweitens gibt es *qualitative* Veränderungen, beispielsweise wenn man sein Klavierspiel durch regelmäßiges Üben verbessert oder wenn man neue Arbeitstechniken erlernt. Sowohl bei quantitativen wie bei qualitativen Veränderungen muss es sich keineswegs um lineare Prozesse handeln; auch hier kann es zu plötzlichen Schüben, Stillstand, Regressionen usw. kommen. So gibt es in der ontogenetischen Entwicklung für den Erwerb der Muttersprache eine sensible Phase im Alter zwischen zwei und vier Jahren; wenn man diese Phase aus irgendeinem Grund verpasst hat, wird man sich eine Sprache nur unter großen Mühen aneignen können.

Dialektische Entwicklungen — Die dritte Form sind *dialektische* Entwicklungen. Darunter verstehe ich Veränderungen, bei denen eine hierarchische Integration stattfindet: Kompetenzen einer niedrigeren Stufe werden „aufgehoben", indem sie auf einer höheren Ebene in eine neue Struktur integriert werden. So entsteht eine invariante Abfolge von Stufen. Das ist im Bereich der kognitiven Entwicklung der Fall; Jean Piaget und Lawrence Kohlberg haben dazu bahnbrechenden Untersuchungen durchgeführt (siehe unten 2.2.5 und 2.5.4). Ihr Forschungsprogramm kann als *dynamischer Strukturalismus* bezeichnet werden: Ihnen geht es nicht um konkrete Lernfortschritte, sondern um die Strukturen unserer kognitiven Kompetenzen auf einer bestimmten Entwicklungsstufe. Diese Strukturen bleiben längere Zeit stabil, obwohl nebenbei intensive Lernprozesse stattfinden können, die aber nur zu einer Vermehrung der Inhalte führen. Irgendwann aber reicht die Kompetenz einer Stufe nicht mehr aus, um die Probleme, mit denen wir teilweise altersbedingt konfrontiert werden, zu lösen; die Krise kann nur durch das Auftauchen (die Emergenz) einer neuen Stufe gelöst werden. Bei einer solchen Transformation werden die Elemente der alten Struktur reflektiert und auf neuer Grundlage angeordnet. Die Kompetenzen der unteren Stufen gehen also nicht verloren, sondern werden in eine neue Struktur integriert. Das wird dadurch belegt, dass eine Person die Stufen, die sie hinter sich gelassen hat, problemlos in eine hierarchische Ordnung bringen kann.

Die vierte Veränderungsbewegung ist *zyklisch*. Gemeint ist der Wandel, der die gesamte menschliche Lebensspanne umfasst, von der Zeugung bzw. der Geburt bis zum Tod (in Anlehnung an 274, vgl. 269). In allen Entwicklungsphasen gibt es charakteristische Herausforderungen, Aufgaben und Krisen. Die typischen Stadien sind Kindheit, Jugend, Erwachsenenzeit und Greisenalter, wobei der biologische Reifungs- und Verfallsprozess durch gesellschaftliche Einflüsse überformt wird. Das ist an zwei Phasen besonders deutlich erkennbar: Zum einen kennen von allen Lebewesen nur die Menschen die Zwischenphase der Pubertät, die man durch die Diskrepanz zwischen biologischer und sozialer Reife charakterisieren kann. Zum anderen ist weltweit die Lebenserwartung in den letzten Jahrzehnten enorm angestiegen; das Greisenalter kann heute zumindest in den Wohlstandsgesellschaften problemlos erreicht werden, dehnt sich immer weiter aus und unterliegt auch qualitativ einem starken Wandel (339).

(Randbemerkung) Lebenszyklus

Menschliches Leben, das ist unbestreitbar, beginnt mit der Geburt (bzw. der Zeugung) und endet mit dem Tod. Natalität (Geburtlichkeit) und Mortalität (Sterblichkeit) gehören zu den konstitutiven Bedingungen menschlicher Existenz. Jede Geburt eines Menschen ist ein neuer Anfang, ja eine neue Chance für die Menschheit. Jedes Kind betritt zwar eine Bühne, auf der bereits ein Stück gespielt wird, aber seine Rolle ist noch nicht festgelegt. Der anthropologische Zeitpfeil zeigt jedoch nach vorn; unser Leben ist primär auf die Zukunft ausgerichtet. Deshalb ist für die meisten Menschen die eigene Geburt viel weniger Gegenstand der Sorge als der eigene Tod. Der Tod ist die absolute Grenze unseres Lebens; er beendet alle unsere Hoffnungen und alle unsere Projekte. Oft tritt er viel früher ein als erwartet, oft ist er gewaltsam von außen verursacht. Dass er aus biologisch-funktionalistischer Perspektive als ein Mittel begriffen werden kann, um die Evolution zu befördern, nämlich durch eine schnellere Generationenfolge, ist ein schwacher Trost (209, S. 113 ff.). Seit den Neandertalern, die ihre Toten auf Blumen und mit Lebensmitteln bestatteten, hoffen wir auf eine Fortexistenz nach dem Tod. Aus der Außenperspektive ist nichts sicherer als der Tod, aus der Innenperspektive jedoch wird der Tod verdrängt, verleugnet, verklärt usw. Man kann sogar sagen: Der Mensch weiß, dass er sterben muss, aber er glaubt es nicht, weil er es nicht zu denken vermag (83, S. 11). Da der eigene Tod die nicht überwindbare Schranke der menschlichen Existenz darstellt, können wir ihn aus der Innenperspektive nur indirekt erfassen, über den Tod des Anderen. Weil alle Menschen ein Bewusstsein ihres Selbst besitzen, wissen sie dennoch um ihren Tod. Zwischen Selbst und Tod besteht ein Wechselverhältnis. Es

(Randbemerkung) Geburt und Tod

gibt wohl auch eine leibliche Beziehung zum Tod, eine Art vegetativer Todesangst wie bei vielen Tieren. Aber bedeutsam wird der Tod für mich nur, weil er mein Tod ist, das Ende des Selbst. Zwar muss ich dafür schon um mein Selbst wissen, aber erst das Wissen um die Endlichkeit des Selbst intensiviert die Sorge um es. Würde ich unendlich leben, würden sich alle Relevanzen verändern. Mit zunehmender Individualisierung steigt auch die Brisanz des Todes, der deshalb vielleicht um so mehr verdrängt werden muss. Allerdings kann man sich auch vom Tod faszinieren lassen, andere beim Sterben begleiten, ihn medizinisch hinauszögern usw. Schließlich ist die bewusste Selbsttötung ein Akt hochgradiger Autonomie. Wie wir mit der Gewissheit unseres Todes umgehen sollten, welchen Sinn diese Tatsache hat – das wiederum sind nicht Themen der Anthropologie, sondern der Ethik und der Metaphysik.

2.1.5 Zusammenfassung, Literaturhinweise, Fragen und Übungen

Zusammenfassung
1. Die Grundstruktur der menschlichen Existenz ist bestimmt durch unsere exzentrische Position. Wir Menschen können unser Ich aus allen Kontexten herausziehen, uns von allem distanzieren, sogar von uns selbst, unserem Selbst. Wenn wir uns nicht auf uns selbst beziehen, leben wir zentrisch in unserem Leib, als leibliches Wesen.
2. Das Selbst lässt sich nicht vom Anderen trennen. Es gibt verschiedene Stufen des Anderen und verschiedene Modelle der Beziehung zum Anderen.
3. Das Selbst ist immer in eine Lebenswelt eingebettet. Wenn wir uns von unserer Lebenswelt distanzieren, machen wir diese zur Welt bzw. zu verschiedenen Arten einer Welt, die sich in unterschiedlichen Weltbezügen konstituieren.
4. Grundsätzlich muss man zwei Veränderungsdimensionen unterscheiden: Ontogenese (individuell-biographische Veränderungen) und Phylogenese (menschheitsgeschichtliche Veränderungen). Es gibt verschiedene Arten der Veränderung. Geburt und Tod sind die absoluten Grenzen des menschlichen Lebens.

Literaturhinweise
In diesem Kapitel orientiere ich mich am Hauptwerk von Plessner (114, Kap. VII.1–2). In der Deutung folge ich (8, S. 44–52), (125, S. 443–441) und (157, S. 289 ff.). Zur Genese des Selbstbezugs stütze ich mich auf (272) und (273), vgl. aber auch (258). Beim Thema „Selbst und Andere" unterstütze ich Ricœur (180, S. 9–12 u. 382–426) gegen Lévinas (112), vgl. außerdem (201, S. 221 f., 293 ff.). Der von Husserl eingeführte Begriff der Lebenswelt wurde von Soziologen wie Alfred Schütz und Thomas Luckmann entwickelt (326) und schließlich von Habermas aufgegriffen, von dem auch die Theorie der Weltbezüge herrührt (143, Kap. I 3 u. VI 1), klarer in (144, S. 144–148). Zum Unterschied zwischen Welt und Umwelt siehe (198, S. 48–59), aus theologischer Sicht (175) und neuerdings (167, S. 142 ff.). Zur Einführung in die Entwicklungspsychologie kann man (279) lesen; einen lehrreichen und unterhaltsamen Einstieg bietet das Buch „Das Kraftfeld der Mythen" von Norbert Bischof (271). Meine Bemerkungen zur Geburt sind von Hannah Arendt übernommen (75, S. 15–18; 76, S. 270–276). Zum Problem des Todes aus anthropologischer Sicht vergleiche man das entsprechende Kapitel in (3, S. 197–227).

Fragen und Übungen
– Worin sehen Sie das Wesen des Menschen? Worin sehen Sie unsere Identität als Menschen?

- Lesen Sie in Plessners „Die Stufen des Organischen und der Mensch" die ersten beiden Abschnitte des siebten Kapitels. Vergleichen Sie seine Überlegungen mit den hier vorgestellten!
- Erläutern Sie folgende Begriffe: exzentrische Position, Ich, Selbst, Leib, Andere(s), Lebenswelt, Weltbezug. Skizzieren Sie die Zusammenhänge mit Schaubildern.
- Stellen Sie die verschiedenen Formen des Selbstbezugs und des Bezugs zu Anderen in eigenen Worten dar. Finden Sie Beispiele.
- Wodurch unterscheiden sich die drei Weltbezüge?
- Informieren Sie sich über Geschichte und Verwendungsweise des Begriffs „Lebenswelt".
- Erläutern Sie die Begriffe „Ontogenese" und „Phylogenese". Unterscheiden Sie verschiedene Typen der Veränderung. Können diese gleichermaßen auf Ontogenese und Phylogenese bezogen werden?
- Dass Geburt und Tod das menschliche Leben begrenzen, muss nicht weiter erwähnt werden. Aber welche Rolle spielen Natalität und Mortalität für die menschliche Existenz, für unser Selbstverständnis?

2.2 Das *animal rationale* und die Kategorie „Denken"

„Da es der Verstand ist, der den Menschen über alle übrigen empfindenden Wesen erhebt und ihm die ganze Überlegenheit und Herrschaft verleiht, die er über sie besitzt, so ist er sicherlich ein Gegenstand, der durch seine hohe Würde die Mühe einer Untersuchung lohnt." John Locke (51, Einleitung, 1. Satz)

2.2.1 Begriffshistorische Vorklärungen

Als wichtige menschliche Eigenschaft wurde immer das Denken angesehen. Dem entspricht eine der ältesten und zugleich wirkmächtigsten anthropologischen Bestimmungen: Seit den Zeiten der klassischen griechischen Philosophie wird behauptet, der Mensch sei ein vernünftiges Tier, ein *animal rationale*. Auch die biologische Klassifizierung des Menschen als *Homo sapiens* (lat. weiser Mensch) steht in dieser Tradition. Als menschliches Wesensmerkmal gilt seit der Antike der *Logos*. In philosophischen Zusammenhängen taucht dieses Wort zum ersten Mal bei Heraklit auf, verbunden mit einer klaren Abgrenzung des Denkens vom Wahrnehmen (34, A 16). Ins Zentrum rückt der *Logos* bei Sokrates (siehe unten). Der griechische Ausdruck *logos* wird im Lateinischen meistens durch *ratio* wiedergegeben. Entsprechende Bestimmungen des Menschen finden sich wirkungsmächtig vor allem bei Cicero (z. B. 30, I 4/11). Da aber *logos* sowohl *ratio* (Vernunft) als auch *oratio* (Rede) meint, ist mit dem lateinischen Ausdruck *animal rationale* eine Engführung verbunden; die Dimension der Sprache geht verloren und wird erst in der Moderne wiederentdeckt (siehe 2.6). In vielen Wissenschaften wird heute nicht mehr von „Vernunft" gesprochen, sondern von „Rationalität". Damit ist eine weitere Verengung verbunden, denn als „rational" wird umgangssprachlich meistens nur zweckrationales Verhalten verstanden, also vor allem die effiziente Zweck-Mittel-Kalkulation des *homo oeconomicus*. In der Philosophie besitzt jedoch der Ausdruck „Vernunft" weiterhin eine sehr umfangreiche Bedeu-

Logos

tung. Ziel dieses Kapitels kann deshalb keine erschöpfende Erläuterung sein, sondern nur die Einführung einiger Differenzierungen und Gegenpositionen, die für die Anthropologie wichtig sind.

Vernunft
als Kompetenz

Ein Missverständnis wäre die Auffassung, mit der These vom *animal rationale* würde behauptet, alle Menschen seien immer vernünftig. Unter „Vernunft" wird vielmehr eine Fähigkeit verstanden, über die potentiell jeder Mensch verfügt, die aber nicht immer bis zur höchsten Stufe entwickelt ist und schon gar nicht in jeder Situation aktualisiert wird. Wahrscheinlich ist dies sogar selten der Fall. Aristoteles sagt keineswegs, dass der Mensch schlechthin vernünftig wäre, sondern dass er mit dem *Logos* begabt ist: *zoon logon echon* (28, Pol. I 3, 1253 a 9; vgl. NE I 6, 1098 a 7). Dementsprechend heißt es später bei Kant, dass der Mensch „als ein mit Vernunftfähigkeit begabtes Tier (*animal rationabile*) aus sich selbst ein vernünftiges Tier (*animal rationale*) machen kann" (47, Anthr. S. 275). In seinen Hauptwerken bezeichnet Kant die Vernunft als „Vermögen". In der hier gewählten Begrifflichkeit ist Vernunft eine menschliche Kompetenz. Allerdings sollte man mit Kant zwischen zwei kognitiven Kompetenzen unterscheiden, Verstand und Vernunft. Dabei ist Vernunft die übergeordnete Fähigkeit, eine Kompetenz zweiter Stufe. Anders formuliert: Wenn Verstand die Fähigkeit zu denken ist, dann ist Vernunft die Fähigkeit über unser Denken nachzudenken.

2.2.2 Hirne im Vergleich

Absolutes und
relatives Gewicht

Wenn aus der Außenperspektive behauptet wird, die Vernunft sei die wichtigste Kompetenz des Menschen, dann versucht man dies oft durch einen Vergleich des menschlichen Gehirns mit dem der Tiere zu belegen. Die Tatsachen sind allerdings komplizierter (252, S. 66–77; 240, S. 202–205). Ein durchschnittliches Menschenhirn wiegt ca. 1 400 g, das sind gut 2% des durchschnittlichen Körpergewichts (65 kg) eines Erwachsenen. Damit ist unser Gehirn weder absolut noch relativ das größte aller Lebewesen. Das Gehirn eines Elefanten wiegt 5 kg, das eines Pottwals sogar 8,5 kg (was allerdings nur 0,2% seines Körpergewichts ausmacht); wir werden selbst von den Neandertalern übertroffen, die allerdings insgesamt erheblich mehr Masse auf die Waage brachten als wir. Was die relativen Zahlen angeht, so haben kleinere Tiere in der Regel ein größeres Gehirn: Eine Mäusehirn (0,4 g) macht 4% des gesamten Mäusegewichts aus. Bei kleinen Affen, von den winzigen Koboldmakis in Südostasien (100 g) über die afrikanischen Zwergmeerkatzen (1,25 kg) bis zu den südamerikanischen Kapuzineraffen (2,5 kg), macht das Gehirn ca. 3% des Körpergewichts aus, bei den Gibbons (5 kg) schon weniger als 2%, bei den Schimpansen (45 kg) knapp 0,9% und bei den Gorillas (115 kg) nur noch 0,4% (in Klammern jeweils das durchschnittliche Körpergewicht). Diese Tendenz, dass bei größeren Tieren das Gehirn in Relation zum Körpergewicht kleiner wird, ist also, wie die obigen Zahlen belegen, beim Menschen durchbrochen. Während sich die Hirne der Australopithecinen und der ersten Homo-Arten noch an die angegebene Tendenz gehalten haben, beginnt die Zerebralisierung unserer Vorfahren spätestens beim *Homo erectus*, dessen Gehirn vor einer halben Million Jahren bereits mehr als 1000 g wog und damit (bei einem vermuteten Körpergewicht von 65 kg) ca. 1,5% ausmachte, also das Doppelte von dem, was zu erwarten gewesen wäre. Bei uns ist der Normalwert sogar um das Dreifache erhöht; insofern sind wir tatsächlich kopflastige Wesen.

Nun sagen Gewicht und Volumen wenig aus; die Riesenrechenanlagen der 1950er Jahre sind auch nicht besser als die heutigen Miniaturcomputer. Wenn wir deshalb von quantitativen zu qualitativen Aspekten übergehen, so zeigen sich zunächst wiederum keine Besonderheiten: Zwischen den Nervenzellen (Neuronen) von Plattwürmern und Menschen bestehen kaum Unterschiede. Auch Fische, Reptilien und Vögel besitzen eine Großhirnrinde (Neokortex), also die berühmten kleinen grauen Zellen. Dieser Teil des Gehirns, in dem die höheren Funktionen ihren Ort haben, ist bei den Meeressäugern, also Delphinen und Walen, sowohl absolut wie relativ größer als beim Menschen. Die Elemente, der Aufbau und die Funktionen der Gehirne sind bei allen Säugetieren gleich. Zwischen den Hirnen von Schimpansen und Menschen gibt es sicherlich einige kleinere Unterschiede, aber ein qualitativer Bruch lässt sich nicht feststellen.

Qualitative Unterschiede?

Seit den Tests, die der Psychologe Wolfgang Köhler während des Ersten Weltkriegs auf Teneriffa an Schimpansen vornahm, ist auch nicht mehr daran zu zweifeln, dass die großen Affen zu intelligenten Handlungen und zum Lernen aus Einsicht in der Lage sind (vgl. 240, S. 209 ff.). Dem Schimpansen Sultan gelang es, zwei Rohre zusammenzustecken; war dies eher einem spielerischen Herumprobieren zu verdanken, so begriff er doch sofort, dass er damit eine entfernt liegende Frucht heranziehen konnte. Die Verbindung zwischen dem bisher unbekannten Gegenstand und dem Objekt der Begierde wurde durch Denken hergestellt. Auch andere kognitive Fähigkeiten finden wir schon bei den großen Affen, vor allem den Schimpansen: Ihr räumliches Sehen ist drei-dimensional; sie sind zu einem inter-modalen Wahrnehmungstransfer fähig, sie können nämlich ein ertastetes Objekt auch optisch wiedererkennen; Erinnerungen behalten sie über zehn Jahre im Kopf; sie verfügen über proto-mathematische Fähigkeiten, denn sie können zwischen „mehr" und „weniger" sowie „groß" und „klein" unterscheiden. Um aber festzustellen, ob ein Schimpanse auch als *animal rationale* durchgehen würde, muss geklärt werden, was unter „Vernunft" zu verstehen ist.

Intelligenzprüfungen an großen Affen

2.2.3 Die sokratische Vernunft

Zu diesem Zweck wechseln wir in die Innenperspektive und orientieren uns an Sokrates. Dabei geht es nicht um die historische Figur des Sokrates oder die literarische Gestalt der platonischen Dialoge, sondern um einen philosophischen Idealtyp, an dem man die spezifisch menschliche Form der Vernunft erläutern kann. Die sokratische Vernunft ergibt sich nämlich aus der Grundstruktur der menschlichen Existenz; sie ist Ausdruck unserer Fähigkeit, uns von uns selbst zu distanzieren, uns kritisch auf uns selbst zu beziehen sowie die Lebenswelt zu transzendieren.

Idealtyp Sokrates

Das erste Element kann man ableiten aus dem berühmtesten Satz, der Sokrates zugeschrieben wird: „Was ich nicht weiß, glaube ich auch nicht

Kompetenz zweiter Stufe

zu wissen." (61, Apol. 21d, vgl. Men. 98b) Dieser Satz lässt sich folgendermaßen interpretieren: Es gibt einen Unterschied zwischen dem, was man weiß, und dem, was man über sein Wissen weiß. Entscheidend ist nicht die quantitativ bestimmbare Menge an Wissen, ob als explizites Faktenwissen oder als implizites Wissen, ob als praktisches Wissen, als Wissen um Zusammenhänge oder wie auch immer. Vernunft zeigt sich vielmehr als ein Wissen über unser Wissen, als ein Wissen zweiter Ordnung. Dem entspricht die oben gegebene Bestimmung der Vernunft als *Kompetenz zweiter Stufe*, im Unterschied zum Verstand. Auch Tiere wissen in einem gewissen Sinne sehr viel, sie kennen sich in ihrer Umwelt aus und können ihre Feinde sofort identifizieren. Nur wir Menschen wissen, dass das, was wir wissen, nur ein Bruchteil des möglichen Wissens ist; wir kennen die Grenzen unserer Lebenswelt und können sogar die Freund-Feind-Unterscheidung überwinden. Weil wir uns auf unser Wissen beziehen können, sind wir in der Lage, unsere Fehler als Fehler, unsere Interessen als Interessen und unsere Schwächen als Schwächen zu erkennen. Zudem ist es uns möglich, unser Wissen sehr unterschiedlich zu verwenden. Beispielsweise kann ich mein Wissen über Sokrates benutzen, um meiner privaten Vorliebe für griechische Geschichte zu frönen, um Unterricht nach diesem Muster zu organisieren, um den Begriff der Vernunft zu erläutern, um nach diesem Vorbild zu leben, Witze über Sokrates zu machen usw.

Diskursive Vernunft   Der zweite Punkt wird mit dem griechischen Ausdruck *logon didonai* (wörtlich etwa: „Rede stehen, Rechenschaft abgeben") bezeichnet (61, Prot. 336c, Tht. 177b). Vernunft ist die Kompetenz, Rede und Antwort zu stehen. Dabei werden die Gründe, die für und wider eine Sache sprechen, erörtert. Sokrates sagt: „Denn nicht jetzt nur, sondern schon immer habe ich ja das an mir, daß ich nichts anderem gehorche, als dem Satze (*logos*), der sich mir bei der Untersuchung als der beste zeigt." (61, Krit. 46b) Ausdrücklich setzt sich Sokrates hier von sozialen Konventionen ab, von Mehrheitsmeinungen und lieb gewonnenen Überzeugungen. Verhaltensänderungen und Individualisten gibt es auch bei Tieren; aber wir sind in der Lage, zwischen Alternativen zu wählen, nicht nach dem Zufallsprinzip, auf Grund vorgegebener Traditionen oder des Zuredens anderer, sondern kraft der Betätigung unserer eigenen Vernunft. Daraus folgt das Diktum: „Ein ungeprüftes Leben ist nicht lebenswert." (61, Apol. 38a) Die Vernunft ist die Fähigkeit, mit der wir unsere Vorstellungen und Urteile, unsere Absichten und Verhaltensregeln analysieren, ja kritisieren. Wie geschieht eine solche kritische Prüfung? Indem wir die Gründe und Gegengründe für eine Aussage suchen und abwägen. Die entsprechende Kompetenz kann man als *diskursive Vernunft* bezeichnen, weil ihr wesentliches Merkmal ist, dass wir das Pro und Contra durchgehen, bis wir die beste Alternative gefunden haben. Vernunft ist also vor allem ein Wissen der Gründe unseres Wissens; das lateinische „ratio" und das englische „reason" heißen auch „Grund". Das Verfahren, in dem wir Aussagen begründen oder kritisieren, nennen wir Argumentation; dies kann entweder in einem inneren Dialog geschehen oder in einem realen Gespräch, das auch als Diskurs bezeichnet wird. Die beiden ersten Momente der sokratischen Vernunft lassen sich folgendermaßen zusammenfassen: Die menschliche Vernunft ist die Kompetenz der kritisch-argumentativen Prüfung unseres Wissens.

Das dritte Moment der sokratischen Vernunft benennt Aristoteles, wenn er Sokrates als den Philosophen bezeichnet, dessen Ziel „das allgemeine Bestimmen" gewesen sei (28, Met. XIII 3, 1078 b 29). Es geht nicht um das Besondere, sondern um das Allgemeine. Damit ist Folgendes gemeint: Sokrates fordert, zwar von den vielen Einzelheiten auszugehen, diese aber zu überschreiten und zu allgemeinen Bestimmungen („Definitionen") zu gelangen. Wenn Sokrates danach fragt, was Tapferkeit, Schönheit, Wissen o. ä. sei, so erwartet er keine Auflistung von Beispielen oder den Hinweis auf ein hervorragendes Exemplar, sondern eine Bestimmung, die immer und überall gilt, die *allgemein gültig* ist. Dazu ist das Überschreiten unserer jeweiligen Lebenswelt notwendig. In diesem Sinne ist die Vernunft das Vermögen des Allgemeinen, genauer: die kognitive Kompetenz, mit der wir unser Wissen zweiter Ordnung auf seine Allgemeingültigkeit kritisch prüfen. Darüber hinaus ist die Vernunft nicht nur die Kompetenz des Allgemeinen, sondern auch eine allgemeine Kompetenz, d. h. eine Kompetenz *aller Menschen*. Im Dialog „Menon" demonstriert Sokrates im Gespräch mit einem Sklavenjungen, der nie Mathematikunterricht erhalten hat, dass dieser dennoch bei nur geringer Hilfe zu richtigen geometrischen Einsichten gelangen kann (61, Men. 82b-85b). Das Wissen der Menschen mag von sehr unterschiedlicher Quantität und Qualität sein, sich auf völlig verschiedene Sachgebiete beziehen – Wissen zweiter Ordnung, also Vernunft, besitzen potentiell alle Menschen. Wir können sogar noch eine weitere Bedeutungskomponente hinzufügen: Bei Sokrates ist Vernunft auch deshalb das Vermögen des Allgemeinen, weil sie sich auf die Fragen bezieht, die alle Menschen betreffen, die von *allgemeinem Interesse* sind. Das meint Cicero, wenn er Sokrates dafür lobt, dass er die Philosophie vom Himmel heruntergeholt und unter den Menschen heimisch gemacht habe (32, V 10). Die Vernunft richtet sich nicht auf entlegene und unwichtige Spezialgebiete, sondern auf zentrale Probleme, auf das, was für alle Menschen wichtig ist. Ein Computer kann, etwa im Bereich der Mathematik, in kürzester Zeit aus wenigen Axiomen eine Unmenge von wahren Aussagen produzieren, die völlig nutzlos sind. Hingegen bezieht sich unsere Vernunft nicht nur auf sich selbst und fragt nach den Gründen einer Aussage, sondern unterscheidet auch zwischen „relevant/irrelevant" bzw. „wesentlich/unwesentlich". Denn die reflexive Einschätzung unseres Wissens schließt auch die Einsicht in dessen Stellenwert ein.

Vermögen des Allgemeinen

2.2.4 Andere kognitive Fähigkeiten: Wahrnehmung und Intuition

Die Konzeption des *animal rationale* ist nicht unumstritten geblieben; in der klassischen Hierarchie unserer Erkenntnisvermögen steht Vernunft gleichsam von zwei Seiten in der Kritik. Die eine Fraktion behauptet, dass letztlich alle Erkenntnis auf dem „unteren" Vermögen der Wahrnehmung beruhe, zu dem die Vernunft sich parasitär verhalte. Die andere Fraktion behauptet, dass es im Bereich des „oberen" Erkenntnisvermögens jenseits der diskursiven Vernunft noch eine kognitive Kompetenz gebe, die wir im Folgenden als Intuition bezeichnen. Auf diese beiden vernunft-kritischen Positionen soll kurz eingegangen werden.

Wahrnehmung

Der Kritik, die die Empiristen seit Demokrit an der Unterschätzung der *Wahrnehmung* geübt haben, ist weitgehend Recht zu geben. Von Platon bis Kant wurde zwischen Wahrnehmen und Denken bzw. Anschauung und Vernunft ein Gegensatz konstruiert, der sich am Rangunterschied von Besonderem und Allgemeinem orientiert. Nach rationalistischer Auffassung ist die sinnliche Wahrnehmung passiv und rezeptiv; sie liefert nur ein chaotisches Material, das erst die Vernunft ordnen müsse. Diese Vorurteile wurden spätestens durch die Gestaltpsychologie des 1920er Jahre widerlegt: Der menschliche Wahrnehmungsapparat ist keineswegs passiv, sondern formt das, was wir von der Außenwelt empfangen, nach komplexen Mustern (Gestaltgesetzen). Man sollte unterscheiden zwischen der kausal verursachten Empfindung, die man aus der Außenperspektive analysiert, und der entsprechenden Wahrnehmung aus der Innenperspektive. Bei optischen Empfindungen setzt sich ein Bild auf der Netzhaut aus einer Fülle atomarer Sinnesdaten zusammen, fast wie ein Gemälde des Pointillismus. Aber aus der Innenperspektive nehmen wir stets ein gestaltete Einheit wahr, die sich nicht in ihre Bestandteile zerlegen lässt. So wie das Denken mit Begriffen (Konzepten) operiert, arbeitet die Wahrnehmung mit *Perzepten*, in die immer schon konstruktive Leistungen eingegangen sind. Beispiele dafür sind die Gliederung eines sensorisches Bildes in abgegrenzte Bereiche, die Unterscheidung zwischen Figur und Hintergrund, die Schaffung wohlgeordneter Gestalten nach spezifischen Prägnanzgesetzen sowie die Tendenz, die Größe und Form von Wahrnehmungsobjekten unter unterschiedlichen Rahmenbedingungen konstant zu halten. Alle diese Leistungen findet man auch schon bei den großen Affen.

Vergleich
mit Vernunft

Offensichtlich ist auch die menschliche Wahrnehmung ein Vermögen des Allgemeinen. Sie organisiert unsere Sinnesdaten nach Relevanzkriterien; die organisierenden Prozesse der Gestaltwahrnehmung laufen bei allen Menschen ab und führen zu Erkenntnissen, auf die wir uns in allen Lebenswelten verlassen können. Am Beispiel der Farbwahrnehmung ist gezeigt worden, dass selbst der Einfluss der Sprache nur eine geringe Rolle spielt. Zumindest werden die für uns wahrnehmbaren Farben von allen Menschen auf gleiche Weise in ein Spektrum eingeordnet, auch wenn die jeweilige Muttersprache nicht die entsprechenden Farbbezeichnungen besitzt. Das fehlende Moment der kritischen Prüfung wird beim Wahrnehmen durch Akte des inter-modalen Vergleichs kompensiert: Wenn wir im Zweifel sind, ob ein Gegenstand, den wir sehen, wirklich so ist, wie wir ihn durch die Augen wahrgenommen haben, können wir ihn betasten oder, wie kleine Kinder es tun, in den Mund nehmen. Ein wichtiger Unterschied zwischen Denken und Wahrnehmen ist jedoch, dass die Wahrnehmung nicht reflexiv werden kann; wir können nicht unser Hören hören oder unser Sehen sehen. Wir können zwar in einen Spiegel gucken oder uns selbst filmen; dann sehen wir uns im Spiegel oder auf einem Video, aber wir sind dann unser Objekt, wir sehen nicht den Akt des Sehens selbst.

Intuitive Vernunft

Von der anderen Seite kommt die Behauptung, es gebe eine der diskursiven Vernunft übergeordnete kognitive Fähigkeit des Menschen. So stellt etwa Aristoteles der diskursiven Vernunft, die bei ihm *episteme* heißt, mit dem Ausdruck *nous* eine *intuitive Vernunft* zur Seite (28, NE VI 6 u. VI 12).

Diese ist bei ihm sogar das höhere Erkenntnisvermögen, denn nur durch die intuitive Vernunft gelangen wir zur Einsicht in die Grundlagen unseres Wissens. Die diskursive Vernunft, so die aristotelische Überlegung, kann bei ihrer Suche nach Gründen nie zu einem Endpunkt gelangen, weil man bei jedem Grund wieder nach dessen Begründung fragen kann. Die Grundlage müssen Axiome bilden, die nicht selbst begründet werden können, deren Geltung wir aber einsehen, eben durch unsere intuitive Vernunft. Das beste Beispiel für ein solches Axiom ist der Satz des Widerspruchs. Was unter Intuition zu verstehen sei, war in der Philosophiegeschichte sehr umstritten: Einige sprachen diesem Vermögen, wenn sie es nicht völlig ignorierten, jede Bedeutung ab; andere hielten es eher für eine diskursive Kompetenz zweiter Stufe, eine Art zweiter Reflexion. Auch unter den Anhängern einer intuitiven Vernunft, von Platon über Schelling bis Bergson, gibt es sehr unterschiedliche Auffassungen. Eine emphatische Form der Intuition wird, das sollte man nicht vergessen, von der kulturübergreifenden Tradition der Mystik propagiert.

Zwei Merkmale der intuitiven Vernunft, die sie von der diskursiven unterscheiden, seien hier hervorgehoben: Zum einen handelt es sich um die Fähigkeit zu einer *unmittelbaren* Erkenntnis. Während die diskursive Vernunft über Zwischenschritte, mittels eines ‚Durchgehens' der Argumente, zu Erkenntnissen gelangt, ereignet sich eine intuitive Erkenntnis gewissermaßen schlagartig, wie ein plötzliches Aufleuchten („Aha-Erlebnis"). Zum anderen sind intuitive Erkenntnisse *holistisch*. Wir erfassen auf diese Weise Ganzheiten, die nicht zerlegt werden können. Darin ähneln sie den Gestalten unserer Wahrnehmung; deshalb bezeichneten einige Philosophen die Intuition auch als intellektuelle Anschauung. Von Platon bis Adorno meinen allerdings viele Philosophen, dass intuitive Einsichten erst am Ende eines langwierigen diskursiven Erkenntnisprozesses stehen könnten. Dadurch bekommt die intuitive Vernunft einen elitären Charakter. Tatsächlich aber sind alle Menschen mit intuitiver Vernunft begabt, nur in unterschiedlichen Bereichen und unterschiedlichem Maße. Der aristotelische Begriff des *nous* als einer unmittelbaren Prinzipienerkenntnis ist insofern ein Spezialfall. Der eine erfasst unmittelbar den ästhetischen Wert eines Kunstwerks, ohne eine ausführliche Analyse von dessen Eigenschaften vorzunehmen; der andere braucht, wenn er eine fremde Person kennenlernt, nicht deren Lebensgeschichte zu erfragen und wird doch sofort bestimmte Charakterzüge angeben können. Gute Beispiele liefert das Schachspiel. Computer gehen gleichsam diskursiv vor; sie rechnen alle Zugmöglichkeiten durch und bewerten alle Stellungen, die sich ergeben könnten. Hervorragende menschliche Schachspieler gehen anders vor; sie rechnen nicht alles durch, sondern sie können Stellungen richtig einschätzen und intuitiv die richtigen Entscheidungen fällen; in Blitzpartien geschieht dies ohne viel Nachdenken. Diese intuitiven Fähigkeiten hat man Schachcomputern nur sehr begrenzt vermitteln können, weil sie auch für uns selbst undurchschaubar sind. Wahrscheinlich lassen sich diskursive und intuitive Vernunft den beiden Hemisphären der Großhirnrinde zuordnen: Die linke Hälfte der Neokortex ist eher für logisch-analytisches Denken, die rechte Hälfte eher für holistisch-kreative Leistungen zuständig. Daraus kann man auch schließen, dass es falsch ist, einen Vernunfttyp dem anderen überzuordnen; alles spricht vielmehr dafür, zwischen den beiden Hemisphären ein Gleichgewicht herzustellen.

2.2.5 Zur Entwicklung unserer kognitiven Kompetenzen

Stufenmodell des dynamischen Strukturalismus

Es fehlt in der Philosophiegeschichte nicht an Versuchen, unsere kognitiven Fähigkeiten in ein Stufenmodell zu bringen; schon bei Platon (vor allem im „Liniengleichnis", 61, Rep. VI) und Aristoteles (zu Beginn der „Metaphysik") gibt es dazu interessante Ansätze. Die entsprechende ontogenetische Entwicklung ist inzwischen intensiv erforscht worden, vor allem im Anschluss an den Schweizer Psychologen Jean Piaget (vgl. 2.1.4). Sein dynamischer Strukturalismus erlaubt es, zwischen den niederen und den höheren kognitiven Kompetenzen des Menschen, also zwischen Wahrnehmung und Vernunft, eine Entwicklungssequenz zu konstruieren.

Senso-motorisches Stadium

Am Beginn der ontogenetischen Entwicklung steht das *senso-motorische Stadium*. Zunächst müssen sich innere und äußere Wahrnehmung trennen, dann werden die verschiedenen Sinnestätigkeiten koordiniert, schließlich Wahrnehmungen und Körperbewegungen, so dass erste Handlungsschemata entstehen. Zum Beispiel hört das Kleinkind ein Geräusch und wendet dann den Kopf in die entsprechende Richtung, um das Gehörte auch sehen zu können. Der wichtigste kognitive Fortschritt der ersten Lebensmonate ist die Entwicklung der Kategorie der *diachronen Identität*, mit der sich ein Gegenstand über Raum und Zeit verfolgen lässt. Wenn wir nur atomare Sinnesdaten verarbeiten würden, könnte es für uns keine permanenten Objekte geben. Aber schon ein kleines Kind weiß, dass ein Ding auch dann noch existiert, wenn es gerade nicht wahrgenommen wird. Deshalb sucht es nach einem Ball, der unter einen Schrank gerollt ist. Der Mond, der hinter einer Wolke auftaucht, ist derselbe Mond, der vor wenigen Minuten von dieser Wolke verdeckt wurde. Es ist klar, dass auch Tiere über diese kognitive Fähigkeit verfügen: Die Antilope, die meint, der hinter einem Busch verschwundene Löwe existiere nicht mehr, dürfte den Evolutionsprozess nicht erfolgreich überstanden haben. Das Wissen um die Objektpermanenz setzt die Vorstellung dieses Gegenstandes voraus, dessen interne Repräsentation.

Die nächste Stufe erreichen allerdings nur noch die Menschenaffen: Es ist der Schritt von der diachronen zur *synchronen Identität*, den Kinder mit 1 1/2 Jahren schaffen (270, S. 530 ff.; 271, S. 578 ff.). Mit dieser Kategorie kann man nun zwei Phänomene miteinander identifizieren, die sich zur gleichen Zeit an unterschiedlichen Orten befinden. Der Mond, der sich im Wasser spiegelt, ist der Mond, den man am nächtlichen Himmel sieht. Erst jetzt werden Photos als Abbildungen von Gegenständen erkannt und nicht als buntes Papier. Die Kategorie der synchronen Identität ist auch die Voraussetzung für symbolisches Denken, denn dasselbe Wort („Frau") kann sich nun auf sehr unterschiedliche Dinge beziehen. Die Kategorie der synchronen Identität wird reflexiv, wenn man begreift, dass das Bild, das man im Spiegel sieht, man selbst ist (2.1.1).

Prä-operationales Stadium

Diese Einsicht bildet die Zäsur, mit der die zweite Phase beginnt, das *prä-operationale Stadium*. Nicht nur Gegenstände werden intern repräsen-

tiert, sondern ganze Handlungsschemata, die deshalb gar nicht mehr ausgeführt zu werden brauchen: Das Kind weiß, dass der Ball schon wieder
unter den Schrank gerollt ist; es könnte ihn herausholen, aber es kann ihn
auch erst einmal dort liegen lassen. Verinnerlichte Schemata sind grundlegend für das Nachahmungsverhalten, bei dem das Kind eine vorgestellte
Entität (eine Tätigkeit oder einen Gegenstand) mit einer realen identifiziert.
Außerdem ermöglichen internalisierte Schemata das Probehandeln, den
inneren Vollzug einer möglichen Aktion, um deren Erfolgsaussichten zu
testen. Beides ist auch für die großen Affen wichtig: Schimpansen-Kinder
lernen von ihrer Mutter viel durch Nachahmung; Konrad Lorenz meinte,
dass die baumlebenden Affen, die nicht zum Probehandeln in der Lage
waren, frühzeitig abgestürzt sind (223, Bd. 2: 246 ff.; 225, S. 165 ff.).

Auf diesem Niveau kommt die Einsicht in die *Identität sich wandelnder
Objekte* hinzu. Kleinere Kinder glauben, dass ein Junge, der Mädchen-
kleider anzieht und mit Puppen spielt, nun ein Mädchen ist; etwas ältere
Kinder wissen, dass er ein Junge bleibt. Auch der Mond, dessen wahrnehmbare Gestalt sich wandelt, bleibt derselbe Mond. Die Grenzen der
prä-operativen Intelligenz zeigen sich aber bei den berühmten Piaget'schen
Umschütt-Aufgaben. Wenn eine Flüssigkeit von einem Behälter in ein
Gefäß anderer Form umgegossen wird, zum Beispiel von einem breiten in
ein schmales Glas, meinen fast alle Kinder im prä-operativen Stadium, dass
sich die Menge verändert hat. Sie wissen zwar, dass die Flüssigkeit in dem
breiten Glas dieselbe ist wie in dem schmalen (Identität sich wandelnder
Objekte). Aber sie glauben, dass sich in dem schmalen Glas mehr Flüssigkeit befindet, weil sie sich allein auf die Höhe konzentrieren. Eine weitere
Distanzierung vom Augenschein sowie die Einbeziehung zusätzlicher Para-
meter sind also notwendig, um zu richtigen Erkenntnissen zu kommen.

Das geschieht im *konkret-operationalen Stadium.* Operationen sind verinnerlichte mögliche Schemata. Deren wichtigstes Merkmal ist ihre Um-
kehrbarkeit (Reversibilität). Während nämlich senso-motorische Schemata
(z. B. eine Auge-Hand-Koordination) und auch noch prä-operationale Vollzüge (z. B. beim Spiel) sich nicht umkehren lassen, ist dies bei Operationen immer möglich. Die Umschütt-Aufgaben lassen sich jetzt lösen, weil
Kinder gedanklich die entsprechenden Transformationen problemlos in
entgegengesetzter Richtung vollziehen können. Aber man bleibt an lebensweltlich gegebene Gegenstände gebunden. Klassifikationen und Reihenbil-
dungen, in denen die Variablen konkrete Gegenstände sind, bilden deshalb wichtige kognitive Operationen; Gesetzesaussagen, etwa über den
Lauf der Gestirne, beziehen sich auf sichtbare Abläufe und beruhen auf der
Anhäufung von Sinnesdaten. Das normative Denken orientiert sich an konkreten Vorbildern, meist aus der Vergangenheit.

Konkret-
operationales
Stadium

Die Grenzen dieses Entwicklungsniveaus zeigen sich beim Umgang mit
den Syllogismen der formalen Logik. Einfache Schlüsse sind schon im konkret-operationalen Stadium möglich; aber man begreift noch nicht, dass
aus den beiden Prämissen „Alle Philosophen lesen gern" und „Sokrates
liest gern" nicht gefolgert werden kann „Sokrates ist ein Philosoph". Interessant ist, dass Erwachsene aus schriftlosen Kulturen den Implikationen der
formalen Logik ausweichen. Das haben Untersuchungen ergeben, die
Aleksandr R. Lurija, ein wichtiger Vertreter der russischen kulturhistori-

schen Schule, 1931 und 1932 in Usbekistan und anderen entlegenen Regionen der damaligen Sowjetunion durchführte (278, S. 129 ff.). Zum Beispiel fragte er: „Im hohen Norden, wo Schnee liegt, sind die Bären weiß. Nowaja Semlja liegt im hohen Norden und dort liegt immer Schnee. Welche Farbe haben die Bären dort?" Darauf erhielt Lurija folgende typische Antworten: „Ein Mann, der viel gereist ist und in kalten Ländern war und alles gesehen hat, der kann auf diese Frage antworten, er weiß, welche Farbe die Bären dort haben." Oder: „Wir sprechen nur über das, was wir gesehen haben, von dem, was wir nicht gesehen haben, reden wir nicht." Zu ähnlichen Resultaten kamen Ethnologen in Afrika (291, S. 375 ff.; 296, S. 182 f.). Die Befragten sind offensichtlich nicht bereit, sich von ihrer Lebenswelt zu lösen.

Formal-operationales Stadium

Das gelingt erst im *formal-operationalen Stadium*, wenn Formen und Inhalte des Denkens völlig voneinander getrennt sind. Dadurch wird die Ablösung der kognitiven Operationen von der sinnlichen Wahrnehmung und allen Gegebenheiten möglich. Typische kognitive Operationen dieser Phase sind das abstrakt-begriffliche Denken, die systematische Überprüfung von Hypothesen sowie die Konstruktion möglicher Welten. Man kann mit abstrakten Begriffen sowie fiktiven und irrealen Zuständen umgehen. Errungenschaften dieses Niveaus sind neben der formalen Logik, deren Schlussfolgerungen unabhängig vom Wahrheitsgehalt der einzelnen Sätze gelten, vor allem die Gesetzesaussagen einer mathematisierten Wissenschaft. Das formal-operationale Stadium ist zudem die Voraussetzung für ein normatives Denken mit moralischen Idealen und Werte, die in der Wirklichkeit gar nicht verankert sind, ihr sogar entgegengesetzt sein können.

Post-formales Stadium

Die klassische Piaget'sche Theorie endet mit dieser Phase. Weil aber offensichtlich die kognitive Entwicklung weitergeht, haben viele Wissenschaftler eine zusätzliche Phase vorgeschlagen, ein *post-formales Stadium* (268, S. 471 ff.; 276, S. 163–166). Auf diesem Niveau sind die kognitiven Operationen nicht nur unabhängig von unserer Anschauung, sie sind jetzt sogar unabhängig von jeder möglichen Anschauung. Das gilt schon für den mathematischen Umgang mit dem Unendlichen in Differential- und Integralrechnung, Mengenlehre usw., erst recht für die nicht-euklidische Geometrie sowie die physikalische Theorie der gekrümmten Raum-Zeit. Nur mit einem solchen Denken kann man verstehen, dass die Bewegung des Mondes nicht durch eine Kraft wie die Gravitation verursacht wird, sondern durch Strukturen des Raumes selbst. Auf dieser (oder einer noch höheren) Stufe wäre schließlich auch der Typ von Vernunft anzusiedeln, den wir als *Weisheit* (*sophia*) bezeichnen. Aristoteles verstand darunter die Vereinigung von *episteme* und *nous*, also unserer diskursiven und intuitiven Vernunft. Da aber auch Politiker und große Künstler als „weise" bezeichnet wurden, eignet sich dieser Begriff nicht nur für die höchste kognitive Kompetenz, sondern auch für die Vereinigung von theoretischer und praktischer Vernunft.

2.2.6 Zusammenfassung, Literaturhinweise, Fragen und Übungen

Zusammenfassung

1. Die klassische Definition des Menschen in der Philosophiegeschichte ist die des *animal rationale*. Allerdings handelt es sich dabei um eine in zweifacher Hinsicht verkürzte Übersetzung des griechischen *zoon logon echon*: Dieses heißt nämlich „das mit dem *Logos* begabte Tier"; keineswegs wird der *Logos* immer verwirklicht. Darüber hinaus heißt *Logos* sowohl „ratio" (also Vernunft) wie auch „oratio" (also Rede bzw. Sprache).

2. Das menschliche Gehirn unterscheidet sich strukturell nicht von denen anderer Säugetiere; es ist weder absolut noch relativ (zum Körpergewicht) das Größte im Tierreich. Dennoch ist es überproportional groß im Vergleich mit den großen Affen.

3. Unter sokratischer Vernunft verstehe ich eine in dreifacher Weise ausgezeichnete Kompetenz: (a) die kognitive Fähigkeit, sich auf die eigenen kognitiven Fähigkeiten zu beziehen; (b) die Fähigkeit, unser Wissen mit Gründen kritisch zu überprüfen; (c) das Vermögen des Allgemeinen, wobei damit dreierlei gemeint ist: das Streben nach allgemein gültigem Wissen, eine Kompetenz aller Menschen und die Fähigkeit, sich auf Probleme von allgemeinem Interesse zu beziehen.

4. Neben der Vernunft dürfen die kognitiven Fähigkeiten der sinnlichen Wahrnehmung und des unmittelbaren, ganzheitlichen Erfassens (Intuition) nicht vergessen werden. Wie das Denken mit Konzepten, operiert die Wahrnehmung mit Perzepten. Die intuitive Vernunft ist aus anthropologischer Sicht mit der diskursiven Vernunft gleichrangig.

5. Die kognitiven Kompetenzen aller Menschen entwickeln sich ontogenetisch über mehrere Stufen, die man in Anlehnung an Piaget skizzieren kann: senso-motorisches Stadium, prä-operationales Stadium, konkret-operationales Stadium, formal-operationales Stadium und post-formales Stadium.

Literaturhinweise

Eine gute Einführung zum komplexen Begriff der Vernunft gibt Schnädelbach in (187), vgl. auch den Titelaufsatz von (188). Um sich mit der Hirnforschung vertraut zu machen, kann man (251) und (252) lesen. Eine umfassende Darstellung der Gestaltpsychologie, die allerdings nicht leicht zu verstehen ist, gibt (261). Die wichtigsten Texte von Piaget sind (282), (284) und (285); aus der Sekundärliteratur empfehle ich (280) und (276).

Fragen und Übungen

– Verständigen Sie sich über die Begriffe „Vernunft", „Verstand", „Denken", „Erkennen", „Intellekt", „Intelligenz", „Bewusstsein", „Rationalität". Setzen Sie die Ausdrücke zueinander in Beziehung und ergänzen Sie die Liste gegebenenfalls durch weitere Wörter.

– Studieren Sie die Konnotationen des griechischen Wortes *Logos*. Welche Bedeutungsschichten sind anthropologisch wichtig, welche nicht?

– Sammeln Sie Zitate aus der Philosophiegeschichte, in denen es um die Rolle des *Logos* (bzw. seiner Abkömmlinge) geht.

– Formulieren Sie die Unterschiede zwischen dem Gehirn des Menschen und denen der Affen mit eigenen Worten.

– Formulieren Sie den Begriff der sokratischen Vernunft mit eigenen Worten. Diskutieren Sie, ob es sich um eine anthropologische Universalie handelt.

– Lesen Sie das sechste Buch der „Nikomachischen Ethik" von Aristoteles (28), vor allem die Abschnitte 3 bis 12. Welche Formen der Vernunft werden unterschieden und wie werden diese zueinander ins Verhältnis gesetzt?

– Welchen Stellenwert hat die Wahrnehmung Ihrer Ansicht nach für unser menschliches Leben?
– Was ist Intuition? Welche Rolle spielt diese bei kognitiven Prozessen?
– Informieren Sie sich über die kognitiven Fortschritte von Kindern. Konzentrieren Sie sich dabei auf die Entwicklung grundlegender Kategorien wie Identität, Substanz, Kausalität u. a.
– Zeichnen Sie ein Diagramm, in das Sie die verschiedenen Entwicklungsphasen mit ihren jeweiligen kognitiven Kompetenzen eintragen können.

2.3 Der *homo passionis* und die Kategorie „Fühlen"

„Wenn ihr's nicht fühlt, ihr werdet's nicht erjagen" Johann Wolfgang von Goethe (351, Faust I, V. 534)

„[Es ist] nie etwas Großes in der Welt ohne heftige Leidenschaften ausgerichtet worden" Immanuel Kant (47, Anthr. § 81; vgl. Georg Wilhelm Friedrich Hegel, 40, Bd. XII: 38)

2.3.1 Einige Merkmale des Fühlens

Homo passionis

In den letzten Jahrzehnten gewann die Behauptung, dass nicht die Vernunft, sondern die Gefühle es seien, die den Menschen auszeichnen, immer mehr Anhänger. In der Philosophie stand das Fühlen jedoch fast durchgehend im Schatten des Denkens. Nicht einmal ein zugkräftiges Schlagwort hat sich durchgesetzt; am besten ist wohl die Bezeichnung *homo passionis*. Mit dem Ausdruck „Passion" wurde zunächst das Leiden Christi bezeichnet; der *homo passionis* ist ursprünglich der leidende Mensch Jesus von Nazareth am Kreuz. Seit der Renaissance kommt es zu einer Aufwertung der Affekte; im Gegensatz zur stoischen und christlichen Tradition, deren höchstes Ziel die Seelenruhe ist, wird die innere Bewegtheit eines Menschen positiv bewertet. Schließlich setzt die Aufklärung die Umwertung durch, mit *passio* nicht das Passive und Leidende, sondern das Aktive und Sichselbstbewegende im Menschen zu bezeichnen. Der *homo passionis* ist nicht mehr der leidende, sondern der leidenschaftliche Mensch (vgl. 110, S. 132 ff. u. 411). Seit dem 18. Jahrhundert haben die philosophischen Gefühlstheorien keine großen Fortschritte mehr gemacht. Auch in den Humanwissenschaften wurden Emotionen lange Zeit stark vernachlässigt. Dafür mag auch verantwortlich gewesen sein, dass man Gefühle für individuell oder zumindest kulturkreisgebunden hielt. Ein Resultat der empirischen Forschung der letzten Jahrzehnte ist jedoch, dass es einige universale Merkmale des Fühlens gibt.

Drei universale Merkmale

Erstens: Dass jedes Fühlen aus der Innenperspektive mit Wertungen verbunden ist, wusste schon Aristoteles (28, Rhet. II 1, NE II 4). Der evaluative Charakter des Fühlens lässt sich auf die Elementargefühle der *Lust und Unlust* zurückführen. Diese haben, wie Hirnforscher inzwischen entdeckten, ihre Wurzeln im limbischen System, in einem Zwischenbereich zwischen Großhirnrinde (in der alle kognitiven Funktionen angesiedelt sind) und Hirnstamm (der für die vegetativen Funktionen zuständig ist). Allerdings gibt es sehr unterschiedliche Typen von Lust- und Unlustgefühlen, von positiven und negativen Gefühlen. Zudem können wir in unterschiedlicher Intensität fühlen. Hume differenziert beispielsweise generell zwischen ruhigen und heftigen Gefühlen; ein leichte Verärgerung unterscheidet sich sehr von einem schweren Wutausbruch. Noch eine andere Metaphorik bietet sich an: Glück kann oberflächlich oder tief verwurzelt sein; einige Bezeichnungen verwenden wir nur für oberflächliche Gemütsbewegungen (z. B. Albernheit), andere sind immer tief (z. B. Verzweiflung).

Zweitens: Zumindest die heftigen, die starken Gefühle besitzen nicht nur eine psychische Innenseite (die Gemütsbewegung), sondern auch eine physische Außenseite, die meist unwillkürlichen *Ausdrucksbewegungen* des Gesichts und des Körpers. Interkulturelle Vergleiche und neurobiologische Untersuchungen haben nun gezeigt, dass viele Ausdrucksbewegungen universal verbreitet sind. Der Gesichtsausdruck bei wichtigen Gefühlen wie Abscheu, Freude, Furcht, Trauer, Überraschung und Wut scheint bei allen Menschen ähnlich zu sein (vgl. 217). Vieles spricht sogar dafür, dass nicht nur die spontanen Ausdrucksbewegungen, sondern sogar ihre Deutungen universal sind. Allerdings korrespondiert nicht jedem Gefühl eine Ausdrucksbewegung; bereits Darwin wies auf Mutterliebe und Neid hin, die sich oft nicht am Gesicht der betreffenden Person ablesen lassen (214; dazu 158, S. 140–153). Umgekehrt lässt sich nicht jeder Ausdrucksbewegung ein Gefühl zuordnen; das Lächeln, das als Teil standardisierter Begrüßungsrituale erfolgt, braucht nicht von Gefühlen begleitet zu sein. Schauspieler können eine Fülle von Ausdrucksbewegungen präsentieren, ohne die entsprechenden Gefühle momentan (oder sogar jemals) zu haben. Die Unterdrückung einer Ausdrucksbewegung kann auch das entsprechende Gefühl dämpfen; manchmal kann man gewissermaßen seinen Ärger hinunterschlucken. Gegen zwei Ausdrucksbewegungen können wir nichts machen, durch sie werden wir gleichsam überwältigt: Lachen und Weinen (115, Bd. VII: 201–387).

Drittens haben Biologen gezeigt, dass sich die *Gefühle der großen Affen* nicht sehr von denen der Menschen unterscheiden. Bei den Schimpansen hat man Phänomene beobachtet, die man mit vollem Recht als Eifersucht, Wut, Freude, Trauer, Langeweile, Ärger usw. bezeichnen kann. Auch ihre Ausdrucksbewegungen ähneln den unsrigen auf verblüffende Weise. Wahrscheinlich kennen die großen Affen nur zwei von unseren Gefühlen nicht, zum einen die sadistische Lust am systematischen Quälen eines anderen, zum anderen die tiefe, symmetrische, langjährige Liebe zwischen zwei Individuen (238, S. 243, 279 ff., 316 f.; 239, S. 131 u. 246).

Ein Grund für die philosophischen Probleme mit diesem Thema liegt sicherlich im Wirrwarr der Grundbegriffe. Eine Terminologie, die alle umgangssprachlichen, philosophiegeschichtlichen und humanwissenschaftlichen Verwendungsweisen berücksichtigt, ist unmöglich. Auch die folgenden Typologien sind deshalb bloß ein erster Versuch der Orientierung. Als Oberbegriff verwende ich den Ausdruck *Fühlen*. Dann differenziere ich zwischen zwei Arten dieses Vorgangs: Das Fühlen erster Ordnung (Spüren) richtet sich auf unseren Leib oder Phänomene der Lebenswelt (insbesondere soziale Situationen); man kann also ein inneres und ein äußeres Spüren unterscheiden. Beim Fühlen zweiter Ordnung fühle ich mein Fühlen. Bei

Überblick

Affekten, Leidenschaften, Stimmungen und Temperamente geht es darum, wie ich mich fühle; mein Selbst ist involviert. Den beiden Typen können wir unterschiedliche Fragen zuordnen: Die Frage „was fühlst du?" richtet sich auf unser Fühlen erster Ordnung, die Frage „wie fühlst du dich?" auf unser Fühlen zweiter Ordnung.

2.3.2 Fühlen erster Ordnung: Spüren und Empathie

Spüren
von Bedürfnissen

Unser Fühlen erster Ordnung (*Spüren*) bezieht sich entweder auf unseren Leib oder unsere Lebenswelt. Ersteres wird durch *Bedürfnisse* ausgelöst. Wir sprechen beispielsweise davon, dass wir Hunger spüren oder dass wir unsere Müdigkeit zu spüren beginnen. Mit unseren Bedürfnissen können wir auf unterschiedliche Weise umgehen; wir können ihre direkte Befriedigung anstreben, sie zurückstellen oder sogar völlig auf ihre Erfüllung verzichten. Der Verzicht auf sofortige Bedürfniserfüllung wird oft als ein typisches Merkmal des Menschen, als Grundlage menschlicher Kultur angeführt; zwar können auch Tiere ihre Bedürfnisbefriedigung verschieben, etwa bei dem Anlegen von Vorräten, aber dies geschieht meist auf der Grundlage genetisch verankerter geschlossener Verhaltensprogramme. Nur bei den Affen finden wir dem Menschen vergleichbare Verhaltensweisen, die einen längeren Zeithorizont und interne Hemmungsmechanismen voraussetzen. Die Kehrseite des verlängerten Zeithorizonts ist jedoch, dass der Mensch, wie Thomas Hobbes in einer eindringlichen Textpassage ausgeführt hat, das einzige Wesen ist, das sogar der zukünftige Hunger hungrig macht (41, Bd. II, 10. Kap., S. 17).

Hierarchie der
Grundbedürfnisse

Welche Bedürfnisse haben Menschen? Gibt es universale Grundbedürfnisse? Von Thomas von Aquin über Bronislaw Malinowski bis Martha C. Nussbaum sind immer wieder Versuche unternommen worden, Kataloge von menschlichen Grundbedürfnissen aufzustellen; diese unterscheiden sich nur in Einzelheiten (70, II q. 94, 2; 308, S. 123; 173, S. 334 ff. bzw. 174, S. 190 ff.). Aus der humanbiologischen Außenperspektive überrascht dies nicht: Der menschliche Organismus ist ein System, das im Hinblick auf wichtige Funktionen (Stoffwechsel, Wachstum, Fortpflanzung u. a.) im Gleichgewicht gehalten werden muss (Homöostase). Störungen des Gleichgewichts werden uns als Innenreize über das endokrine System durch bestimmte Hormone mitgeteilt; solche Ungleichgewichte sind die aktuellen Bedürfnisse, nach deren Befriedigung wir streben. Der Mangel dieses Ansatzes, den manche Psychologen sogar der gesamten Emotionstheorie zugrunde legten, ist die Beschränkung auf Defizitbedürfnisse. Vernachlässigt werden dabei nämlich luxurierende Wachstumsbedürfnisse, die unser Streben nach Steigerung und Weiterentwicklung antreiben. Diese Unterscheidung hat Abraham Maslow in die von ihm entwickelte *Bedürfnispyramide* eingebaut (259, 260). Seine sehr interessante Konzeption, die Soziologen und Kulturanthropologen erfolgreich aufgegriffen haben, lässt sich mit einem Satz von Brecht erläutern: „Erst kommt das Fressen, dann kommt die Moral." (349, S. 284) Maslow ordnet nämlich die allgemeinmenschlichen Bedürfnisse hierarchisch, und zwar so, dass sich höherrangige Bedürfnisse erst dann bemerkbar machen, wenn die niederrangigen erfüllt sind. Die unterste Stufe bilden unsere biologischen Bedürfnisse nach Luft und Wasser, nach Licht und Wärme sowie geeigneter Nahrung. Ohne die Erfüllung dieser Bedürfnisse würden wir sterben. Auf der zweiten Stufe stehen unsere sozialen Sicherheitsbedürfnisse. Wenn wir (wie Hobbes für seinen hypothetischen Naturzustand vermutet) in ständiger Furcht vor dem Tod leben müssten, würde die Beseitigung dieses Umstands für uns erste Priorität haben. Aus diesem Grund streben alle Menschen nach Geborgenheit und Ordnung, bevorzugen Strukturen gegenüber dem Chaos. Danach folgt unser Bedürfnis nach Bindung, das Verlangen zu lieben und geliebt zu werden, aber auch das Streben, einer sozialen Gruppe anzugehören. Auf der nächsten Stufe anzusiedeln ist unser Bedürfnis, als Individuum Achtung zu finden; unser Selbst verlangt nach Anerkennung durch andere, aber auch durch uns selbst, durch unser Ich. Fehlender Selbstrespekt führt zum Gefühl der Wertlosigkeit und ist ein wichtiges Mangelgefühl, dessen Aufhebung wir anstreben. Wenn das erreicht ist, können wir uns auf die Wachstumsbedürfnisse konzentrieren. Ein solches ist in erster Linie das Bedürfnis nach Selbstverwirklichung, nach der Aktualisierung der im Selbst liegenden Möglichkeiten, unserer kognitiven, technisch-pragmatischen, ästhetischen und anderen Fähigkeiten. An der Spitze der Pyramide stehen transpersonale Bedürfnisse, das Streben nach Transzendenz, nach Harmonie mit dem All oder sogar nach der Aufhebung des Selbst.

Kritisch einzuwenden gegen diese Bedürfnishierarchie ist jedoch, dass in ihr keine anti-sozialen und destruktiven Bedürfnisse auftauchen; Maslow legt ein sehr optimistisches Menschenbild zugrunde. Gibt es nicht auch Bedürfnisse nach Dominanz und Macht? Pessimistische Anthropologen vermuten, dass sogar hinter dem Bindungsbedürfnis das Anliegen steht, andere zu instrumentalisieren, dass erst recht das Bedürfnis nach Achtung immer einhergeht mit dem Bedürfnis, andere zu unterdrücken. Eine dialektische Anthropologie wird immer beide Seiten des Menschen berücksichtigen müssen, also von einer Polarität unterschiedlicher Bedürfnisse auf allen Stufen ausgehen.

Das Fühlen erster Ordnung, das sich auf die Lebenswelt bezieht, richtet sich auf die Situation, in der wir uns befinden, auf die anderen Personen, aber auch auf Naturphänomene, Stadtlandschaften, Kunstwerke usw. Allgemein kann man hier von *Sensibilität* sprechen. Wir sind sensibel für die Atmosphäre einer bestimmten Situation, beispielsweise den Sonnenaufgang am Meer, die ausgelassene oder trübselige Stimmung in einem Raum oder auch das Leid eines Mitmenschen. Menschen, die zeitweise oder permanent unfähig sind, Situationen gefühlsmäßig zu erfassen, bezeichnet man als unsensibel. *Sensibilität*

Unsere Fähigkeit, uns in soziale Situationen (bzw. in die an ihnen beteiligten Personen) einzufühlen, nennt man *Empathie*. (Früher benutzte man auch den Begriff der Sympathie.) Empathie ist zu unterscheiden von der *Gefühlsansteckung*. Diese gibt es schon im Tierreich: Wenn ein Mitglied einer Herde eine Gefahr wittert und seinen Schreck durch einen Laut ausdrückt („Warnruf"), überträgt sich diese Stimmung schnell auf die anderen und alle laufen in Panik davon. Bei den Affen gibt es das uns wohlbekannte Phänomen, dass Gähnen müde macht; es ist wohl evolutionsbiologisch vorteilhaft, wenn in einer Horde alle gleichzeitig müde werden und keiner *Empathie* den Schlaf der anderen ausnutzen kann. Die Freude eines anderen oder eine traurige Stimmung kann auf uns „abfärben"; dies kann jedoch geschehen, ohne dass wir uns in die Situation des anderen einfühlen. Ebenfalls fernzuhalten ist der Begriff der *Nachahmung*. Verhaltensweisen dieser Art sind aus dem Tierreich wohlbekannt; auch kleine Kinder imitieren unwillkürlich die Mimik und Gestik ihrer Eltern. Aber nachgeahmt wird die Außenseite der Gefühle, nicht das Gefühl selbst. Die bewusste Nachahmung eines anderen setzt ebenfalls gar kein Verständnis voraus und kann unterschiedlichen Zwecken dienen.

Im Unterschied zur Gefühlsansteckung und zur Nachahmung ist Empathie ein affektives Verstehen des anderen, das mehr oder weniger bewusst sein kann. Empathie ist insofern eine Komponente aller Gefühle, die sich auf andere Menschen beziehen, der negativen wie der positiven. Sie ist also keineswegs nur die Voraussetzung für Mitleid und Liebe, sondern auch für deren Gegenteil, für Schadenfreude und Hass. Das kann verdeutlicht werden an der Gegenüberstellung von Rohheit und Grausamkeit. Ein roher Mensch behandelt die anderen „gefühllos", wie ein Stück Holz, und fügt ihnen dadurch Verletzungen zu. Ein grausamer Mensch vermag sich sehr wohl in andere einzufühlen; wenn ein Sadist seinem Laster frönen will, muss er wissen, wie er seinem Opfer die stärksten Schmerzen zufügen kann. Entsprechendes gilt für die Figur des edlen Toren: Er hilft jedem, begreift dabei nicht, dass die Hilfe oft unerwünscht ist oder den falschen Personen gilt. Wenn er beleidigt oder ausgenutzt wird, empfindet er keinen Groll – weil er die entsprechende soziale Situation überhaupt nicht verstanden hat.

Ontogenese von Empathie

Entwicklungspsychologisch ist gut dokumentiert, dass Kinder ab 1½ Jahren zu Empathie in der Lage sind (272). Dieser ontogenetische Schub ist mit der Entstehung des Selbstbezugs und der Kategorie der synchronen Identität verkoppelt (2.1.1, 2.2.5). Zwar kann ein Kind schon früh die Gesichter, Stimmen und Körper seiner primären Bezugspersonen wiedererkennen; aber es kann noch nicht sein eigenes Innenleben von dem der anderen unterscheiden. Deshalb sind eigene Gefühle nicht von fremden differenziert. Situationen, in denen Kinder die Stimmung der Mutter nachempfinden oder so etwas wie Mitgefühl zeigen, beruhen auf Gefühlsansteckung, nicht auf Empathie. Es wäre denkbar, dass sich das Selbst konstituiert, die anderen aber eine amorphe Masse bleiben. Tatsächlich vollziehen sich die Entstehung des Selbst und des Du gleichzeitig. Wenn ich mich von mir selbst distanzieren kann, vermag ich mich auch in andere hineinzuversetzen. Erst jetzt werden auch Gefühle wie Scham und Schuld möglich. Ein Kind empfindet nun sogar Mitgefühl mit dem Jungen im Bilderbuch, dem sein Eis heruntergefallen ist, oder fühlt sich verantwortlich für ein Missgeschick, das der Mutter passierte. Da auch die großen Affen zu diesem Entwicklungsschritt in der Lage sind, überrascht es nicht, dass sie auf Empathie beruhende Gefühle zeigen können; so kommt es vor, dass Schimpansen den Unterlegenen eines Rangkampfes trösten. Alle anderen Tiere sind dazu nicht in der Lage (240, S. 214).

David Hume hat hervorgehoben, dass sich unser Einfühlungsvermögen kultivieren und weiterentwickeln lässt (44, Bd. II: 335 ff.; 46, S. 151 f.). Zuerst sind wir nur zur Empathie mit unseren primären Bezugspersonen fähig, dann in Nahestehende und Ähnliche, schließlich aber auch in fremde Personen und sogar in andere Lebewesen. Um unser Selbst bilden sich gewissermaßen konzentrische Kreise. Diese Erweiterungsschritte werden gefördert, wenn wir häufig mit Menschen zusammenkommen und intensive soziale Beziehungen zu ihnen pflegen. Allgemeine Voraussetzungen dafür sind ein starkes Selbst und die Offenheit gegenüber anderen. Die Struktur der Empathie bleibt aber dieselbe. Sicherlich hat sich unser Fühlen im Laufe der Menschheitsgeschichte gewandelt; dass es jedoch eine lineare Erweiterung unseres Einfühlungsvermögens gegeben hat, kann mit guten Gründen bezweifelt werden (335 gegen 337).

2.3.3 Fühlen zweiter Ordnung: Affekte, Leidenschaften, Stimmungen, Temperamente

Wenn ich hungrig bin, spüre ich meinen Leib; ich bin zwar das Subjekt des Fühlens, aber mein Selbst ist nicht das Objekt. (Das Ich lässt sich überhaupt nicht zum Objekt machen.) Wenn ich mich auf einer Geburtstagsparty befinde und sensibel für meine Lebenswelt bin, kann ich die heitere Stimmung fühlen; aber nicht selten lässt mich diese „kalt", weil ich selbst mit anderen Dingen beschäftigt bin. Bei einem Weihnachtsfest fühlen die Eltern die feierliche Stimmung, die im Raum ist; sie sehen die leuchtenden Augen des Kindes, aber nur dieses wird von der Stimmung ergriffen und freut sich. Die Eltern fühlen, aber sie fühlen nicht sich (185, S. 303). Manches Weihnachten ergreift mich die festliche Atmosphäre; dann fühle ich mich wohl. Meinen Hunger spüre ich; wenn ich registriere, dass solche Mangelzustände für mein Leben charakteristisch sind, empfinde ich Kummer. In diesen Fällen ist mein Selbst in das Fühlen einbezogen: Vermittelt über leibliche Zustände oder lebensweltliche Situationen fühle ich mich selbst, meine eigenen Gefühle. Auf der Grundlage des Fühlens erster Ordnung kommt es also zu einem *Fühlen zweiter Ordnung*.

Unser Fühlen zweiter Ordnung lässt sich nach zwei Kriterien kreuzweise ordnen. Das erste Klassifikationskriterium ist ein temporales: Gefühle sind entweder momentan oder permanent, plötzlich oder bleibend. Selbstverständlich sind die Übergänge fließend und die Zeitangaben höchst ungenau. Die begriffliche Unterscheidung geht auf Kant zurück: Momentane Gemütsbewegungen bezeichnet er als Affekte, permanente als Leidenschaften (47, KdU 121 Anm., Anthr. § 73). Beispielsweise ist der kurzzeitige Zorn auf eine andere Person ein Affekt, der andauernde Hass auf diese eine Leidenschaft. Zweitens lassen sich unsere Gefühle danach sortieren, ob sie sich auf ein konkretes Objekt richten oder nicht. Affekte und Leidenschaften richten sich in der Regel auf spezifische Situationen, hingegen bezieht sich unser nicht-gerichtetes Fühlen auf das Ganze einer Lebenssituation, die sich nicht einmal in Selbst und Lebenswelt zergliedern lässt. Diese Unterscheidung ist, in Abweichung von der Alltagssprache, zum ersten Mal von Kierkegaard am Beispiel von Furcht und Angst markiert worden (48, § 5). Die Furcht richtet sich auf spezifische Objekte oder Situationen, etwa große Hunde oder Menschenansammlungen. Die Angst hingegen ist ein unspezifisches Gefühl, man kann sie bestenfalls als Weltangst oder als Angst vor dem Nichts bezeichnen. Ein anderes Beispiel ist der

Unterschied zwischen Freude und Heiterkeit; Freude wird durch ein besonderes Ereignis ausgelöst, Heiterkeit hingegen ist grundlos. Für das momentane nicht-gerichtete Fühlen hat Heidegger den Ausdruck „Befindlichkeit" eingeführt (101, S. 134); durchgesetzt hat sich aber der Begriff der Stimmung. Für deren länger andauerndes Pendant greife ich auf den Begriff des Temperaments zurück. Somit ergibt sich folgendes Diagramm:

	momentan	**permanent**
gerichtet	Affekte	Leidenschaften
nicht-gerichtet	Stimmungen	Temperamente

Affekte Die meisten Gefühle, die wir kennen, sind *Affekte*: Freude und Kummer, Stolz und Niedergeschlagenheit, Heimweh und Fernweh, Schadenfreude und Neid, Wut und Zorn, Erschrecken und Grauen usw. Bei ihnen fühlen wir, ganz allgemein, unsere Ausrichtung auf eine spezifische Situation, in der sie, wie man in Anlehnung an die Gestaltpsychologie sagen kann, zentriert sind. Von besonderer Relevanz für die philosophische Anthropologie sind die *moralischen Affekte*. Darunter sind Gefühle zu verstehen, die mit moralischen Wertungen verbunden sind und soziales Handeln motivieren. Sie lassen sich sortieren, wenn man die Bezugssysteme unterscheidet, in denen das moralische Phänomen auftaucht. Beschränken wir uns auf negative moralische Affekte: Wenn ich selbst derjenige bin, der unmoralisch gehandelt hat, treten – bei gelungener moralischen Sozialisation – Gefühle der Schuld und/oder Scham auf. Wenn ich selbst der Leidtragende der unmoralischen Handlung eines anderen bin, entsteht Groll auf den Verursacher. Wenn ich eine moralische Situation als Außenstehender beobachte, regt sich gegenüber dem unmoralischen Handelnden Empörung, für den Betroffenen Mitleid (dazu mehr in 3.2.4).

Leidenschaften Der den Affekten gegenübergestellte Begriff der *Leidenschaften* muss unterschieden werden von Trieben und Süchten. *Triebe* sind Zerfallsprodukte der tierischen Instinkte, weil sie nicht mehr mit spezifischen Detektoren und festgelegten Endhandlungen verkoppelt sind. Sie bleiben aber natural verankert, d. h., sie richten sich auf Gegenstände, die ursprünglich in biologische Funktionskreise eingebunden waren, vor allem in diejenigen der Ernährung und der Fortpflanzung. Leidenschaften setzen auch noch die Ablösung von diesem Gegenstandsbezug voraus; typisch menschlich ist es gerade, dass sich Leidenschaften auf alles richten können. Leidenschaftlichkeit ist ein Modus der Ausrichtung auf beliebige Gegenstände. Eine solche Ausrichtung ist nichts Vorübergehendes, kann nicht einfach durch ein Objekt befriedigt und gestillt werden. Für Plessner sind Leidenschaften sogar eine Form der Selbstaufgabe oder Hingabe – und gerade dadurch eine Form „der Steigerung bestimmter Möglichkeiten unserer selbst" (115, Bd. VIII: 73). Wenn wir aber von den Gegenständen abhängig werden, wenn unser Ziel ein Haben ist, dann wird die Leidenschaft zur *Sucht*. Auch Süchte können sich auf alles richten; schlimmer als die vitalen Süchte

(Trunksucht usw.) sind die Süchte des Geistes, vor allem Ehrsucht, Herrschsucht und Habsucht (47, Anthr. § 85).

Das momentane nicht-gerichtete Fühlen bezeichnen wir als *Stimmung*. Stimmungen können uns plötzlich ergreifen, aber auch schnell verfliegen. In jedem Fall erfassen sie unser gesamtes Dasein und bilden als nicht-intentionale Gesamtdispositionen gewissermaßen den Untergrund, auf dem einzelne Affekte entstehen können. Wenn wir beispielsweise heiter gestimmt sind, werden wir eher Freude an Kleinigkeiten haben. Wir können dabei sogar auf den Wortsinn zurückgehen (84, S. 24 f., 38 ff.): Wie ein Instrument (oder die Instrumente eines Orchesters aufeinander) ist ein Mensch „gestimmt", wenn seine gesamte Gemütsverfassung sowie das Verhältnis zwischen Selbst und Lebenswelt überein-stimmend durch einen „Grundton" getragen wird: Dur oder Moll. Eine andere Korrespondenz besteht zu Witterungsverhältnissen, die wie eine Stimmung eine ganze Lebenswelt prägen können; mit „heiter und sonnig" oder „düster und trüb" beschreiben wir sowohl die Stimmungs- als auch die Wetterlage. So wie das Wetter nie verschwindet, sondern nur wechselt, ist es auch mit den Stimmungen. Allerdings ist daran festzuhalten, dass diese nur das Selbst ergreifen, aber nicht das in exzentrischer Position befindliche Ich. Dennoch haben die großen Denker der Existenzphilosophie versucht, das menschliche Dasein im Ausgang von Stimmungen zu entschlüsseln, und zwar von negativen Stimmungen: Schon Kierkegaard hat außer der bereits erwähnten Angst die Verzweiflung, die Schwermut und die Langeweile beschrieben. Dagegen hat Ernst Bloch eine positive Stimmung, nämlich die Hoffnung, zum Ausgangspunkt genommen. Allgemein ist zu unterscheiden zwischen gehobenen und gedrückten Stimmungen. Im Bereich der positiven Stimmungen reicht das Spektrum von Albernheit und Ausgelassenheit bis zu Glück und Seligkeit, im Bereich der negativen Stimmungen von Mutlosigkeit und Verzagtheit bis zu Verdüsterung und Verzweiflung.

Es gibt aber auch langfristige Befindlichkeiten; es sind gewissermaßen Stimmungen, die uns in Fleisch und Blut übergegangen sind. Heiterkeit ist eine Stimmung, die verfliegt; aber es gibt Menschen, bei denen es gleichsam zu ihrem Charakter geführt, heiter zu sein. Solche langfristigen Gesamtdispositionen bezeichnet der klassische Begriff des *Temperaments*. Das Temperament verhält sich zur Stimmung wie die Leidenschaft zum Affekt. Die Lehre von den Temperamenten geht auf die antike Medizin zurück, erlebte eine neue Blütezeit in der Renaissance und findet sich noch bei Kant. Von allen Teilen der Gefühlsphilosophie ist dieser am meisten in Vergessenheit geraten; man sollte jedoch bedenken, dass sich in ihm jahrhundertelange Erfahrungen niederschlagen, die noch heute zu treffenden Deutungen führen können. Klassisch ist die Unterscheidung von vier Temperamenten, die hier in Anlehnung an Kant aufgegriffen werden soll (47, Anthr. S. 286–291). Begründet wurde diese Typologie mit den vier körpereigenen Säften, den „Humoren", von denen jeweils einer vorherrschen soll. Aus naturwissenschaftlichem Blickwinkel ließe sich dieser überholte Ansatz vielleicht durch die Erforschung der chemischen Botenstoffe (Dopamin, Serotonin, Noradrenalin u.a.) rehabilitieren. Der *Sanguiniker* ist leicht zu begeistern, aber eher auf oberflächliche Weise; mit seiner optimistischen Einstellung geht er schnell Verpflichtungen ein, die er aber nicht sehr

Stimmungen

Temperamente

ernst nimmt; er lebt eher in der Gegenwart und neigt weltanschaulich zum Liberalismus. Der *Melancholiker* hingegen ist schwermütig und tiefsinnig; mit seiner pessimistischen Einstellung tut er sich mit Verpflichtungen schwer, nimmt diese aber dann überaus ernst; er lebt eher in der Vergangenheit und neigt zur weltfremden Schwärmerei. Der *Choleriker* ist leicht erregbar, aber auch schnell zu beruhigen; er ist geschäftig und behandelt andere gern von oben herab; mit seinem Stolz und seiner Hitzigkeit kann er sich viele Feinde machen; in politischen und religiösen Dingen neigt er zu formaler Genauigkeit, zur Orthodoxie. Der *Phlegmatiker* wiederum ist schwer erregbar, dann aber anhaltend in Gange; diese Eigenart kann zu Untätigkeit, aber auch zu Nachdenklichkeit und Verlässlichkeit führen, die ihm viele Freunde verschaffen; in politischen und religiösen Dingen legt er sich nicht gern fest, insofern neigt er zu einer Haltung der distanzierten Gleichgültigkeit (Indifferentismus). –

Dass am Ende dieses Kapitels die klassische Temperamentenlehre dargestellt wurde, bestätigt die anfangs aufgestellte Einschätzung, mit der Philosophie des Fühlens stehe es nicht zum Besten. Vielleicht kommt in diesem generellen Defizit an Gefühlstheorien auch unsere menschliche Unfähigkeit zum Ausdruck, mit der Macht unserer Affekte und Leidenschaften angemessen umzugehen – sie weder zu einem Teil der Vernunft zu machen noch sie als völlig irrational abzutun, sie weder zu verteufeln noch zu verklären.

2.3.4 Zusammenfassung, Literaturhinweise, Fragen und Übungen

Zusammenfassung

1. Die humanwissenschaftliche Forschung hat in den letzten Jahrzehnten einige universale Merkmale des Fühlens hervorgehoben: (a) Die Elementargefühle der Lust und Unlust, die allen Gefühlen einen evaluativen Charakter geben, sind im limbischen System unseres Gehirns verankert. (b) Die meisten Gefühle sind mit Ausdrucksbewegungen verbunden. Die wichtigsten Ausdrucksbewegungen sind weltweit verbreitet und werden wohl auch von allen Menschen ähnlich verstanden. (c) Sogar mit den Gefühlen und Ausdrucksbewegungen der Schimpansen bestehen große Ähnlichkeiten. – Man kann die vielfältigen Phänomene des Fühlens typologisch sortieren. Die wichtigste Unterscheidung ist diejenige zwischen einem Fühlen erster Ordnung und dem Fühlen zweiter Ordnung.

2. Das Fühlen erster Ordnung richtet sich entweder auf unseren Leib (Spüren von Bedürfnissen) oder auf unsere Lebenswelt (Sensibilität), insbesondere auf soziale Situationen (Empathie). Bedürfnisse lassen sich in eine hierarchische Ordnung bringen. Empathie, die von Gefühlsansteckung und Nachahmung zu unterscheiden ist, liegt allen unseren sozialen Gefühlen zugrunde.

3. Das Fühlen zweiter Ordnung setzt ein Fühlen erster Ordnung voraus, aber es bezieht in diesen Akt das eigene Selbst ein. Man kann vier Typen eines solchen Fühlens unterscheiden: kurzfristig und gerichtet sind Affekte, langfristig und gerichtet sind Leidenschaften, kurzfristig und ungerichtet sind Stimmungen, langfristig und ungerichtet sind Temperamente.

Literaturhinweise

In zwei Epochen haben sich Philosophen intensiv mit dem Fühlen beschäftigt: in der Antike, vor allem in der Stoa, und im 18. Jahrhundert. Am besten ausgearbeitet sind die Affekt-Theorien der britischen Philosophie des 18. Jahrhunderts, vor allem im zweiten Buch des „Traktat über die menschliche Natur" von David Hume (44, vgl. 199) und in der „Theorie der ethischen Gefühle" von Adam Smith (68). Zu den moralischen Affekten kann man sich gut bei Ernst Tugendhat (204, 15. Vorl.) informieren. Aus der Philosophie des 20. Jahrhunderts hervorzuheben sind Max Scheler (120) und das „System der Philosophie" von Hermann Schmitz, das in (185) zusammengefasst wird und in das (186) möglicherweise einen Einstieg verschafft. Beim Begriff der Leidenschaft folge ich Plessner (115, Bd. VIII: 66–76 und 367–379); die beste Analyse der Stimmungen stammt von Otto Friedrich Bollnow (84). Zur Einführung in die philosophischen Gefühlstheorien kann man (168) lesen, zur Biologie der Gefühle (235), zur Sicht der Hirnforschung (249) und (253).

Fragen und Übungen
– Verständigen Sie sich über die Begriffe „Affekt", „Bedürfnis", „Emotion", „Gefühl", „Leidenschaft", „Stimmung", „Temperament" und „Trieb". Entwickeln Sie eigene Begriffsbestimmungen. Vergleichen Sie diese mit denen dieses Kapitels. Fügen Sie der Liste eventuell weitere Ausdrücke hinzu.
– Informieren Sie sich über neurobiologische und psychologische Emotionstheorien.
– Geben Sie den Unterschied zwischen Fühlen erster und Fühlen zweiter Ordnung mit eigenen Worten wieder.
– Diskutieren Sie die Tragfähigkeit von Maslows Bedürfnispyramide. Recherchieren Sie, wie andere Bedürfnistypologien aussehen.
– Inwiefern ist Empathie die Voraussetzung für moralisches und unmoralisches Handeln?
– Lesen Sie in David Humes „Traktat über die menschliche Natur" (44) das Buch über Affekte. Versuchen Sie seine Einteilung der Affekte zu rekonstruieren.
– Wählen Sie einen Affekt, eine Stimmung, eine Leidenschaft und ein Temperament. Versuchen Sie eine umfassende Begriffsbestimmung.
– Welche Bedeutsamkeit schreiben Sie dem Fühlen für unsere menschliche Existenz zu? Diskutieren Sie diese kontroverse Frage.

2.4 Der *homo faber* und die Kategorie „Arbeiten"

„Man kann die Menschen durch das Bewußtsein, durch die Religion, durch was man sonst will, von den Tieren unterscheiden. Sie selbst fangen an, sich von den Tieren zu unterscheiden, sobald sie anfangen, ihre Lebensmittel *zu produzieren* ..." Karl Marx (54, Bd. 3: 21)

„Denn ... der Mensch spielt nur, wo er in voller Bedeutung des Worts Mensch ist, und er ist nur da ganz Mensch, wo er spielt." Friedrich Schiller (65, 15. Brief)

2.4.1 Werkzeugverhalten

Die beiden bisher dargestellten Bestimmungen des Menschen, *animal rationale* und *homo passionis*, thematisieren zwar auch Tätigkeiten des Menschen, Denken und Fühlen, aber keine Handlungen. Hingegen wird die Seite der Praxis von den anthropologischen Ansätzen betont, deren Grundbegriff „Arbeiten" heißt. Demnach wären wir Menschen primär Wesen, die körperlich tätig sind, Gegenstände herstellen und in die Abläufe der Natur eingreifen. Darüber hinaus wird der gesamte Bereich des technischen Han-

Homo faber

delns erfasst, der, wie auf den ersten Blick für jeden Zeitgenossen ersichtlich, unser Leben in der modernen Welt weitgehend bestimmt. Das entsprechende Schlagwort, *homo faber* (faber = lat. der Handwerker), kam nach dem Zweiten Weltkrieg durch einen Roman von Max Frisch in aller Munde. In philosophischen Büchern findet es sich zum ersten Mal in der Zeit zwischen den beiden Weltkriegen, und zwar bei Henri Bergson und Max Scheler (79, S. 102; 121, S. 193 u. 258). Beide Denker richten sich, unabhängig voneinander, gegen eine Überbetonung pragmatistischer Gedankenfiguren.

Werkzeugherstellung Positiv gemeint war hingegen eine andere Bestimmung des Menschen, die im Anschluss an Benjamin Franklin von dem britischen Maschinentheoretiker Charles Babbage und von Karl Marx verwendet wurde: *toolmaking animal* (163, S. 44; 54, Bd. 23: 194). Diese Bestimmung wurde zunächst durch Tier-Mensch-Vergleiche gestützt. Dass Tiere in einem sehr weiten Sinne „arbeiten", weiß jeder: Bienen sammeln Honig, Löwen jagen Antilopen, Vögel bauen Nester. In den tropischen Regionen Amerikas gibt es sogar Tiere, nämlich die Blattschneiderameisen, die Landwirtschaft betreiben: Sie brechen Stücke von Blättern ab, schleppen diese in ihre unterirdischen Nester und zerkauen sie. Der so entstandene Brei dient als Nährboden für Pilze, deren Fäden ständig beschnitten werden, damit die Knöllchen wachsen, von denen sich die Ameisen ernähren. Außer uns Menschen produzieren also auch diese Tiere ihre Lebensmittel selbst. Allerdings handelt es sich um eine Verhaltensweisen, die weitgehend genetisch vorprogrammiert ist. Hingegen können Affen neue Arbeitstechniken erlernen. Das wurde bei den Makaken in Japan beobachtet: Im Herbst 1953 wusch zum ersten Mal ein junges Weibchen namens Imo eine Süßkartoffel im Wasser. Wenige Jahre später hatte fast die gesamte Gruppe diese Angewohnheit übernommen; sie wird seitdem an die nächste Generation weitergegeben. Andere Populationen derselben Art kennen diese Art der Nahrungszubereitung nicht und haben andere Traditionen (240, S. 227 f.).

Viele Tiere benutzen Werkzeuge, vor allem zum Nahrungserwerb und als Waffe. Darwin beobachtete, wie auf den Galapagos-Inseln Finken mit Kaktusstacheln in der Baumrinde nach Insekten stochern; er wusste schon, dass Affen mit Steinen Palmnüsse aufknacken und nach Feinden werfen. Ihm war ebenfalls bekannt, dass Affen in der Verwendung von Stöcken unterrichtet werden können (213, S. 89 f.). Deshalb war es nicht mehr möglich, die Sonderstellung des Menschen in seinem Werkzeug*gebrauch* zu begründen. Stattdessen wurde die Werkzeug*herstellung* hervorgehoben. Aber seit 1960, seit den Beobachtungen von Jane Goodall, weiß man, dass nach dieser Definition auch Schimpansen Menschen wären: Sie streifen die Blätter von Ästen ab, um mit diesen nach Termiten zu angeln; sie machen kleine Hölzchen zurecht, um ihre verstopfte Nase zu reinigen (238, S. 46, 125, 312 f.). Die Australopithecinen, deren erste Vertreter vor 5 Millionen Jahren gesichtet wurden, haben wahrscheinlich Knochenwerkzeuge benutzt, sich aber ansonsten in ihren technischen Fähigkeiten kaum von den heutigen Schimpansen unterschieden.

Werkzeugverhalten zweiter Ordnung Der qualitative Unterschied zwischen menschlichem und tierischem Werkzeugverhalten ist die Verwendung von Werkzeugen, um ein Werkzeug herzustellen. Das ist der Fall, wenn ein Stein nicht nur dazu benutzt wird, um eine Nuss zu knacken, sondern um einen anderen Stein zuzuschlagen. In Anlehnung an die schon verwendete Begrifflichkeit können wir von einem *Werkzeugverhalten zweiter Ordnung* sprechen. Im Unterschied zur Höherstufigkeit des Denkens und Fühlens, die schon beschrieben wurde, handelt es sich hierbei um einen Selbstbezug, der immer wieder auf sich selbst angewendet werden kann: Ein drittes Werkzeug dient zur Herstellung des zweiten usw. In Anlehnung an einen linguistischen Begriff bezeichnen wir die hier vorliegende wiederholte selbstbezügliche Anwendung eines Musters als *Rekursion*. Dieses Phänomen führt dazu, dass immer mehr Werkzeuge zwischen Mensch und Natur geschoben werden, dass die Distanz zur Natur immer größer wird.

Der Schritt zum Werkzeugverhalten zweiter Ordnung erfolgte vor ungefähr 2 1/2 Millionen Jahren. Durch einfache Abschlagtechniken entstehen Steinwerkzeuge, die wegen ihrer Dauerhaftigkeit ihre Hersteller um viele Generationen überleben können und deshalb den Grundstock von materiellen Traditionen, von Werkzeug-Kulturen, bilden. Den nächsten Schritt, zum Werkzeugverhalten dritter Ordnung, vollzog der *Homo erectus* (oder einer seiner afrikanischen Vorfahren), der vor über einer Million Jahren auch schon für den Abschlag präparierte Steine benutzte. Von ihm stammen die bekannten Faustkeile. Seitdem entwickelte sich die steinzeitliche Handwerkskunst langsam, aber kontinuierlich weiter. Deren Höhepunkt bilden exakt gemeißelte lange und schmale Klingen aus der Zeit vor ungefähr 20 000 Jahren, unübertroffene Meisterwerke, die mit heutiger Technologie nicht nachzubilden sind. Schon viel früher wurden Steinspitzen an Äste gebunden, um damit Äxte und später Wurfspeere herzustellen. Überhaupt ist das Werfen eine wichtige Tätigkeit, mit der unsere Vorfahren ihre Körperkräfte steigern, Auge und Hand senso-motorisch kombinieren sowie sich von Gefahren fern halten konnten. Das gezielte Werfen hat, so kann spekuliert werden, die Ausbildung des Selbst gefördert: Wenn unsere ganze Aufmerksamkeit sich auf ein fernes Ziel richtet und den Flug des Speeres bis zu diesem hin geleitet, so befindet sich unser Bewusstsein gleichsam in der Speerspitze, nicht mehr im Leib. Eine andere wichtige Zäsur markiert die Bändigung des Feuers, vor vielleicht 1 1/2 Millionen Jahren. Kein anderes Lebewesen nutzt das Feuer, um Nahrungsmittel zuzubereiten oder sich vor Feinden zu schützen. Vor allem aber hat das Feuer zur Stärkung der Gemeinschaft beigetragen: Einmal ist seine durchgehende Kontrolle nur durch intersubjektive Absprachen möglich (Organisation von nächtlichen Wachen usw.); zudem bekommt der Lagerplatz der Horde mit dem Feuer einen sozialen Mittelpunkt.

2.4.2 Arbeiten

Dennoch sind die Kontinuitäten im Werkzeugverhalten von Affen und Menschen unübersehbar. Insofern hat Scheler, obwohl ihm viele Einzelheiten noch nicht bekannt waren, zu Recht geschrieben: „Zwischen einem klugen Schimpansen und Edison, dieser nur als Techniker genommen, besteht nur ein – allerdings sehr großer – gradueller Unterschied." (122, S. 37

Anm.) Um die spezifische Kompetenz zu bezeichnen, die uns Menschen eigen ist, muss also ein komplexerer Begriff verwendet werden. Dafür eignet sich die Kategorie des Arbeitens.

Arbeiten als
Weltveränderung

In erster Linie ist unter Arbeit die gezielte materielle Veränderung der Lebenswelt zu verstehen. Obwohl Schimpansen Werkzeuge herstellen und gebrauchen sowie gemeinsam jagen können, haben sie in vielen Millionen Jahren ihre natürliche Umwelt kaum beeinflusst. Das war schon beim *Homo erectus* vor über einer Million Jahren anders. Während Tiere sich beim Verlassen ihrer Umwelt im Laufe der Zeit genetisch an ihre neue ökologische Nische anpassen, nahmen die Hominiden, als sie aus Afrika auswanderten, ihre Werkzeug-Traditionen und ihre Fertigkeiten mit, um mit diesen ihre neue Lebenswelt zu gestalten. Nach Gehlens Auffassung ist der Mensch als biologisches Mängelwesen zu dieser Vorgehensweise genötigt, weil er sonst nicht überleben würde. Tatsächlich stehen sich vor zwei Millionen Jahren die körperlich robusten Australopithecinen mit ihren „Nussknacker"-Gebissen und die grazileren Hominiden mit ihren etwas größeren Gehirnen gegenüber; technische Fortschritte erzielen nur letztere. Die menschlichen Jagdmethoden sind so effektiv, dass nach der Besiedelung des amerikanischen Doppelkontinents die dort lebenden großen Säugetiere innerhalb weniger Jahrtausende ausgerottet werden konnten. Sehr viel massivere Umweltveränderungen lösen aber die Wirtschaftsweisen aus, die den Wildbeutergesellschaften folgten, zuerst (nach der neolithischen Revolution vor 10 000 Jahren) der Übergang zur sesshaften Lebensweise und die „Erfindung" von Ackerbau und Viehzucht, dann (seit 250 Jahren) die industrielle Wirtschaftsweise. In Mitteleuropa und vielen anderen Teilen der Erde begegnet dem Menschen kaum noch ein Stück Natur. Durch Arbeit schafft sich der Mensch seine Lebenswelt.

Kooperation und
Distribution

Arbeiten umfasst neben der durch technische Hilfsmittel herbeigeführten Umweltveränderung zwei weitere Dimensionen. Erstens ist menschliches Arbeiten prinzipiell ein soziales Geschehen. Der arbeitende Mensch ist kein Robinson Crusoe – und selbst dieser kann mit Materialien, zumindest mit Wissen arbeiten, das er nicht ohne andere Menschen hätte. Auch Schimpansen jagen gemeinsam, allerdings relativ selten; nach der Banane greift ohnehin jeder allein. Hingegen ist die regelmäßige gemeinsame Jagd charakteristisch für die menschlichen Wildbeutergesellschaften. Kooperation erfolgt in der Regel als Arbeitsteilung, sowohl makro-soziologisch, also innerhalb der Gesellschaft (Ausdifferenzierung sozialer Funktionen, Entwicklung verschiedener Berufe), als auch mikro-soziologisch, also innerhalb des Haushalts, einer Fabrik o. ä., in der ein Arbeitsprozess in immer kleinere Teile zerlegt wird. Zweitens ist die Distribution der Arbeitsprodukte notwendig, in Wildbeutergesellschaften beginnend mit der Verteilung der Beute. Dabei sind auch diejenigen zu berücksichtigen, die aus verschiedenen Gründen nicht an der Jagd teilgenommen haben. Weil Arbeiten auch Kooperations- und Verteilungsprozesse einschließt, sind nicht nur technische Hilfsmittel nötig, sondern auch Organisationsvermögen und soziale Normen. In allen drei Dimensionen hat sich menschliches Arbeiten im Laufe der Jahrtausende erheblich gewandelt: bei den technischen Mitteln, den Formen der sozialen Kooperation und den Maßstäben der Verteilungsgerechtigkeit. Ein wesentliches Merkmal der Menschheitsgeschichte scheint aber zu sein, dass die Fortschritte im technischen Wissen und in der Arbeitsorganisation sehr viel größer sind als in der moralischen Dimension.

Aus der Innenperspektive wissen wir, dass ein selbstbestimmter, gelungener, anspruchsvoller Arbeitsprozess uns Befriedigung verschafft, ja als Selbstverwirklichung empfunden wird. Durch Arbeit bauen wir nicht nur unsere Lebenswelt, sondern erzeugen auch uns selbst, schaffen unser Selbst. Hegel war der erste bedeutende Philosoph, der der Arbeit eine bedeutende Rolle im Bildungsprozess der Menschheit zusprach (40, Bd. III: 153 f.). Das erläutert Marx über die Idee der Selbstbezüglichkeit der Arbeit. Ein Arbeitsprozess, der nicht entfremdet ist, führt nämlich nach seiner Ansicht zu einem Produkt, in dem sich der Mensch gleichsam vergegenständlicht, in das er sein Inneres entäußert hat. In dem produzierten Gegenstand schauen wir uns selbst an, über unsere Werke findet eine indirekte Selbstverwirklichung statt. Die kapitalistische Produktionsweise mit ihrer privaten Aneignung der gesellschaftlichen Arbeit verhindere jedoch, dass die Menschen im Arbeiten ihr erstes Lebensbedürfnis sehen. Offensichtlich orientiert sich Marx hier an künstlerischen Tätigkeiten, an einer handwerklich-romantischen Utopie.

Arbeiten als Selbstverwirklichung

Mit Hannah Arendt kann man kritisch gegen Marx' Konzeption einwenden, dass er sich zu sehr am Arbeiten als Produzieren orientiert hat. Der Mensch ist aber, so Arendt, nicht nur ein *homo faber*, sondern auch ein *animal laborans* (ein arbeitendes Tier). Hannah Arendt spricht von Arbeiten und Herstellen; wir können aber auch zwischen reproduktiven und produktiven Tätigkeiten unterscheiden. Nach Arendts Auffassung hat Marx diese Differenz übersehen und sich primär mit dem Herstellen beschäftigt, mit produktiven Tätigkeiten. Sie will zwar nicht die reproduktiven Tätigkeiten zum höchsten Daseinszweck erklären, im Gegenteil, sie warnt vor ihrer Verherrlichung. Aber man dürfe auch nicht ihren grundlegenden funktionalen Beitrag zur menschlichen Existenz übersehen. Das Ziel der reproduktiven Tätigkeiten ist das Überleben, die Aufrechterhaltung unseres Leibes und unserer Lebenswelt; sie sind nicht, wie Arendt einprägsam schreibt, das Werk unserer Hände, sie finden nicht in einer Werkstatt statt, sondern sie sind die Arbeit unseres Körpers, die im privaten Bereich des Haushalts (griech. *oikos*) ihren Ort haben. Beispiele dafür sind Haushaltstätigkeiten, Erziehung, das Gebären von Kindern usw. – Tätigkeiten, die in den meisten Gesellschaften Sache der Frauen sind. Nur die Welt der hergestellten Dinge ist von Bestand, während die Welt der Arbeit sich immer wieder selbst verzehrt. Die Küche muss jeden Tag aufgeräumt werden; die Kinder werden groß, verlassen ihre Ursprungsfamilie, bekommen selbst Nachwuchs usw.

Reproduktion

2.4.3 Spielen

Aber selbst nach dieser Erweiterung ist der Arbeitsbegriff immer noch zu eng, um die ganze Breite menschlicher Handlungen abzudecken. Bereits bei Aristoteles findet sich die fundamentale Unterscheidung zwischen *poiesis* und *praxis*, d. h. zwischen zielorientierten und vollzugsorientierten

Ziel- und Vollzugsorientierung

Handlungen (28, NE I 1, NE VI 5, Met. IX 6). Die zielorientierten Tätigkeiten haben ihren Zweck außerhalb ihrer selbst, also etwa das Arbeitsprodukt. Das bezieht sich nicht nur auf das Herstellen eines materiellen Gegenstands, sondern ist viel weiter gefasst: Unter den Begriff der zielorientierten Tätigkeit fallen beispielsweise auch Lernprozesse, die zu einem neuen psychischen Zustand führen, oder Beratungsprozesse, die mit einem Entschluss enden. Allgemein gesprochen, sind poietische Tätigkeiten diejenigen, für die wir technische Vernunft benötigen. Hingegen tragen die vollzugsorientierten Tätigkeiten ihren Zweck in sich; hier gilt „Der Weg ist das Ziel". Deshalb sind zielorientierte Tätigkeiten zeitlich viel klarer abgrenzbar als praxis-Tätigkeiten. Beispiele für letztere sind: denken, anschauen, musizieren, spielen, spazieren gehen, sich unterhalten usw.

Spielen — Das Musterbeispiel einer selbstzweckhaften Tätigkeit ist das *Spielen*. Der Mensch ist ein *homo ludens*: In allen bekannten menschlichen Kulturen wird gespielt; in Wildbeutergesellschaften haben die Menschen (weil die durch Arbeit zu befriedigende Bedürfnishöhe niedriger ist) wahrscheinlich sogar mehr Zeit zum Spielen als wir. Einige Kinderspielzeuge wie Puppen und Bälle sind universal verbreitet. Vor allem in der Kindheit ist das Spielen von großer Bedeutung; wichtig ist dabei die Begleitung der spielerischen Akte durch Imagination und Phantasie, die in der prä-operationalen Phase möglich werden. Aber auch Tiere spielen, Schimpansen sogar auf eine uns ähnliche Art und Weise. Allerdings sind Spielen (und Neugierde) typische Eigenschaften von jungen Tieren; nur beim Menschen bleiben diese Verhaltensweisen das gesamte Leben erhalten (225, S. 186–194).

Drei Merkmale — Der Begriff des Spielens ist schwer einzugrenzen (127, § 66). Drei Merkmale sind anthropologisch besonders wichtig. Das erste Merkmal ist die eben schon erwähnte Selbstzweckhaftigkeit oder Vollzugsorientierung. Zwar verfolgen wir im Spiel bestimmte Ziele, vor allem den Sieg, auch Freude und soziale Kontakte. Aber ein Spiel wäre wertlos, wenn es nur die Siegerehrung geben würde; die Freude am Spielen beruht in der Regel auf dem Geschehen selbst. Der objektivierende Blickwinkel des Soziologen zeigt jedoch die sozialen Funktionen wie Sozialisation der Kinder, Aggressionsabbau bei Jugendlichen und Selbstdarstellung bei Erwachsenen. Darüber hinaus ist das Spielen eine Möglichkeit der Selbststeigerung, ja der Selbstüberschreitung, insofern auch eine der Wurzeln der Kunst. Zweitens gehört das Spielen zwar zu unseren lebensweltlichen Beschäftigungen, aber es ist nicht Teil des Alltags. Um die Spannung aufzubauen, die für das Spielen notwendig ist, benötigt man ein „entspanntes Feld" außerhalb des Alltags; das gilt schon für Tiere (255). Normalerweise haben Spiele klar abgegrenzte Räume und Zeiten; außerhalb dieser Spielräume und Spielzeiten kehrt man in den Alltag zurück. Innerhalb dieser Ausnahmesituation, das ist das dritte Merkmal, besitzen die meisten Spiele klare Regeln, die genau eingehalten werden müssen. Zwar leben viele Spiele gerade von der Ungewissheit des Ablaufs, aber hinsichtlich der Regeln herrscht geradezu Dogmatismus. In diesem Zusammenhang hat G.H. Mead zwischen „play" und „game" unterschieden: In der prä-operationalen Phase spielen Kinder allein und in ihrer Phantasie, wobei sie jedoch oft zusätzlich die Rolle des Anderen übernehmen. Dabei haben sie ihre eigenen Regeln, die wir von außen nicht verändern dürfen. Hingegen gibt es in den Spielen, für die

Mead den Begriff „game" reserviert, Regeln, an die sich mehrere Kinder zu halten haben. Es handelt sich meistens um Wettspiele, bei denen man sich in die Situation des Anderen hineinversetzen können muss, um zu gewinnen. Auf diese Weise lernen Kinder, was soziale Regeln sind (323, S. 191 ff.).

2.4.4 Grenzen des Handelns

Die starke Betonung des Arbeiten, vor allem als Selbstschöpfung des Menschen, ist typisch für Gesellschaften, in denen man meint, dass der Mensch sein Schicksal ganz allein bestimmen könne. Eine solche Hybris kann die philosophische Anthropologie nicht stützen. Nur ein Argument sei an dieser Stelle vorgebracht. Die menschliche Existenz ist nicht nur durch das bestimmt, was wir tun, sondern ebenso (und vielleicht noch mehr) durch das, was uns widerfährt. Wenn wir unser Leben von der Geburt bis zum Tod erzählen, so sind wir zwar das Subjekt aller Episoden dieses Lebens, aber keineswegs immer das Handlungssubjekt. In den meisten Episoden unseres Lebens sind wir nur das *Referenzsubjekt* (165, S. 101). Es ist von mir die Rede, aber ich bin nicht Herr des Geschehens. Das wird durch den Begriff des *Widerfahrnisses* ausgeführt. Ein Widerfahrnis ist etwas, das uns passiert. Schon die Geburt ist ein Ereignis, das uns widerfährt, der Tod in der Regel auch (Ausnahme: der Freitod). Als Handelnde sind wir, sehr abstrakt gesagt, aktiv, während uns Widerfahrnisse passiv treffen. Dies kann Widriges, aber auch Neutrales und Beglückendes sein. Widerfahrnisse reichen in der Dimension der Zeit von einem momentanen Ereignis (etwa die unerwartete Begegnung mit einem Freund) bis zu unserem lebenslangen Alterungsprozess.

Widerfahrnisse

In klassischen Begriffen lassen sich zwei Formen von Widerfahrnissen unterscheiden: Zum einen sind wir verschiedenen Formen von Notwendigkeit unterworfen, von den Zwängen unseres Stoffwechsels bis zu den Gesetzen einer verrechtlichten Gesellschaft. Zum anderen gibt es naturale oder soziokulturelle Kontingenzen, schlicht gesagt: den Zufall. Aus der Außenperspektive kann man feststellen, dass unser Genotyp und unsere Hirnstrukturen zum größten Teil überhaupt nicht determiniert sind, sondern zufallsbedingt entstehen; diesen Prozess bezeichnet man mit einem Begriff aus der Nachrichtentechnik als „Rauschen". Aus der Innenperspektive zeigt sich die Rolle des Zufalls daran, dass ich so vieles in meinem Leben nicht rational erklären, sondern nur erzählen kann: Ich wurde an einem bestimmten Ort und zu einem bestimmten Zeitpunkt geboren, als Kind eines Elternpaares, in einer Geschwister- und Verwandtenkonstellation, in eine immer schon bestehende Lebenswelt hinein; das meint Heidegger mit dem Begriff der *Geworfenheit* (101, S. 135 u. ö.). Wem ich in meinem Leben begegne, welche Interessen ich entwickle, wie sich meine berufliche Laufbahn gestaltet usw. – alles das ist weder aus Gesetzen herleitbar noch von mir selbst zu planen. Die Rolle solcher Kontingenzen für unser jeweiliges Leben ist größer, als wir manchmal wahrhaben möchten: Wir sind mehr unsere Zufälle als unsere Leistungen (166). Man darf bloß nicht vergessen, dass es auch glückliche Zufälle gibt.

Zufälle

2.4.5 Zusammenfassung, Literaturhinweise, Fragen und Übungen

Zusammenfassung

1. Früher bestimmte man den Menschen als das Lebewesen, das Werkzeuge benutzt oder herstellt. Aber auch Tiere tun dies. Allerdings ist der Mensch das einzige Wesen, das Werkzeuge gebraucht, um Werkzeuge herzustellen (Werkzeugverhalten zweiter Ordnung).
2. Sehr viel anspruchsvoller ist der Begriff der Arbeit. Denn Arbeiten ist die soziale Tätigkeit, mit der wir unsere Lebenswelt schaffen und unser Selbst formen. Zum Arbeiten gehören außer den technischen Hilfsmitteln die Organisationsstrukturen und die Verteilung der Arbeitsprodukte. Allerdings sollte man zwischen reproduktivem und produktivem Arbeiten unterscheiden.
3. Während Arbeiten zielorientiert ist, ist Spielen vollzugsorientiert. In allen menschlichen Gesellschaften wird gespielt, vor allem von Kindern. Merkmale des Spielens sind außer seiner Vollzugsorientierung, dass es sich in einem entspannten Feld außerhalb des Alltags ereignet und dass es durch Regeln bestimmt wird.
4. Gegen die Auffassung, dass Menschen sich selbst schaffen, ist geltend zu machen, dass unser Leben mindestens ebenso stark durch Widerfahrnisse und Zufälle bestimmt ist. In meiner Lebensgeschichte bin ich oft nicht Handlungs-, sondern bloß Referenzsubjekt.

Literaturhinweise

Eine Anthropologie des *homo faber* wird in zwei philosophischen Strömungen vertreten: Die erste verbindet sich mit dem Namen von Karl Marx, dessen Ausführungen zum Prinzip Arbeit in folgenden Schriften zu finden sind: in den „Pariser Manuskripten" (54, Erg. I: 510–522), am Anfang der „Deutschen Ideologie" (54, Bd. 3: 20–36) und im „Kapital" (54, Bd. 23: 192–200). Sehr schön ist immer noch der berühmte Text von Engels über den „Anteil der Arbeit an der Menschwerdung des Affen" (36). Die zweite philosophische Strömung, die den Primat des Handeln schon im Namen trägt, ist der Pragmatismus. Hinzuweisen ist vor allem auf das umfangreiche Werk von John Dewey; als Einstieg eignet sich „Human Nature and Conduct" (87, vgl. auch 159). Auf das genannte Buch stützt sich auch der Pragmatist im Kreis der deutschen Philosophischen Anthropologie, Arnold Gehlen, der den Menschen ausdrücklich als „handelndes Wesen" sieht (95). Der Begriff des Handelns, den Gehlen in der Erstauflage von „Der Mensch" (1940) einführt, steht dem Marx'schen Begriff des Arbeitens nahe. Hannah Arendts anthropologisches Hauptwerk ist „Vita activa" (75). Ausdrücklich gegen den *homo faber* entwickelt der niederländische Kulturhistoriker Johan Huizinga (338) eine Anthropologie des *homo ludens*; ihm folgte wenig später der französische Ethnologe Roger Caillois (297). Zu den Begriffen „Widerfahrnis" und „Zufall" lese man Wilhelm Kamlah (12, S. 34–40) und Odo Marquard (166). Eine gute und kurze Einführung in die Paläoanthropologie, die auf das Werkzeugverhalten unserer Vorfahren eingeht, ist (248).

Fragen und Übungen

– Verständigen Sie sich über die Begriffe „Arbeiten" und „Spielen". Ergänzen Sie gegebenenfalls weitere Ausdrücke. Geben Sie Beispiele für Grenzphänomene.
– Informieren Sie sich über die Geschichte der Werkzeugkulturen und der Technik (auch bei den Vormenschen). Welche Zäsuren lassen sich markieren?
– Erläutern Sie den hier skizzierten Begriff der Arbeit mit eigenen Worten.
– Lesen Sie das erste Kapitel der Schrift „Die deutsche Ideologie" (54). Inwiefern können wir dieser Darstellung heute noch zustimmen, inwiefern nicht?
– Wie unterscheidet Hannah Arendt Arbeiten und Herstellen?

- Erläutern Sie folgende Begriffe: Widerfahrnis, Referenzsubjekt, Kontingenz.
- Geben Sie Beispiele für die Thesen des letzten Abschnitts, dass unser Dasein in großem Umfang durch Widerfahrnisse und Zufälle bestimmt ist (eventuell auch aus dem eigenen Leben).
- Diskutieren Sie die Frage, ob für uns Menschen kognitive Operationen (vor allem Denken) oder praktische Tätigkeiten (vor allem Arbeiten) wichtiger sind.

2.5 Das *zoon politikon* und die Kategorie „Soziales Handeln"

„Der Mensch ist im wörtlichsten Sinn ein *zôon politikón*, nicht nur ein geselliges Tier, sondern ein Tier, das nur in der Gesellschaft sich vereinzeln kann." Karl Marx (55, S. 6)

2.5.1 Eine Typologie sozial-anthropologischer Positionen

Neben dem Arbeiten gibt es noch eine andere Gestalt des praktischen Lebens (der *vita activa*), die sich nicht primär auf Gegenstände bezieht, sondern auf andere Menschen. Sicherlich muss auch der *homo faber* sozial handeln. Aber anthropologische Ansätze unterscheiden sich darin, ob sie eher den Aspekt des Arbeitens oder den der Interaktion hervorheben (vgl. 141). Um letztere geht es in diesem Kapitel.

Zunächst werden die beiden großen Streitfragen behandelt, die für das politische Denken immer bedeutsam gewesen sind: (a) Sind die Menschen eher Einzelgänger oder eher Gemeinschaftswesen? (b) Sind die Menschen eher gleich oder eher ungleich? Durch Kreuztabellierung ergeben sich vier mögliche sozial-anthropologische Positionen. Ihnen kann man prominente Vertreter zuordnen, wobei zu beachten ist, dass es sich um idealtypische Konstruktionen handelt:

	sozietär	solitär
hierarchisch	aristotelisch	nietzscheanisch
egalitär	stoisch	hobbesianisch

Als Ausgangspunkt eignet sich die anthropologische Bestimmung, die Aristoteles am Anfang seiner Schrift „Politik" gibt: Der Mensch sei nicht nur das mit dem *Logos* begabte Tier, sondern auch „von Natur ein *zoon politikon*", also ein politisches Tier (28, Pol. I 2, 1253 a 3; vgl. 151, S. 235–248). An anderer Stelle, zu Beginn der Schrift „Historia animalium", wird dieser Begriff folgendermaßen eingeführt: Man kann das Reich der Tiere nach verschiedenen Kriterien gliedern, unter anderem nach ihren unterschiedlichen Lebensweisen. Dann stellen wir fest, dass Tiere entweder einzeln leben (solitär) oder in Herden (sozietär). Bei den Herdentieren gibt es die bloß pas-

Aristotelismus

siv zusammen lebenden und die „politischen". Bei diesen, zu denen Aristoteles Ameisen, Wespen, Bienen, Kraniche und eben die Menschen zählt, kann man ein aktives Zusammenleben beobachten; politische Herdentiere kooperieren, weil es ihnen um ein gemeinsames Ziel geht. In der „Politik" betont Aristoteles, dass der Mensch „in höherem Grade" ein politisches Tier sei als die anderen; das bezieht sich nicht etwa auf eine reibungslosere oder kompliziertere Kooperation, sondern auf das wertvollere Werk, auf das die politische Tätigkeit beim Menschen angelegt ist, nämlich das Gute. Offensichtlich legt Aristoteles bei seiner Bestimmung des Menschen als *zoon politikon* einen teleologischen Naturbegriff zugrunde: Das menschliche Wesen ist darauf ausgerichtet, sich in einer gerechten politischen Ordnung zu verwirklichen. Gemeint ist nicht, dass Menschen immer schon in politischen Gebilden gelebt haben und ihnen auch gar nichts anderes möglich sei. Wir sollten deshalb die aristotelische Bestimmung abschwächen zu der Behauptung, dass wir Menschen *sozietäre* Wesen seien, dass wir also nach Gemeinschaft mit anderen Menschen streben. Das entsprechende Schlagwort, *animal sociale*, findet sich bei Thomas von Aquin (70, I q. 96, 4).

Aristoteles kennt neben der *polis*, der politischen Gemeinschaft, noch eine zweite Form menschlicher Sozialität, den *oikos*, also den Haushalt. Den Kern dieser sozialen Gemeinschaft bildet die Familie, die für ihn „ursprünglicher und notwendiger ist als der Staat". Zwar ist die Verbindung der Geschlechter auch für andere Tiere zur Fortpflanzung notwendig. Aber bei den Menschen, so Aristoteles, gebe es die Ehe „nicht nur um der Kinderzeugung willen, sondern wegen der Lebensgemeinschaft" (28, NE VIII 14, 1162 a 17 u. 21). Mann und Frau helfen sich gegenseitig; ihr Verhältnis ist deshalb ein Sonderfall von Freundschaft. Dennoch lässt Aristoteles keinen Zweifel daran, dass die Frau dem Mann prinzipiell unterlegen ist. Insgesamt gibt es im *oikos* drei elementare Sozialbeziehungen: (a) zwischen Mann und Frau, (b) zwischen Vater und Kindern sowie (c) zwischen Herr und Knecht (bzw. Sklave) (28, Pol. I 3). Sexualität, Erziehung und Arbeit sind die entsprechenden sozialen Tätigkeitsbereiche. Es handelt sich um hierarchische Verhältnisse, an deren Spitze jeweils der männliche Haushaltsvorstand steht. Besonders skandalös ist die aristotelische Behauptung, dass alle Barbaren potentielle Sklaven seien, weil ihre Vernunft nur zum Gehorchen reiche. Aristoteles ist somit ein Vertreter des anthropologischen Inegalitarismus, der Lehre von der Ungleichheit der Menschen.

Mit seiner sozietären Anthropologie richtet sich Aristoteles (wie schon Platon, etwa im Dialog „Politikos") gegen die Behauptung, der Mensch sei ein *solitäres*, vereinzelt lebendes Tier. Gemäß einer solchen Anthropologie seien wir primär gar nicht auf andere Menschen bezogen, weder positiv (durch Liebe und Zuneigung) noch negativ (durch Aggression oder Neid). Der Mensch sei eigentlich ein a-soziales Wesen. Soziale Beziehungen entstünden erst durch Gewohnheit, Konventionen und Verträge, vor allem auf Grund äußerer Zwänge, etwa zur Verteidigung gegen gemeinsame Feinde oder zur Überwindung einer Notlage. Sobald sich die Möglichkeit ergebe, würden auch vergesellschaftete Menschen wieder ihre ursprüngliche selbstgenügsame Existenzform bevorzugen. Das war wohl die Auffassung einiger Sophisten. Allerdings gibt es unter diesen mindestens zwei Positionen, eine aristokratische und eine demokratische, oder, in den hier treffenderen anthropologischen Begriffen, eine hierarchisch-inegalitäre und eine egalitäre. Beide Ansätze sind in der Neuzeit wieder aufgegriffen worden.

Für den ersten stehen Thrasymachos und Kallikles, die wir aus Platons Dialogen kennen. Von Thrasymachos stammt die wirkungsmächtige Unterscheidung von Hirt und Herde: Aus der Masse der Menschen, die sich wie eine Herde verhalten, heben sich die Hirten hervor, durch die allein die Herde zusammengehalten werde (61, Rep. 343a ff.). Kallikles betont die „Ungebundenheit" der „von Natur besseren Menschen" (61, Gorg. 492a). Der prototypische Vertreter einer neuzeitlichen Anthropologie dieser Art ist Nietzsche. Seine Grundannahme ist, dass die Menschheit in zwei Klassen zerfällt, die Starken und die Schwachen. Vom Egalitarismus, der Lehre von der natürlichen Gleichheit der Menschen, spricht er nur als „der größten aller Lügen" (58, Bd. 11: 589). Eine solche Ideologie sei von den gewöhnlichen, den schwachen Menschen erfunden worden, um die außergewöhnlichen und starken Menschen zu bekämpfen. Allein zu diesem Zweck hätten sich die Schwachen vereinigt, und auch die Starken verbünden sich bloß zeitweilig für egoistische Ziele. Grundsätzlich gehören die Menschen zu einer „solitären Spezies" (58, Bd. 12: 493). Nur die heutige Dominanz der „Sklavenmoral" der schwachen Menschen überdecke für uns diese beiden anthropologischen Wahrheiten, den Inegalitarismus und die solitäre Anlage des Menschen.

Nietzscheanismus

Andere Sophisten sind hingegen Anhänger eines anthropologischen Egalitarismus, der Lehre der prinzipiellen Gleichheit der Menschen. Unter neuzeitlichen Bedingungen wird diese Konzeption von Thomas Hobbes weiterentwickelt. Den Ausdruck *zoon politikon* lehnt er ab. Die Menschen finden nicht notwendigerweise, sondern nur zufälligerweise zueinander; kurzlebige Gemeinschaften bilden sich aus egoistischen Interessen, längerfristige Verbindungen seien „nicht von gegenseitigem Wohlwollen, sondern von gegenseitiger Furcht ausgegangen" (41, Bd. III: I 2). Der Mensch müsse erst zur Gesellschaftsfähigkeit erzogen werden. Auch in dem zweiten wesentlichen Punkt widerspricht Hobbes der aristotelischen Anthropologie: Er vertritt nämlich die Lehre von der natürlichen Gleichheit der Menschen (41, Bd. III: I 3; 42, S. 94). Es gibt zwar Unterschiede zwischen den Individuen hinsichtlich ihrer körperlichen oder intellektuellen Eigenschaften, aber diese fallen nicht ins Gewicht. Diese hobbesianische Anthropologie bildet eine der Grundannahmen des bürgerlich-liberalen Denkens, insbesondere der Vertragstheorien mit ihren Naturzustandskonstruktionen. Ein später Vertreter einer solitär-egalitären Anthropologie ist Sigmund Freud. Wie Hobbes bestreitet er, dass der Mensch soziale Strebungen besitze; intersubjektive Beziehungen entstehen erst sekundär und dienen allein der instrumentellen Bedürfnisbefriedigung (92, Bd. IX: 111, 225f., 265 u.ö.; zur Kritik siehe 94).

Hobbesianismus

Schließlich gibt es sozial-anthropologische Positionen, die die Menschen als sozietäre und egalitäre Lebewesen ansehen. Ansätze dazu finden sich schon bei den Stoikern, die meinen, dass alle Menschen durch eine natürliche Zuneigung miteinander verbunden seien und als vernünftige Wesen alle gleichermaßen die Weltordnung erkennen könnten. Vor allem Cicero hat diese Ansichten auf den Punkt gebracht (30, I 16/50 u. 44/157). Diese

Stoizismus

anthropologische Position liegt den klassischen Naturrechtslehren zugrunde, die John Locke in der Neuzeit auf eine neue Basis stellt. Denn er konstruiert wie Hobbes einen hypothetischen Naturzustand und eine Vertragstheorie; wie dieser unterstreicht er die Gleichheit der Menschen. Aber er behauptet, dass der Mensch ein soziales Wesen sei, das das starke Bedürfnis besitze, mit anderen Menschen zusammen zu sein; mit der Sprache verfüge er dafür auch über eine geeignete Kompetenz (51, III 1; 52, II §§ 4, 54, 77).

Für diese sozietär-egalitäre Position soll im Folgenden argumentiert werden, allerdings mit Einschränkungen. Vorweg sei hervorgehoben, dass ich zwischen Sozialität und Altruismus unterscheide. In gewisser Weise ermöglicht Sozialität erst das Böse; so setzt etwa die bewusste Schädigung des anderen, wie wir im vorletzten Kapitel gelernt haben, die Fähigkeit zur Empathie voraus. Erst in Kapitel 3.2. geht es um die Frage, ob der Mensch im moralischen Sinne gut oder schlecht ist.

2.5.2 Zwei Bemerkungen zur Gleichheit der Menschen

Erweiterung des Egalitarismus

Hinsichtlich des Egalitarismus muss zunächst festgehalten werden, dass in den klassischen Naturrechtslehren der Kreis der Gleichen sehr eng gezogen war. Die Gleichheit der Bürger in der Polis wird ja selbst von Aristoteles nicht bestritten. Bei dem Sophisten Hippias, dem Rhetoriker Isokrates und vielen anderen sind alle griechischen Männer prinzipiell gleich. Die Sokrates-Schüler Platon und Aischines betonen die vergleichbaren Fähigkeiten von Frauen. Egalitäre Sophisten wie Antiphon leugnen die Unterschiede zwischen Hellenen und Barbaren; auch Alexander soll, so Plutarch, sich über den Rat seines Lehrers Aristoteles hinweggesetzt haben, die Perser wie Sklaven zu behandeln (333, S. 51 ff., 119, 148 f.). Für die Stoiker und dann für Cicero sind alle Menschen insofern gleich, als sie über Vernunft verfügen. Die Gleichheit aller Menschen angesichts des Todes ist nie bestritten worden, obwohl diese Feststellung meist mit einem melancholischen Unterton erfolgte. Auch Paulus will nicht mehr zwischen Freien und Sklaven, Männer und Frauen unterscheiden; als Kinder Gottes sind alle im Glauben gleich (346, Gal. 3, 26–28). Diese Gemeinsamkeit wurde im Mittelalter von einigen wenigen hellsichtigen Geistern auf die Gläubigen aller drei monotheistischen Religionen ausgedehnt. Schon im 13. Jahrhundert diskutierte man darüber, ob nicht auch die Pygmäen Menschen seien. 1550 fand dann im spanischen Valladolid die berühmte Debatte darüber statt, ob die Bewohner Amerikas, die Indianer, als Menschen mit einer Seele zu betrachten seien; der Egalitarist Las Casas berief sich auf die Bibel und der Inegalitarist Sepúlveda auf Aristoteles (201, Kap. 3). Aber selbst Las Casas ist nicht bereit, die Gleichheit der Afrikaner anzuerkennen; um die Sklaverei gänzlich abzuschaffen, bedurfte es eines weiteren Egalisierungsschrittes, den wir mit der Aufklärung in Zusammenhang bringen können. Und für die Anerkennung der allgemein-menschlichen Eigenschaften der Frauen, Fremden und Außenseiter musste man bis in die zweite Hälfte des 20. Jahrhunderts warten; weltweit durchgesetzt haben sich egalitäre Vorstellungen zudem keineswegs.

Allerdings, und das ist die zweite Bemerkung, besteht nun eine neue Gefahr: Schon die Romantiker werfen der Aufklärung vor, dass Gleichheit zu Gleichgültigkeit führe, zu einer Haltung der Indifferenz, der alles egal ist. Auch Marx hat davor gewarnt, „die ungleichen Individuen" zu nivellieren (54, Bd. 19: 21). Der Kapitalismus sei gerade deshalb zu kritisieren, weil er die unterschiedlichen Fähigkeiten der Menschen auf ihre in abstrakter Zeit quantifizierbare Arbeitskraft reduziere. Er konnte sich dabei auf Hegel stützen, der dem formalen Denken vorwarf, Identität (Gleichheit) und Differenz (Ungleichheit) nicht in ihrer Einheit erfassen zu können. Auch durch politisch-totalitäre Systeme und eine globale Kulturindustrie werden die Menschen, die eigentlich alle Individuen sind, nivelliert. Das hat Mitte des 20. Jahrhunderts vor allem die Frankfurter Schule betont (vgl. 71, § 66). Dieselbe Auffassung findet sich heute bei postmodernen Differenz-Denkern, in der feministischen Philosophie und bei vielen Globalisierungskritikern.

Gleichheit und Ähnlichkeit

Diese Problematik lässt sich aufklären, wenn wir zwischen verschiedenen Begriffen von Gleichheit unterscheiden. Die alten Griechen kannten zwei Wörter für „gleich" (126, S. 132 ff.): Der Ausdruck *isos* wird in politischen Zusammenhängen verwendet; so war im Athen des fünften vorchristlichen Jahrhunderts „Isonomia" die Bezeichnung für die Gleichheit der Rechte aller Bürger. Wir sollten den Begriff der *Gleichheit* in diesem Sinne reservieren für die Verwendung in normativen Aussagen; der Gegenbegriff ist Ungleichheit. Der Egalitarismus, der in der politischen Philosophie diskutiert wird, ist eine normative Position. Hingegen bezeichnet der Ausdruck *homoios* die Ähnlichkeit von Menschen, hinsichtlich ihrer Bedürfnisse und Fähigkeiten. Wir sollten diesen Begriff für die deskriptiven Aussagen reservieren, die in der Anthropologie über menschliche Eigenschaften gemacht werden. Menschen sind sich ähnlich, sowohl biologisch als auch soziokulturell. Aus biologischer Sicht, nämlich im Hinblick auf ihre genetischen Unterschiede, sind sich die Menschen untereinander ähnlicher als die Angehörigen anderer Arten. Das lässt sich wahrscheinlich darauf zurückführen, dass wir alle von einer kleinen Population abstammen, die vor ungefähr 100 000 Jahren lebte, und alle anderen Seitenzweige der Hominiden ausgestorben sind (264, S. 203). Da die Gemeinsamkeiten so groß sind, sollten wir von *qualitativer Ähnlichkeit* sprechen. Ähnlichkeit ist aber keine Identität; alle Menschen sind Individuen und unterscheiden sich deshalb in bestimmten Eigenschaften.

Man kann zwei Typen der Differenz unterscheiden. Wenn Aristoteles die primären Sozialbeziehungen des Menschen als hierarchische konzipiert, sieht er grundlegende *vertikale Differenzen*. Unterschiede dieser Art lassen sich mit „besser als" beschreiben; das ist beispielsweise der Fall, wenn behauptet wird, jemand verfüge über eine größere politische Kompetenz oder einen höheren Intelligenzquotienten als ein anderer. Tatsächlich gibt es Unterschiede dieser Art zwischen Menschen. Daraus zu folgern, dass Menschen deshalb prinzipiell nicht die gleichen Rechte besitzen sollten, wäre ein Sein-Sollens-Fehlschluss. Ohnehin fallen die vertikalen Differenzen weniger ins Gewicht als die *horizontalen Differenzen*, bei denen es um ein „anders als" geht: Auch wenn sich alle Menschen ähnlich sind, sind alle Individuen verschieden, sind Frauen anders als Männer, Weiße

Vertikale und horizontale Differenzen

anders als Schwarze, Alte anders als Junge, Dunkelhaarige anders als Blonde, Raucher als Nichtraucher usw. Damit sind keine Werturteile verbunden. Daraus ergibt sich eine weitere, eine fünfte sozial-anthropologische Position als Weiterentwicklung der vierten: Menschen sind nicht miteinander identisch. (Dennoch sollten sie, was in der praktischen Philosophie zu begründen wäre, in bestimmten Aspekten, etwa hinsichtlich ihrer grundlegenden Rechte, gleich behandelt werden.) Aber Menschen sind sich qualitativ ähnlich. Die geringen Unterschiede zwischen ihnen, insbesondere die vertikalen Differenzen, fallen weniger ins Gewicht als die vielen Gemeinsamkeiten. Diese Position kann als *societär-egalitaristischer Individualismus* bezeichnet werden.

2.5.3 Die ursprüngliche Sozialität des Menschen

Komplexität und Vielfalt von Primaten-Sozietäten

In der anderen Streitfrage spricht alles gegen die solitäre Anthropologie. Das kann man durch einen Blick in die Phylogenese zeigen. Im Gegensatz zu den anderen Säugetierordnungen zeichnen sich die Primaten, zu denen biologisch gesehen auch die Menschen gehören, nicht durch körperliche Spezialisierung aus (wie Raubtiere, Giraffen oder Elefanten), sondern durch die Komplexität ihres Sozialverhaltens. Fast alle Affen leben permanent in Gemeinschaften, die mehrere Generationen übergreifen und insofern individualisiert sind, als dass sie auf persönlicher Bekanntschaft beruhen. In diesen Sozialverbänden sind verschiedene Funktionen (Paarung, Aufzucht des Nachwuchses, Rangkämpfe, Jagd usw.) miteinander verschränkt. Deshalb wird jedem Tier ein hohes Maß an sozialer Intelligenz abverlangt.

Der typische Sozialverband der kleinen Affen (sowie der Primaten überhaupt) ist die weibliche Verwandtengruppe; die Männchen verlassen ihre Ursprungsfamilie, um sich allein durchzuschlagen oder in eine neue Gruppe einzutreten. Aber anscheinend sind die Sozialstrukturen der meisten Primaten-Arten weder genetisch noch ökologisch, also weder durch ihre innere noch durch die jeweilige äußere Natur (Umwelt) fixiert. So kommt es wahrscheinlich im Vorfeld der Menschwerdung über viele Millionen Jahre zu einer Vervielfältigung der Sozialformen, deren Ausläufer wir noch an den unterschiedlichen Lebensweisen der großen Affen ablesen können: Die Gibbons leben in monogamen Zweierbeziehungen; die männlichen Orang-Utans sind Einzelgänger mit einem auf den zweiten Blick komplexen Sozialverhalten; bei den Gorillas, bei denen die Männchen sehr viel größer und stärker sind als die Weibchen, entstehen Haremsgemeinschaften mit einem Männchen und seinen vielen Frauen; bei den Schimpansen gibt es den seltenen Fall einer Männergruppe, der sich Weibchen mit ihren Jungen anschließen; bei den Bonobos verlassen zwar ebenfalls die Weibchen ihre Ursprungsgruppe, aber es gibt wohl auch gemischtgeschlechtliche Bündnisse (247, S. 125 ff.; vgl. 242).

Soziale Insulation

Aus den evolutionären Vorläufern dieser Affenarten entwickeln sich auch unsere stammesgeschichtlichen Ahnen. Dies ereignet sich in einem Zeitraum mit schlechten ökologischen Rahmenbedingungen. In Ostafrika entsteht vor ungefähr 10 Millionen Jahren der große Grabenbruch mit einer weiträumigen baumlosen Savanne. Die bodengebundene Lebensweise ermöglicht eine Vergrößerung der Gruppe, wie man heute noch an den Savannen-Populationen der Paviane beobachten kann, die größer sind als entsprechende Gemeinschaften im Regenwald. Günstige Lebensbedingungen bieten verschiedene, voneinander getrennt liegende Zonen, etwa am Rande von Wäldern, Ufern und Flüssen. Wahrscheinlich isolieren sich viele Horden für lange Zeiträume, so dass ihre Entwicklung getrennt verläuft; der Soziologe Dieter Claessens spricht von einer „sozialen Insulation", die entscheidend zur Entstehung der Menschengattung beigetragen hat (316, S. 60 ff., 180 ff.). Wie schon oft in der Naturgeschichte werden isolierte Populationen zu Schrittmachern der Evolution. Denn in diesen Horden können spezialisierte und ungewöhnliche Individuen aufwachsen, die sonst ohne Überlebenschance wären. Die Vorteile der sozialen Gemeinschaft können aber nur genutzt werden, wenn es mehr Kooperation als Konflikte gibt. Das erfordert stabile Binnenverhältnisse. Menschheitsgeschichtlich haben sich drei Beziehungsmuster herausgebildet, die noch für heutige Gesellschaften konstitutiv sind (ohne dass wir uns dessen immer bewusst wären).

Fundamental ist zweifellos die *Beziehung zwischen Mutter und Kindern*. Im Gegensatz zu den anderen Säugetieren, die als Nesthocker oder Nestflüchter bezeichnet werden können, sind die Primaten Traglinge, d. h. die Babys verbringen die ersten Monate ihres Lebens überwiegend am Leib der Mutter. Dabei sind die Affen aktive Traglinge, weil sie sich im Fell der Mutter festklammern können; die Menschenkinder hingegen sind, obwohl es bei Babys Reste eines Klammerreflexes gibt, passive Traglinge, die wenig zu ihrer Situation beizutragen vermögen. Menschenkinder hängen, bildlich gesprochen, extrem lange am Rockzipfel der Mutter. In den komplexen Interaktionen, die ein Kind in den ersten Lebensjahren mit seiner Mutter (oder einer anderen primären Bezugsperson) hat, bilden sich, wie Psychoanalytiker und Entwicklungspsychologen vermuten, die Grundlagen für das spätere Sozialverhaltens eines Menschen.

Mutter-Kind-Beziehung

Schließlich entwickelt sich eine weitere elementare Sozialbeziehung, die bei den Schimpansen unbekannt ist: das permanente gemischtgeschlechtliche Paar. Der Vater wird in die Mutter-Kind-Gruppe integriert; Anthropologen sprechen von der *Familialisierung des Mannes* (142, S. 149). Dadurch wird der Kampf um die besten Fortpflanzungschancen, der in den anderen Primatensozietäten eine große Rolle spielt, geregelt und entschärft. Die Väter gewinnen eine relative Sicherheit über die Weitergabe ihrer Gene. Allerdings gibt es jetzt innerhalb der Horde zwei konkurrierende Sozialformen, die Familie und den Gesamtverband, später *oikos* und *polis*. Jedes männliche Mitglied einer Horde muss widerstrebenden Anforderungen genügen: innerhalb seiner Familie (gegenüber der Frau und gegenüber den Kindern) sowie innerhalb des Gesamtverbandes, der arbeitsteilig die Nahrungsbeschaffung und Außenbeziehungen organisiert.

Eingliederung des Vaters

Grundlegend für die menschliche Sozialität ist neben der Mutter-Kind-Beziehung und der Familialisierung des Mannes das *Inzestverbot*. Inzest ist heterosexueller Geschlechtsverkehr unter engen Verwandten. Es gibt drei Typen des Inzest: Der Geschlechtsverkehr zwischen Mutter und Sohn galt immer als die verwerflichste Form (man denke an Ödipus), aber er ist wohl auch die seltenste. Männer fühlen sich sexuell wenig zu Frauen hingezo-

Inzest und Exogamie

gen, die eine Generation älter sind, Frauen selten zu Männern, die einen niedrigeren sozialen Rang haben. Vielleicht gibt es auch biologisch verankerte Hemmungsmechanismen. Die beiden anderen Inzest-Typen, der Geschlechtsverkehr zwischen Vater und Tochter sowie zwischen Bruder und Schwester, ist hingegen wohl bei den Schimpansen relativ normal. Durch die Familialisierung des Mannes wird nun der Vater-Tochter-Inzest zwar nicht ausgeschlossen, aber mit starken negativen Sanktionen belegt. Es bleibt der Bruder-Schwester-Inzest. Er ist auch nach der Familialisierung des Mannes nicht verboten; die meisten der sozial erlaubten Inzestformen, die wir aus der Geschichte kennen (etwa bei den ägyptischen Pharaonen), beziehen sich auf diesen Typus. Aber auch diese Beziehung wird unterbunden, nämlich durch die mit dem Inzestverbot fast immer korrelierte Forderung der *Exogamie* (griech. Außenheirat). Die Kinder eines Geschlechts müssen sich ihre Ehepartner außerhalb ihrer Familie, ja der gesamten Horde suchen. Meistens trifft es die Mädchen. Durch den sich aus der Exogamie-Forderung ergebenden Frauentausch kommen deshalb gezwungenermaßen verschiedene Horden miteinander in Kontakt. Durch die Exogamie entstehen überhaupt erst stabile inter-gemeinschaftliche Beziehungen.

2.5.4 Die Entwicklung des sozial-kognitiven Horizonts

Kohlbergs Stadientheorie
Die sozialen Kompetenzen der Menschen sind kein statisches Phänomen. Zu ihrer Entwicklung in der ontogenetischen Dimension hat, im Anschluss an Piaget, Lawrence Kohlberg ein Modell vorgelegt, das sich weiterhin als Leitfaden für anthropologische Forschungen eignet. Den vielfältigen Einwänden müssen wir jedoch insofern Rechnung tragen, als wir Kohlbergs Stadientheorie allein auf die *Entwicklung unseres sozial-kognitiven Horizonts* beziehen. Es geht nicht um Fortschritte im moralischen Handelns, nicht einmal um die Ontogenese unserer normativ-praktischen Urteilskompetenz. Thema sind allein Standpunkt, Reichweite und Tiefe unseres sozialen Wissens. Die Entwicklung dieser sozial-kognitiven Kompetenz besteht jedoch nicht nur in einer Ausdehnung der Personenkreises. Wenn dies der Fall wäre, würden sich einfach immer mehr konzentrische Kreise um das Selbst legen. Die entscheidende Tatsache ist gerade die *Dezentrierung* des eigenen Standpunktes. Diese wird dadurch ermöglicht, dass man lernt, sich in die Standpunkte anderer Personen hineinzuversetzen und die Welt mit deren Augen zu betrachten. Das Verstehen der anderen ist für jeden Typ des sozialen Handelns wichtig, egal ob es strategisch oder normativ orientiert ist. Hingegen können die normativ-praktischen Werte von der ersten bis zur letzten Stufe die gleichen bleiben; selbst Rückschritte wären möglich.

Weibliche Moral?
Durch diesen engen Begriff der sozial-kognitiven Entwicklung erübrigen sich die Einwände, die Carol Gilligan vorgebracht hat und die Anlass für Diskussionen über eine spezifisch weibliche Moral waren. Denn ihre Behauptung war, dass sich Jungen eher am Prinzip der abstrakten Gerechtigkeit und Mädchen eher am Prinzip einer konkreten Fürsorge orientieren. Ganz abgesehen von der Frage, ob sich diese Behauptung empirisch bestä-

tigen lässt, handelt es sich hierbei um eine Unterscheidung auf der inhaltlichen Ebene. Selbst wenn es der Fall sein sollte, dass Mädchen gemäß dem Prinzip der konkreten Fürsorge handeln würden, also sich beispielsweise eher für ihre Familie als für abstrakte Institutionen engagierten, dann geschähe dies, so wird hier behauptet, vor einem sozial-kognitiven Horizont, der sich nicht von dem der Jungen in demselben Stadium unterscheidet.

Auf der ersten Stufe der sozial-kognitiven Entwicklung bleibt der Horizont im Selbst fokussiert. Deshalb kann man von einem *egozentrischen* Stadium sprechen. Andere Personen werden zwar in die eigenen praktischen Überlegungen einbezogen; auch Empathie ist seit der Mitte des zweiten Lebensjahres vorhanden (siehe oben 2.3.2). Aber die eigenen Absichten orientieren sich einfach an potentiellen Erfolgsaussichten einer Handlung sowie der Autorität der Bezugspersonen, etwa im Hinblick auf mögliche Strafen. Es ist noch nicht möglich, die eigene Handlung vom Standpunkt einer anderen Person zu beurteilen.

Die Grenzen dieses Stadiums verdeutlicht folgendes Experiment (271, S. 315–319; 263, S. 409 ff.). Zwei Kinder spielen zusammen. Das eine Kind steckt einen Gegenstand, etwa eine Schokolade, in eine Büchse und verlässt danach den Raum. Unter den Augen des anderen Kindes wird nun die Schokolade in einer Schublade verstaut. Dann wird das erste Kind zurückgeholt. Auf die Frage, wo dieses nun seine Schokolade suchen wird, antwortet das zweite Kind erstaunlicherweise: in der Schublade. Es kann sich nicht in den Standpunkt des ersten Kindes hineinversetzen und meint deshalb, die Welt müsse für beide gleich aussehen. Es kann nicht begreifen, dass es *verschiedene Bezugssysteme* gibt. Der entscheidende Entwicklungsschritt, zu dem die großen Affen (und autistische Kinder) nicht mehr in der Lage sind, ereignet sich im fünften Lebensjahr. Ein Kind hat nicht nur ein Bild der Welt, sondern weiß auch, dass es sein Bild der Welt ist, das sich von dem der anderen Personen unterscheidet. Durch diesen wichtigen Reflexionsschritt können sich Kinder nun auch in die Perspektive anderer Menschen hineinversetzen. Man kann die Welt nicht nur aus der eigenen Sicht, sondern auch aus der Sicht des Du betrachten. Deshalb sprechen wir von einer *Ich-Du-Perspektive*, die die Grundlage der zweiten Stufe bildet. Graduelle Fortschritte auf diesem Niveau beruhen darauf, dass man immer mehr Personen auf diese Weise in seinen sozialen Horizont einbezieht.

Insbesondere können wir etwas erfassen, was von außen nicht erkennbar ist: die Überzeugungen und Intentionen (Absichten) des Anderen. Schimpansen können zwar menschliches Verhalten „nachäffen", nämlich sichtbare Bewegungen wiederholen; sie begreifen jedoch nicht die damit verbundenen Intentionen. Wenn wir Geschirr spülen, können Schimpansen dies zwar nachahmen, den Zweck der Tätigkeit begreifen sie nicht; die Teller bleiben so schmutzig wie vorher (264, S. 94 ff.; vgl. 265). Wenn mir aber ein gespültes Glas aus der Hand fällt, begreifen schon kleine Kinder, dass dies ein Versehen war und die eigentliche Absicht, es in den Schrank zu stellen. Soziales Lernen beruht wesentlich auf dieser Fähigkeit des Menschen, die Intentionen anderer zu verstehen.

Wenn den verschiedenen Bezugssystemen unterschiedliche Werte zugrunde liegen, kommt es zu inneren Konflikten. Diese Krise kann nur ge-

Randnotizen:

Egozentrisches Stadium

Verstehen eines anderen Bezugssystems

Absichten zweiter Ordnung

löst werden, wenn eine höhere Ebene etabliert wird, die aus Normen mit einem höheren Allgemeinheitsgrad besteht. Dem entspricht in der Entwicklung des sozial-kognitiven Horizonts die Internalisierung moralischer Normen, die Herausbildung von Maximen. Die internalisierten Normen dienen uns als Meta-Absichten, als *Absichten zweiter Ordnung* (137; vgl. 281). In jedem Menschen gibt es konkurrierende Intentionen, darunter egoistische und altruistische (vgl. 3.2). Eine Absicht zweiter Ordnung ist nun die Absicht, bestimmte Absichten erster Ordnung zum Zuge kommen zu lassen.

Soziozentrisches Stadium

Mit der Internalisierung von Normen stellt das Ich sich gleichsam auf einen verallgemeinerten Standpunkt, von dem aus es eine soziale Welt sieht, in der das Selbst und der Andere Mitglieder sind. Da dieser Beobachterstandpunkt an die bestehenden sozialen Gruppen gebunden bleibt, deren Normen man internalisiert hat, handelt es sich um ein *soziozentrisches* Bezugssystem, in dem man sich an den faktischen sozialen *Konventionen* orientiert. Dieses Entwicklungsniveau entspricht der konkret-operationalen Phase der kognitiven Entwicklung. Da menschliches Zusammenleben immer die Existenz von sozialen Gemeinschaften mit Regeln voraussetzt, gibt es für die früheren ontogenetischen Stadien keine phylogenetischen Äquivalente.

Gemeinschaft

Auf diesem Niveau lassen sich zwei Stufen unterscheiden, die insgesamt dritte und vierte. Im dritten Stadium orientieren sich die Meta-Absichten an den Normen der *Gemeinschaft*, der man auf Grund seiner Sozialisation angehört. Das ist zunächst die Familie und der erweiterte Verwandtschaftskreis. Auch steinzeitliche Horden, antike Klientelsysteme und moderne Jugendbanden sind Gemeinschaften. Deren wichtigstes Merkmal ist, das man (zumindest potentiell) jedes Mitglied persönlich kennt. In der Regel hat man in einer Gemeinschaft eine bestimmte Rolle, der man gerecht werden möchte: Man will ein lieber Junge, ein beliebter Schüler, ein guter Kamerad, ein anerkannter Kollege usw. sein. Im Konfliktfall handelt man nach den Konventionen der wichtigsten Bezugsgruppe.

Gesellschaft

Auf der vierten Stufe orientiert man sich an den Normen der *Gesellschaft*. Bereits die neolithischen Dörfer, erst recht die Städte der frühen Hochkulturen sind keine Gemeinschaften mehr. Der Verwandtschaftskreis wird durch einen Zugehörigkeitskreis ersetzt, in dem nicht mehr jeder jeden kennt. Dies kann die Ethnie sein, der man sich zugehörig fühlt, aber auch eine multi-ethnische Gesellschaft oder ein Imperium. In den letzten beiden Jahrhunderten bilden üblicherweise Nationalstaaten den politischen Rahmen einer Gesellschaft. In der Regel verfügen politische Gebilde dieser Art über ein Rechtssystem. An die Stelle der Loyalität gegenüber der eigenen Gemeinschaft tritt die Legalität, das pflichtgemäße Handeln; im Konfliktfall handelt man so, wie es die Gesetze verlangen.

$4^1/_2$

Sehr interessant sind die Überlegungen, die Kohlberg über eine nun folgende *Zwischenstufe* angestellt hat. In einer bestimmten Lebensphase wird man sich der Tatsache bewusst, dass die eigene Lebenswelt nur eine von vielen ist. Die Normen der eigenen Gesellschaft sind historisch entstanden, zum Teil durch Zufall, zum Teil durch Gewalt. Daraus ziehen viele Menschen den Schluss, dass es überhaupt keine Normen gebe, die sich rechtfertigen ließen. Die bisherige Orientierung wird zerstört, ohne, wie bisher, durch eine übergreifende neue ersetzt zu werden. Auf Kohlbergs Stufe $4^{1}/_{2}$ sympathisiert man mit dem moralischen Relativismus, oft sogar einem egozentrischen Anarchismus.

Diese Phase kann überwunden werden, wenn man über die kognitiven Kompetenzen des formal-operationalen Stadiums verfügt. Erst dann ist die klare Unterscheidung von Faktizität und Geltung, von sozialer Anerkennung und idealer Anerkennungswürdigkeit möglich. Kohlberg spricht deshalb vom *post-konventionellen* Stadium. Der Beobachterstandpunkt wird zum *unparteiischen Standpunkt*, zu einem universalistischen *moral point of view*. Das sind nur andere Ausdrücke für die exzentrische Position des Ich. Da dieses nicht mehr an eine bestimmte Lebenswelt gebunden ist, kann es nun alle Menschen in den Blick nehmen, eventuell sogar künftige (und vergangene) Generationen einbeziehen. Jede faktische (oder hypothetische) Norm wird an universalen Prinzipien auf ihre Legitimität überprüft. Auf diesem Niveau fällt die Unterscheidung zwischen zwei Stufen, wie sie Kohlberg dennoch vornimmt, schwer. Vielleicht spricht einiges für die folgende Annahme: Auf der fünften Stufe operiert man noch mit substantiellen Prinzipien. Diese sind jedoch immer an eine Wertegemeinschaft, etwa die europäisch-abendländische Zivilisation, gebunden. Deshalb liegt es nahe, auf der sechsten Stufe den moralischen Standpunkt aller konkreten Inhalte zu entleeren und allein mit formalen Kriterien wie der Verallgemeinerbarkeit von Normen zu operieren.

Post-konventionelles Stadium

Verschiedentlich ist darüber nachgedacht worden, ob es noch eine siebente Stufe geben könnte. Wenn nämlich die bisherige Entwicklung den Kreis der Personen immer weiter gezogen hat, nach dem Ethnozentrismus auch der Rassismus überwunden wurde und auf dem postkonventionellen Niveau schon alle Menschen moralisch berücksichtigt werden, müsste man nicht im nächsten Stadium den *Speziesismus*, die Orientierung am Menschen, hinter sich lassen? Auf einer solchen post-anthropozentrischen oder trans-humanen Stufe wären als erstes die großen Affen mit Personenrechten auszustatten. Allerdings handelt es sich hierbei um normative Überlegungen, die an dieser Stelle keine Rolle spielen. Kohlbergs eigene empirische Untersuchungen weisen darauf hin, dass sich faktisch die Mehrheit der Menschen bestenfalls im soziozentrischen Stadium befindet; ihr sozial-kognitiver Horizont ist weiterhin auf die eigene Gemeinschaft oder Gesellschaft begrenzt. Die höheren Stufen haben bisher (leider) nur Minderheiten erklommen.

Trans-humanes Stadium?

2.5.5 Zusammenfassung, Literaturhinweise, Fragen und Übungen

Zusammenfassung

1. Man kann vier sozial-anthropologische Positionen unterscheiden: Menschen sind nach Auffassung des Aristotelismus sozietär und ungleich, für den Nietzscheanismus solitär und ungleich, für den Hobbesianismus solitär und gleich sowie für den Stoizismus (der auch den neuzeitlichen Naturrechtslehren zugrunde liegt) sozietär und gleich.
2. Der Kreis der Menschen, die als Gleiche galten, hat sich menschheitsgeschichtlich immer weiter ausgedehnt. Ein normativer Egalitarismus darf allerdings nicht die Unterschiede zwischen den Individuen einebnen. Letztlich sind Menschen

nie gleich, sondern nur einander ähnlich. Dabei gibt es vertikale und horizontale Differenzen.

3. Die Streitfrage, ob Menschen sozietär oder solitär seien, ist eindeutig zu Gunsten der ersten Position zu entscheiden. Das zeigt ein Blick in die menschliche Phylogenese und eine Analyse grundlegender sozialer Beziehungsmuster. Als solche sind die Mutter-Kind-Beziehung und die Eingliederung des Mannes in die Kernfamilie sowie das Inzestverbot und das Exogamiegebot anzusehen.

4. Wie die kognitiven Kompetenzen entwickelt sich auch die soziale Kognition des Menschen ontogenetisch über mehrere Stufen. In Anlehnung an Kohlberg kann man dabei sechs oder sieben Stadien unterscheiden. Dabei kommt es zu einer voranschreitenden Dezentrierung des eigenen Standpunkts.

Literaturhinweise

Eine Darstellung der wichtigsten philosophiehistorischen Positionen zur politischen Anthropologie findet sich in (10). Als Einführung in die neuere Sozialanthropologie kann man (11) lesen. Die Debatte zwischen Liberalismus und Kommunitarismus berührte ebenfalls diese Fragen (154). Zum Einstieg in das Thema „Gleichheit" eignet sich ein älterer Text von Dahrendorf (317). Grundlegend zum Thema „Inzest" ist das brillante Buch von Bischof (270), als Überblick über die unterschiedlichen Erklärungsansätze vgl. auch (312, S. 284–304). Kohlbergs Aufsätze sind gesammelt in (277); auf diesen Ansatz stützen sich sowohl Habermas (144, S. 127–206) als auch Rawls (116, Kap. 70–72). Zu den Diskussionen über eine weibliche Moral siehe (139) u. (172). Eine eigenständige Synthese, der ich an dieser Stelle nicht gerecht werden kann, ist das Buch von Todorov, „Abenteuer des Zusammenlebens" (203).

Fragen und Übungen

- Diskutieren Sie die Frage, welche Rolle den sozialen Beziehungen eines Menschen für sein Selbstverständnis zukommt.
- Ordnen Sie die sozial-anthropologischen Auffassungen von Philosophen, die Sie kennen, den vier typologisch entwickelten Positionen zu.
- Lesen Sie die ersten drei Abschnitte des ersten Buches der „Politik" von Aristoteles. Inwiefern können wir den anthropologischen Grundannahmen von Aristoteles heute noch zustimmen, inwiefern nicht?
- Verständigen Sie sich über den Begriff der Gleichheit. In welcher Hinsicht können Menschen gleich bzw. ungleich sein? Welche Dimensionen sind für die philosophische Anthropologie relevant, welche nicht?
- Informieren Sie sich über das Sozialverhalten der großen Affen. Lesen Sie dazu nicht nur die bekannte Literatur, sondern besuchen Sie auch einen Zoo in Ihrer Nähe. Markieren Sie die wichtigsten Differenzen zu uns Menschen.
- Führen Sie ein Gedankenexperiment durch: Welche Form hätte das menschliche Zusammenleben, wenn es die in 2.5.3 genannten elementaren Beziehungsmuster nicht geben würde?
- Zeichnen Sie ein Diagramm, um die verschiedenen Stadien der sozial-kognitiven Entwicklung des Menschen zu verdeutlichen.

2.6 Das *animal symbolicum* und die Kategorie „Sprechen"

„Der Begriff der Vernunft ist höchst ungeeignet, die Formen der Kultur in ihrer Fülle und Mannigfaltigkeit zu erfassen. Alle diese Formen sind symbolische Formen. Deshalb sollten wir den Menschen nicht als *animal rationale*, sondern als *animal symbolicum* definieren." Ernst Cassirer (86, S. 51)

2.6.1 Leistungen der menschlichen Sprache

Es gibt einige charakteristische Merkmale der menschlichen Sprache, die für eine philosophische Anthropologie wichtig sind. Erstens ist unsere Sprache *vielseitig verwendbar*. Von Humboldt über Bühler bis Habermas sind die verschiedenen Funktionen der Sprache analysiert worden (vgl. 205, S. 15 f.). Die Modi, in denen komplexe Sätze stehen können, ergeben sich aus den Weltbezügen des Ich (2.1.3), wie sich an einem einfachen Beispiel, etwa dem Satz „Es ist kalt", zeigen lässt. Im objektiven Weltbezug hat unser Sprechen eine präsentative Funktion (Sachebene). „Es ist kalt" ist dann eine Tatsachenfeststellung. Die philosophische Tradition bis zum frühen Wittgenstein hat diese Darstellungsleistung der Sprache hervorgehoben, ihre Orientierung auf wahre Aussagen. Hingegen haben Soziologen und Kommunikationstheoretiker eher die soziale Funktion (Beziehungsebene) betont, die das Sprechen im intersubjektiven Weltbezug hat. Der Satz „Es ist kalt" ist in einem bestimmten sozialen Kontext, etwa wenn er gegenüber einem Bediensteten ausgesprochen wird, die Aufforderung, ja der Befehl, ein Feuer im Kamin zu entfachen. Im subjektiven Weltbezug hat Sprechen eine expressive Funktion (Ausdrucksebene); ohne diese wäre ein großer Teil der Lyrik nicht möglich. Mit „es ist kalt" kann ich einfach mein momentanes Unwohlsein ausdrücken. Die Sprache ist also nicht nur eine menschliche Grundfähigkeit. Durch sie betreten wir gleichsam eine neue Dimension der Wirklichkeit, die Welt der Zeichen, die zwischen uns und den anderen Welten vermittelt. Diese Zwischenregion ist allerdings nicht, wie Berkeley meinte, ein Vorhang, den man einfach beiseite ziehen sollte (nach 152, S. 260). Vielmehr ist die Sprache das Medium, in dem sich die verschiedenen Welten erst konstituieren.

Vielseitige Verwendbarkeit

Zweitens ist Sprache, wie sich auf zwei Ebenen zeigt, ein *selbstbezügliches* Phänomen. Auf der *semantische* Ebene ist die Sprache reflexiv. Um beim obigen Beispiel zu bleiben: Es gibt Sprechsituationen, in denen „Es ist kalt" ein Beispiel ist für die verschiedenen Modi, in denen Aussagen stehen können. Sprechen kann sich auf sich selbst beziehen (metasprachliche Funktion). Das kann sogar in ein und demselben Satz geschehen. Ein Beispiel wäre: „Dieser Satz besteht aus sechs Wörtern". Man unterscheidet deshalb zwischen der Objektsprache, die einen Weltbezug aufweist, und der Metasprache, die sich auf die Objektsprache bezieht, also ein *Sprechen zweiter Ordnung* ermöglicht. Eine andere Art von Selbstbezüglichkeit zeichnet unser hörbares Sprechen aus. Die Laute, die wir von uns geben, werden nicht nur von anderen, sondern auch von uns selbst gehört. Ein Ruf ist uns *auf doppelte Weise gegeben* (95, S. 154, 230 ff.): Ich spüre den motorischen Vollzug des Sprechens und ich höre den von mir selbst produzierten Laut. Dabei kann ich mit dem Akt des Hörens zugleich das Verhalten des anderen antizipieren, denen dieser hört den Laut ja genauso. Eine entsprechende Möglichkeit, das eigene Kommunikationsverhalten zu kontrollieren und das des anderen zu antizipieren, ist bei mimischen und gestischen Gebärden nicht gegeben. Ich kann nicht mich selbst, bestenfalls mein Spiegelbild, lächeln sehen.

Selbstbezüglichkeit

Drittens besteht die Sprache, sehr vereinfacht gesagt, aus zwei endlichen Mengen (vgl. 290, S. 62 ff.). Die erste Menge, die atomaren Elemente unse-

Wortschatz und Verknüpfungsregeln

rer Sprache, sind die Phoneme, die mit unserem Atemstrom erzeugten Laute. Auf der Ebene der Schriftsprache entsprechen ihnen die Buchstaben (Grapheme). Alle Sprachen besitzen zwischen zwanzig und vierzig Phoneme, die in einer Reihe von Kontrastbeziehungen zueinander stehen: Vokale und Konsonanten, Mund- und Nasenkonsonanten usw. Die Phoneme werden nicht variiert (etwa durch verschiedene Lautstärke), sondern kombiniert zu Morphemen (Silben) und dann zu Lexemen (Wörtern). Die menschliche Sprache arbeitet nicht analog, sondern digital. Sprachphilosophisch lassen sich zwei Arten von Wörtern unterscheiden: Singuläre und generelle Terme. Singuläre Terme sind zunächst situations- und sprecherabhängige Ausdrücke wie „dieser", „hier", „jetzt" usw. (indexikalische oder deiktische Terme). Auch viele andere Worte sind oft nur in sich überlappenden Lebenswelten verständlich, zum Beispiel Spitznamen. Singuläre Terme ermöglichen es, nicht bloß auf Ereignisse und Gegenstände zu reagieren, sondern auf sie zu referieren, also auf sie Bezug zu nehmen. Zudem können wir sie so objektivieren, dass sie unsere Lebenswelt transzendieren: „dieser" wird zu „Sokrates", „heute" zum „9. November 1989" usw. Daneben gibt es generelle Terme („hässlich", „schön", „Mann", „Tag" usw.). Alle Wörter zusammen bilden den Wortschatz eines kompetenten Sprechers. Die zweite Menge sind die Verknüpfungsregeln (Syntax, Grammatik). Diese werden benötigt zur korrekten Flexion von Wörtern, vor allem aber für deren Verbindung zu einem Satz. Eine der geläufigsten Verknüpfungen geschieht durch den Ausdruck „ist", auch als Kopula (lat. das Band) bezeichnet: „Sokrates ist hässlich"; „heute ist der 9. November 1989" usw. Durch Verknüpfungen können immer komplexere Sätze gebildet werden. Die Zahl der Regeln ist ebenso wie die der Laute begrenzt. Aber durch ihre Doppelstruktur (Elemente und Regeln) bietet die menschliche Sprache die Möglichkeit, aus *endlichen* Mitteln eine *unendliche* Menge an sinnvollen Einheiten zu erzeugen.

2.6.2 Denken und Sprechen

In welchem Verhältnis stehen Vernunft und Sprache, Denken und Sprechen? Lassen sich kognitive und sprachliche Kompetenzen überhaupt trennen? Wäre es nicht besser, zum aristotelischen Begriff des *zoon logon echon* zurückzukehren? Die Auffassung, dass Denken und Sprechen im Grunde identisch seien, wird gerade in der Philosophie des 20. Jahrhunderts von vielen vertreten. Dabei greift man zum einen auf die seit Platon und Augustinus gängige Auffassung zurück, dass Denken ein inneres Sprechen sei, ein Reden mit sich selbst. Zum anderen wird vorausgesetzt, dass Sprechen entäußertes Denken sei; letztlich könne man alles, was man denkt, auch sprachlich ausdrücken.

Argumente gegen die Identitätsthese   Dagegen ist aus anthropologischer Sicht zu sagen, dass der alt-griechische *Logos* zu Recht in *ratio* und *oratio* zerteilt wurde. Erstens gibt es Denken ohne Sprechen. Kinder, die von Geburt an gehörlos sind, können Gegenstände nach übergeordneten Kriterien klassifizieren; sie verfügen also über Allgemeinbegriffe. In der Verwendung des Konzepts „gleich" zeigen sich keine Unterschiede zu Kindern mit Hörvermögen; in anderen Bereichen kommt es allerdings zu Entwicklungsverzögerungen (275). Aber selbst gehörlose Erwachsene, denen keine Gebärdensprache beigebracht worden ist, können logisch-mathematische Operationen vornehmen, mit Geld umgehen, Karten spielen usw. (291, S. 79). Zweitens gibt es Sprechen ohne Denken. Menschen, deren intellektuelle Fähigkeiten durch Unfälle, Krankheiten, Alterserscheinungen o. ä. erheblich beeinträchtigt wurden, haben deshalb nicht ihr Sprachvermögen verloren. Ein besonders interessanter Fall ist folgender: Es gibt Menschen, deren Gehirn seit ihrer Geburt auf bisher unbekannte Weise schwer beschädigt ist; sie verfügen deshalb über eine sehr geringe Intelligenz, schwatzen aber dennoch gern und ausdauernd („chatterbox syndrome"). Erstaunlicherweise sprechen diese Menschen sogar mit perfekter Grammatik und ungewöhnlichem Wortschatz (291, S. 59–63). Drittens gehen ontogenetisch die kognitiven Operationen den entsprechenden sprachlichen Tätigkeiten voraus. So kann ein Kind kleine Stäbe nach ihrer Länge ordnen, bevor es verbalsprachlich über Ausdrücke wie „größer" und „kleiner" verfügt (283, S. 224). Bei neueren Experimenten spielt man Kindern im ersten Lebensmonat eine Szene mit zwei ähnlichen Dingen, etwa Puppen, vor; bald wendet es sich gelangweilt ab. Wenn aber ein drittes Element auftaucht, steigt die Aufmerksamkeit wieder – das Kind kann also bereits Mengen erfassen (263, S. 418 u. 394). Viertens verliefen auch in der Phylogenese die Vergrößerung des menschlichen Gehirns und die Entwicklung der Sprache nicht parallel. Bereits beim *Homo erectus*, also vor ungefähr 500.000 Jahren, überstieg das Hirnvolumen die Größenordnung von 1000 cm³; die Neandertaler hatten ein größeres Gehirn als wir. Aber wahrscheinlich entwickelte sich erst beim *Homo sapiens* eine Sprachkompetenz von heutigem Niveau. Fünftens wird die Unabhängigkeitsthese durch die Erkenntnisse der Hirnforschung bestätigt. Für unsere sprachliche Kompetenzen sind spezifische Regionen im Gehirn verantwortlich. Diese befinden sich in der linken Hemisphäre des Neokortex: Beim Hören ist vor allem das Wernicke'sche Areal im Schläfenlappen aktiv, beim grammatisch richtigen Sprechen das Broca'sche Areal an der Stirnseite; wieder andere Zentren sind beim Lesen besonders gefordert (252, S. 72–77 u. 224). Hingegen scheinen spontane Rufe (Schmerzensschreie, Warnsignale u.ä.) anders gesteuert zu werden (291, S. 387).

Die Psychologie unterscheidet schon längst verschiedene Formen von Wissen (mit den dazugehörigen Gedächtnis- und Intelligenztypen), nämlich das in sprachlicher Form vorliegende semantische Wissen sowie die verschiedenen Typen nicht-sprachlichen Wissens (episodisches Wissen, prozedurales Wissen usw.) (257; vgl. 268, S. 571 ff. u. 234 ff.). Allerdings ist es unbestritten, dass sich kognitive und sprachliche Kompetenzen gegenseitig fördern; so ist klar, dass wir ein Ereignis besser erinnern können, wenn wir es doppelt speichern, nämlich als Bild und zusätzlich begrifflich. Dennoch ist es gerechtfertigt, zwischen dem *animal rationale* und dem *animal symbolicum* zu unterscheiden.

2.6.3 Sprache und Sprachen

Sprachenvielfalt

Wenn wir aber den Menschen als *animal symbolicum* ansehen, so ergibt sich eine missliche Konsequenz: Zwar mögen alle Menschen über Sprache verfügen, jedoch nicht alle über dieselbe. Die Paradebeispiele des Denkens, etwa der Kernbestand der formalen Logik, gelten zweifellos universal, nicht aber die Regeln einer Sprache. Wird damit nicht der Universalitätsanspruch der Anthropologie untergraben? Linguisten sind der Auffassung, dass es zur Zeit auf der Erde ungefähr 5000 lebendige Sprachen gibt. Hinzu kommt ein Vielfaches an Dialekten. Letztes Endes spricht jeder Mensch auf eine nur ihm eigene Weise, mit seinem Idiolekt, der sich zudem lebensgeschichtlich ändert. Mit vielen Wörtern verbinden sich private Konnotationen, der persönliche Formulierungsstil wird sogar je nach Situation und Publikum variiert. Dennoch gibt es keine „Privatsprachen". Denn jedes Individuum wächst als Kind in eine Lebenswelt hinein, die ihm durch eine gemeinsame Sprache vermittelt wird. Innerhalb einer Sprachgemeinschaft ist offensichtlich das Maß an Übereinstimmungen, wie jede gelungene Verständigung belegt, groß genug. Schwierigkeiten gibt es erst zwischen den Sprachgemeinschaften, wie der mühsame Erwerb von Fremdsprachen, Probleme beim Übersetzen und die Existenz allgemeiner Verständigungsbarrieren zwischen den Kulturen zeigen. Haben die Partikularisten also doch Recht?

Whorfs Thesen

Dieser partikularistische Einwand ist deswegen so besonders ernst zu nehmen, weil die Sprache eben nicht nur ein neutrales Kommunikationsmedium ist, sondern sich mit ihr, wie seit Humboldt immer wieder behauptet wird, eine spezifische Weltansicht verbindet. Sind die Welten, in denen wir leben, von unserer Muttersprache abhängig? Die ethnologische Sprachforschung hat dieser These im 20. Jahrhundert einen enormen Auftrieb gegeben. Zwei Beispiele, die sich auf die beiden Komponenten der menschlichen Sprache beziehen, den Wortschatz und die Grammatik, sind in den letzten Jahrzehnten fast zum allgemeinen Bildungsgut geworden: (a) Die Eskimo (Inuit) besitzen sehr viel mehr Wörter für Schnee als wir. (b) Weil die Sprache der Hopi-Indianer ganz anders strukturiert ist als unsere, besitzen diese ein für uns völlig fremdes Zeitverständnis. Beide Beispiele lassen sich auf Benjamin Lee Whorf zurückführen (294, Kap. 1). In beiden Fällen handelt es sich jedoch um wissenschaftliche Legenden (vgl. 291; 293; 296, S. 119–163).

Gegenargumente

Zum ersten Punkt: Zunächst einmal haben die Inuit eine Sprache, in der Wörter eine andere Einheit darstellen als bei uns. Einem Wortstamm werden so viele Elemente einverleibt (inkorporiert), dass er mehr oder weniger unserem Satz entspricht; die Zahl der Sätze, die wir im Deutschen mit „Schnee" bilden können, ist aber auch ziemlich hoch. Unter den Wortstämmen der Inuit-Sprache gibt es bloß zwei, die sich auf Schnee beziehen, einer für Schnee in der Luft und einer für Schnee am Boden. Insofern kann das Deutsche durchaus mithalten, denn kompetente Sprecher verfügen über Wörter wie „Flocken", „Firn", „Harsch", „Pulverschnee", „Schneematsch" u.a. Darüber hinaus ist dadurch, dass eine Sprache mehr lexikalische Ausdrücke für einen Gegenstandsbereich besitzt, nicht bewiesen, dass sich damit eine radikal andere Weltsicht verbindet. Jede Lebenswelt ist anders und jeder Mensch ist Experte auf seinem Gebiet; der eine hat mehr Begriffe für Pflanzen, der zweite für verschiedene handwerkliche Tätigkeiten, der dritte für Automarken.

Das zweite Beispiel hätte tiefgreifendere Konsequenzen, weil die grammatischen Strukturen sicherlich für unsere Weltsicht wichtiger sind. Aber auch diese Behauptung gilt inzwischen als widerlegt, wie zwei Überlegungen zeigen, die von der Geltung der Whorfschen These ausgehen. Zum einen müsste ein Mensch, der zwei Sprachen unterschiedlicher Herkunft sehr gut beherrscht, schizophren werden – solche Fälle sind aber nicht bekannt. Zum anderen fragt sich, wie es Whorf überhaupt gelingen konnte, aus seiner sprachlich determinierten Weltsicht auszusteigen, diejenige der Hopi überhaupt zu erkennen und dann noch allgemeinverständlich in englischer Sprache darzustellen. Es ist davon auszugehen, dass seine Schilderung selbst einem Hopi gefallen würde. Wahrscheinlich lassen sich nicht alle Sprachen komplett und exakt ineinander übersetzen. Aber die Unmöglichkeit einer Übersetzung ist zu unterscheiden von der Unmöglichkeit des Verstehens. Was man nicht übersetzen kann, lässt sich dennoch meistens benennen, auf andere Weise (etwa durch ausführliche Umschreibungen) formulieren und in seiner Verschiedenheit erläutern.

Das alles spricht dafür, dass sich die Sprachen nicht so grundsätzlich unterscheiden, wie es durch die Whorf-Thesen nahegelegt wird. Chomsky und seine Schule gehen sogar davon aus, dass die Grammatiken der menschlichen Sprachen in ihrer Tiefenstruktur identisch sind. Nach dem bisherigen Forschungsstand muss man zumindest eine universale Basisstruktur aller menschlichen Sprachen annehmen (290, S. 280 u. 286 ff.). Zudem geht die Suche nach einer gemeinsamen Ursprache aller Menschen weiter; einige Forscher meinen, ein Element dieser Ursprache gefunden zu haben, nämlich die Wurzel *tik*, auf die sich die indoeuropäischen Wörter für „zeigen" und „Finger" zurückführen lassen sollen (245, S. 159). Dennoch müssen nicht alle Sprachen für alle Zwecke gleich gut geeignet sein; innerhalb einer Sprache sind der Wortschatz und die Ausdrucksfähigkeit der verschiedenen Sprecher sehr unterschiedlich. Für ein elementares Englisch reichen 850 Vokabeln, Shakespeare hingegen verfügte über 30 000 Wörter, James Joyce über noch mehr. Das gilt aber nicht für die Form der Sprache, für ihre Tiefenstruktur. Schon 1921 schrieb Edward Sapir: „Plato hat sich derselben Sprachformen bedient wie die Schweinehirten Mazedoniens und Konfuzius derselben wie die wilden Kopfjäger von Assam." (292, S. 194) Diese These ist durch die neuere Sprachwissenschaft bestätigt worden: Aus linguistischer Sicht kann man nicht einmal zwischen Sprache und Dialekt unterscheiden; die Bildungs- und Fachsprachen sind den Volkssprachen an Komplexität, Leistungsfähigkeit oder Schönheit nicht prinzipiell überlegen.

Komplexe Basisstruktur aller Sprachen

2.6.4 Tierische und menschliche Kommunikation

Wie unterscheidet sich die menschliche Sprache von tierischen Kommunikationssystemen? Alle Tiere, vor allem die sozietären, müssen sich verständigen. Berühmt sind die „Tänze", mit denen Bienen Richtung und Entfernung von Nahrung mitteilen; noch relativ wenig weiß man über die „Lie-

Sprechende Tiere?

der" der Wale, die über Tausende von Kilometern vernommen werden können (221). Vor allem die Kommunikation der großen Affen ist inzwischen intensiv erforscht, und zwar sowohl in freier Wildbahn als auch in menschlichen Haushalten. Die Ergebnisse sind umstritten. Die einen sehen kaum Unterschiede zur menschlichen Kommunikation. Die anderen warnen vor einem Effekt, der nach dem Klugen Hans benannt ist; so hieß vor hundert Jahren das Pferd eines deutschen Kavallerieoffiziers, das angeblich rechnen konnte. Mathematische Fähigkeiten besaß dieses Tier jedoch nicht, stattdessen aber ein hervorragendes Einfühlungsvermögen, nämlich feine Sensorien für unbewusste Ausdrucksbewegungen seines Besitzers, die ihm signalisierten, wann es aufzuhören hatte, mit den Hufen zu klopfen. Auf jeden Fall stellt sich bei der Erforschung der Affensprache das Problem des Fremdpsychischen: Woher sollen wir wissen, was die Tiere mit ihren kommunikativen Akten verbinden? Allerdings kann man diese Frage auch bei jedem Gespräch mit einem anderen Menschen stellen. Nachdem der weltanschaulich aufgeladene Streit viele Jahre hin und her wogte, lässt sich hinsichtlich der sprachlichen Fähigkeiten der großen Affen Folgendes festhalten.

Sprachvermögen der großen Affen
Die Feldforschung in Schimpansenpopulationen (seit Jane Goodall) hat ergeben, dass diese Tiere einander an ihrer Stimme erkennen können. Sie besitzen eine differenzierte Gesichts- und Körpersprache (Mimik und Gestik). Sie kennen viele symbolische Verhaltensweisen, die nicht nur den unsrigen sehr ähnlich sind, sondern auch in vergleichbaren Situationen angewendet werden; dazu gehören Rituale der Begrüßung, Demuts- und Imponiergebärden. Darüber hinaus gibt es ein Repertoire an Rufen, die mit spezifischen Bedeutungen verbunden zu sein scheinen (238, S. 349–353). Wie der Kluge Hans besitzen Affen ein subtiles Gespür für die Ausdrucksbewegungen des anderen. Die Kooperation bei der gemeinsamen Jagd funktioniert offensichtlich reibungslos. Allerdings besitzen sie keine Wortsprache.

Eine solche wollte man großen Affen beibringen, die von menschlichen Pflegeeltern betreut wurden. Aber der Unterricht blieb weitgehend erfolglos. Den Affen, und wahrscheinlich auch den Neandertalern, fehlen einfach bestimmte anatomische Voraussetzungen für eine Lautsprache. Sie besitzen zwar große Eck- und Schneidezähne, mit denen Beute festgehalten und zerrissen werden kann. Aber dafür besitzen wir ein gleichmäßiges Gebiss mit ovalen, lückenlosen Zahnbögen, in die unsere Zunge so eingepasst ist, dass sie die Luftbewegungen gut kontrollieren kann. Hinzu kommt die Umgestaltung des Rachenraums: Der Kehlkopf sitzt beim Menschen so tief, dass die Zunge nicht mehr (wie bei den meisten Primaten) flach im Mund liegt, sondern weit in den Rachen hineinreicht. Dadurch besteht die Gefahr, dass Speisereste in den Kehlkopf hineinfallen und man sich verschluckt – aber es gibt auch erheblich mehr Möglichkeiten, den Atemstrom zu modulieren, mit dem wir bedeutungstragende Laute formen.

Deshalb war es naheliegend, auf normalen Sprachunterricht zu verzichten und Affen die Gebärdensprache der Gehörlosen oder ein maschinengestütztes Zeichensystem beizubringen. Große Erfolge erzielten auf diese Weise die Schimpansin Washoe sowie das Bonobo-Männchen Kanzi.

Diese Tiere besitzen einen Wortschatz mit Hunderten von Ausdrücken, mit Zeichen für konkrete Dinge und Tätigkeiten, aber auch mit Vokabeln wie „mein" und „dein", „nein" und „kann nicht", „komisch" und „dumm". Sie können begriffliche Klassifikationen vornehmen sowie zusammengesetzte Ausdrücke und neue Sätze bilden. Bemerkenswert sind aber die Defizite im Bereich der Grammatik. Zwar beherrschen die gelehrigen Affen einfache grammatische Regeln und logische Konjunktoren wie „wenn-dann". Eine rekursive Grammatik können sie jedoch nicht erwerben. Unter *Rekursion* versteht Chomsky die in der menschlichen Sprache gegebene Möglichkeit, einen nach einer bestimmten Regel aufgebauten Satz durch erneute Anwendung derselben Regel zu erweitern. Eine solche Grundregel der menschlichen Sprache (in sehr vereinfachter Form) ist die Subjekt-Prädikat-Struktur, zum Beispiel „Peter ist stark". Wir können nun diesen Satz zum Prädikat eines neuen Satzes machen, also die Regel auf sich selbst anwenden: „Paul sieht, dass Peter stark ist." Und weiter: „Oskar weiß, dass Paul sieht, dass Peter stark ist." Am gewählten Beispiel sollte verdeutlicht werden, dass eine rekursive Grammatik für komplexe intersubjektive Beziehungen vorteilhaft ist. Insgesamt erreichen große Affen ungefähr den Entwicklungsstand eines dreijährigen Kindes (240, S. 221–226; 237, S. 281–305).

Noch eine weitere Einschränkung ist zu machen: Washoe hat die erworbenen Kenntnisse in der Taubstummensprache ihrem Adoptivkind, das keinen Kontakt mit Menschen hatte, weitergegeben; allerdings kam es dabei zu einer Abnahme der Zahl der Symbole. Dieser Sprachverfall steht im krassen Gegensatz zu einem interessanten Phänomen bei uns Menschen: Wenn Angehörige unterschiedlicher Sprachgemeinschaften über längere Zeit zusammenkommen, entstehen einfache Behelfssprachen, die als Pidgin bezeichnet werden und dessen rudimentäre Grammatik beispielsweise nur zwei Wortarten kennt, Substantive und Verben, aber keine Präpositionen und Adverbien. Pidgin sprachen etwa jene unglückseligen Sklaven, die aus allen Teilen Afrikas stammten und auf den Plantagen Amerikas zu schuften hatten. Erstaunlicherweise kommt es aber nun bei deren Kindern nicht zu einem weiteren Sprachverfall; vielmehr entwickelt sich bereits in der nächsten Generation eine auf dem Pidgin aufbauende Sprache, die von demselben grammatischen Niveau ist wie alle anderen Sprachen der Menschheit. In vielen Ländern der Karibik sind diese so genannten Kreol-Sprachen immer noch die wichtigste Umgangssprache. Der Grund für den Niveau-Unterschied zwischen Pidgin und Kreol liegt darin, dass es in unserer ontogenetischen Entwicklung eine sensible Phase gibt, in der eine Sprache relativ problemlos gelernt werden kann; nach diesem Stadium, das zwischen dem zweiten und fünften Lebensjahr liegt, ist jeder Spracherwerb enorm mühselig.

Pidgin und Kreol

2.6.5 Ein Stufenmodell der Kommunikation

Die Unterschiede zwischen tierischer und menschlicher Kommunikation lassen sich an einem Stufenmodell verdeutlichen. Unter Kommunikation verstehe ich hier die durch Zeichen (im weitesten Sinn) vermittelte Beziehung zwischen zwei Subjekten, zwischen dem Selbst und dem Anderen.

Dabei zeigen sich zwei Stränge: Kommunikation über Körperbewegungen und Kommunikation über Laute. Aber der zweite Strang ist erheblich entwicklungsfähiger.

Symptome und Ausdrucksbewegungen

Das unterste Niveau bildet die *leibliche Kommunikation,* die über ein *Symptom* (Anzeichen) vermittelt ist. Sowohl Körperbewegungen als auch Laute können als Anzeichen dienen. Für ein kleines Kind ist die Stimme der Mutter das Anzeichen für deren Anwesenheit; umgekehrt versteht die Mutter Körperbewegungen ihres Kindes als Anzeichen für dessen Unwohlsein. Es handelt sich also noch nicht um eine intersubjektive Kommunikation, weil nur eine Seite zu einem intentionalen Akt genötigt ist. Mit seinem Schluchzen meint das Kind gar nichts, dennoch wird es in der Regel verstanden. Unwillkürliche *Ausdrucksbewegungen* begleiten noch die Kommunikation von Erwachsenen; man denke an körperliche Reaktionen wie Erbleichen und Erröten, das schreckhafte Erstarren und die freudige Entspannung, auf die der Andere, wenn er sie richtig interpretiert, eingehen kann. Auf den universalen Charakter dieser Ausdrucksbewegungen und deren weitgehend universales Verständnis wurde oben schon hingewiesen (2.3.1). Das bedeutet, dass auf dieser elementaren Kommunikationsebene sogar zwischen Menschen aus unterschiedlichen Gesellschaften und ohne gemeinsame Sprache eine Verständigung möglich ist.

Signale und Gebärden

Die zweite Stufe ist die *durch Signale vermittelte Kommunikation.* Signale sind für beide Seiten mit identischen Bedeutungen verbunden. Während Symptome etwas anzeigen, stehen Signale für etwas, das sie bezeichnen. Das Kopfschütteln war vielleicht ursprünglich eine unwillkürliche affektive Reaktion der Ablehnung, eine Art Abschütteln (236, S. 67 ff.). Jetzt ist es in den meisten Kulturen eine festgelegte Konvention für Verneinung. Unwillkürliche Ausdrucksbewegungen werden also zu willkürlichen *Gebärden,* zu Mimik (Bewegungen des Gesichts, insbesondere der Augenpartie und des Mundes) und Gestik (Bewegungen des Körpers, vor allem der Hände und Arme). Auch auf dieser Stufe übertrifft der Mensch die großen Affen, evolutionsbiologisch begünstigt durch unser haarloses Gesicht und die aufrechte Körperhaltung. Lautsprachliche Gebärden, vor allem modulierte *Rufe,* bilden nur einen Spezialfall einer solchen Kommunikation. Schon das Kind steigert bewusst sein Schreien, um an Nahrung heranzukommen. Die Rufe der großen Affen in freier Wildbahn befinden sich weitgehend auf dieser signalsprachlichen Ebene.

Symbole und Rituale

Auf der nächsten Stufe steht die *symbolisch vermittelte Kommunikation.* Symbole stellen einen zweifachen Distanzierungsschritt dar. Erstens haben sie sich vom bezeichneten Objekt abgelöst, obwohl sie noch eine gewisse Ähnlichkeit mit ihm aufweisen. Wenn ich ein Versteck habe und ein Freund nach diesem sucht, kann ich ihm dies auf der Ebene der Symptome durch unwillkürliche Ausdrucksbewegungen verraten; auf der Ebene der Gebärden kann ich ihm mit Arm und Zeigefinger den Weg weisen. Auf der Ebene der Symbole hingegen knicke ich einige Äste, die mein Freund als *materielle Symbole,* in diesem Fall als Wegweiser, interpretieren kann. Die notwendige Verbindung mit dem bezeichneten Objekt liegt allerdings darin, dass sie ebenso in die richtige Richtung zeigen müssen wie mein ausgestreckter Zeigefinger. Gebärden werden zu symbolischen Handlungen (*Ritualen*) weiterentwickelt, etwa die freundliche Begrüßungsgeste zu einer Zeremonie. Ritualisierungen gibt es auch bei Tieren, man denke an den Tanz der Bienen; allerdings handelt es sich um geschlossene Verhaltensprogramme, die kaum verändert werden können. Der zweite Distanzierungsschritt, den Tiere nicht mehr leisten können, ist die Ablösung vom Leib. Gebärden und Rufe erfordern noch meine Anwesenheit; es muss jemand da sein, der diese Signale von sich gibt. Das ist beim umgeknickten Zweig anders, vor allem aber beim *Bild*, das gewissermaßen für sich steht. Weil der Mensch das einzige Wesen ist, das Bilder herstellt, kann man ihn als *homo pictor* bezeichnen (vgl. 108, S. 226). In dieser Hinsicht stellen die Felsbilder der Cro-Magnon-Menschen eine naturgeschichtliche Zäsur dar. Nach einer gängigen Deutung waren die Höhlen, in denen sich diese Malereien finden, die Orte für kultische Handlungen; in den zugehörigen Bildern werden gewissermaßen ritualisierte Handlungen auf Dauer gestellt. Rituale und Bilder, aber auch die Musik und andere Künste haben gemeinsam, das sie Bedeutungen präsentieren, die wir sinnlich erfassen, die als Ganze (nicht vermittels ihrer Elemente) sinnhaltig sind und die man nicht (wie sprachliche Zeichen) übersetzen kann. Es handelt sich also um *präsentative Symbole*.

Schließlich kommen wir zur *Sprache*. Die oben erwähnten Affen Washoe und Kanzi kommunizieren nicht nur mit Hilfe präsentativer Symbole, sondern sie verwenden sogar *diskursive Symbole*, bei denen zum Bezeichneten nur noch eine konventionelle Beziehung besteht. Beim Menschen, der die biologischen Voraussetzungen für Lautsprache mitbringt, sind die Zeichen lautsprachliche Wörter. Die durch das Bild begonnene Ablösung vom Leib wird durch die *Schrift* fortgesetzt. Allerdings bleibt die Bedeutung der Wörter zunächst an die jeweilige Situation, konkrete Gegenstände und einen begrenzten Raum-Zeit-Horizont gebunden. Insofern können wir von *empirischen Begriffen* sprechen und diese Stufe der konkret-operationalen Phase der kognitiven Entwicklung zuordnen; unsere Alltagssprache bewegt sich normalerweise auf dieser Ebene. Erst für die formal-operationale Phase können sich *reine Begriffe* völlig vom jeweiligen Kontext ablösen. Auf dieser Ebene befindet sich auch die Kommunikation eines argumentativen Diskurses, mit dem wir eine neue Welt betreten, die über die Sphäre der Zeichen noch hinausgeht: den Raum der Gründe. Es gibt verschiedene Diskurstypen, je nach der Art der erhobenen Geltungsansprüche: den theoretischen, den normativ-praktischen, den ästhetischen usw. Höheren Ebenen einer dialektischen Kommunikation könnte es vielleicht gelingen, die verschiedenen Diskurse miteinander zu vermitteln.

Begriffe und Diskurse

2.6.6 Zusammenfassung, Literaturhinweise, Fragen und Übungen

Zusammenfassung

1. Die menschliche Sprache zeichnet sich (auf einer sehr abstrakten Ebene) durch folgende Leistungen aus: (a) ihre vielseitige Verwendbarkeit; (b) ihre semantische Reflexivität sowie die vermittelte Selbstbezüglichkeit der Lautsprache; (c) die unendliche Menge an sinnvollen Einheiten, die aus zwei begrenzten Mengen (Wortschatz und Regelwerk) gebildet werden können. Wörter setzen sich wiede-

rum aus einer begrenzten Menge von Lauten (Phonemen) zusammen; philosophisch muss zwischen singulären und generellen Termen unterschieden werden.

2. Entgegen einer in der Philosophie verbreiteten Auffassung sind Sprechen und Denken aus anthropologischer Sicht unterschiedliche Fähigkeiten. Dafür sprechen folgende Argumente: (a) Auch Menschen, die gehörlos sind und nicht sprechen können, verfügen über normale kognitive Kompetenzen. (b) Auch Menschen, deren intellektuelle Fähigkeiten beeinträchtigt sind, können sprechen. (c) Ontogenetisch werden die kognitiven Fähigkeiten früher entwickelt als die linguistischen. (d) Das gilt auch phylogenetisch. (e) Die Neurobiologie hat die Regionen, die im menschlichen Gehirn für Sprache zuständig sind, lokalisieren können.

3. Entgegen den vor einiger Zeit sehr populären Thesen von Whorf weisen alle menschlichen Sprachen komplexe gemeinsame Tiefenstrukturen auf.

4. Die großen Affen können zwar (unter Anleitung) Zeichensprachen erlernen und dann sogar diskursive Symbole verwenden. Aber sie können keine komplexen Sätze bilden. Insgesamt erreichen sie wohl den Entwicklungsstand eines Menschenkindes von drei Jahren.

5. Für die menschliche Kommunikation kann man ein Stufenmodell entwickeln. (a) Leibliche Kommunikation erfolgt über Symptome und Ausdrucksbewegungen. (b) Auf der nächsten Stufe bedient man sich der Kommunikation mit Signalen und Gebärden; auf diese Ebene gehören auch Rufe. (c) Die symbolisch vermittelte Kommunikation verwendet materielle Symbole, die zu Bildern weiterentwickelt werden, sowie Rituale. (d) Sprachliche Kommunikation arbeitet mit empirischen und dann reinen Begriffen. Die argumentative Verwendungsweise der Sprache im Diskurs gehört auf dieses Niveau.

Literaturhinweise
Im Schnittpunkt aller Traditionslinien steht das Werk von Wilhelm von Humboldt (43). An ihn können im 20. Jahrhundert Gehlen (95, II. Teil) und Chomsky (288 u. 289) gleichermaßen anknüpfen. Zum Verhältnis von Denken und Sprechen vgl. (191) und (295). Eine philosophische Variante der These der Sprachenvielfalt stammt vom späten Wittgenstein (127). Die Erweiterung von der Sprache zum Symbolverhalten findet sich bei Cassirer (86) und Langer (111). Grundlage der neueren Theorien zu Ritualen ist (312). Zur Einführung in die sprachwissenschaftliche Literatur eignen sich (290) und (291).

Fragen und Übungen
– Was ist Sprache? Geben Sie eine Begriffsbestimmung.
– Zeichnen Sie ein Schaubild, um sich die doppelte Gegebenheit der Lautsprache zu verdeutlichen.
– Lesen Sie das Buch „Der Sprachinstinkt" von Steven Pinker. Diskutieren Sie die dort vorgebrachten Argumente zum Unterschied von Sprechen und Denken sowie zur naturalen Verankerung des menschlichen Sprachvermögens.
– Wiederholen Sie die Argumente, die gegen die Thesen von Whorf sprechen, mit eigenen Worten.
– Erläutern Sie folgende Begriffe: rekursive Grammatik, Pidgin-Sprachen, Kreol-Sprachen, Symptome, Signale, präsentative Symbole.
– Informieren Sie sich über die Versuche, den großen Affen das Sprechen beizubringen. Diskutieren Sie die Unterschiede zur menschlichen Kommunikation.
– Zeichnen Sie ein Schaubild, um die verschiedenen Stufen der Kommunikation zu verdeutlichen. Unterscheiden Sie dabei zwischen dem Entwicklungsstrang, der zur Lautsprache führt, und anderen Wegen.
– Diskutieren Sie die Rolle, die Sprache, Symbolgebrauch und Kommunikation für uns haben. Unterscheiden Sie dabei zwischen der Relevanz für das menschliche Überleben und für unser Selbstverständnis.

2.7 Von der Natur zum Geist

„Wer will was Lebendiges erkennen und beschreiben,
Sucht erst den Geist heraus zu treiben,
Dann hat er die Teile in seiner Hand,
Fehlt leider! nur das geistige Band."
Johann Wolfgang von Goethe (351, Faust I, V. 1936–1939)

2.7.1 Einige Ergebnisse

In diesem Abschnitt sollen einige Resultate der vergangenen Kapitel zusammengefasst werden. Erstens gibt es *anthropologische Universalien*, allgemein-menschliche Kompetenzen, generelle Muster menschlicher Tätigkeiten. Im Bereich der kognitiven Fähigkeiten verfügen alle Menschen potentiell über Vernunft, allgemeine Strukturen der Wahrnehmungsorganisation und die Fähigkeit des unmittelbaren Erfassens komplexer Ganzheiten. Die elementaren Bedürfnisse der Menschen unterscheiden sich nicht; sogar in den unwillkürlichen Ausdrucksbewegungen, die unsere Gemütsbewegungen begleiten, sowie (freilich weniger eindeutig) in ihrem Verstehen zeigen sich universale Muster. In allen menschlichen Gesellschaften wird gearbeitet und gespielt, die weltweit vorhandenen Werkzeuge und Spielzeuge ähneln sich. Die elementaren menschlichen Sozialbeziehungen weisen weitgehende Übereinstimmungen auf. Und schließlich gibt es eine universale Basisstruktur der Syntax aller menschlichen Sprachen.

Universale Eigenschaften

Zweitens zeigen sich *im Vergleich mit den großen Affen* Gemeinsamkeiten und Unterschiede. Auch Schimpansen verfügen über kognitive Fähigkeiten, sie können die Kategorie der synchronen Identität erwerben, gleichen uns in vielen Bedürfnissen und Affekten, stellen Werkzeuge her und spielen, haben intensive und individualisierte soziale Beziehungen; sie sind sogar in der Lage, Zeichensprachen zu erlernen. Selbstverständlich gibt es in allen Bereichen graduelle Unterschiede zwischen Affen und Menschen. Diese Differenzen lassen sich daran festmachen, dass Schimpansen im Denken, sozialen Handeln und Sprechen nicht über den Entwicklungsstand eines dreijährigen Kindes hinauskommen. Ihr Gefühlsleben ist weniger differenziert als unseres, ihre technischen Fähigkeiten sind den unsrigen deutlich unterlegen, das Spielen nimmt in menschlichen Gesellschaften einen erheblich größeren Raum ein. Die Verschiedenheit von sozial-kognitiven Bezugssystemen können nur Menschen begreifen. Schließlich fehlen den großen Affen die anatomischen Voraussetzungen für eine Lautsprache und die kognitiven Voraussetzungen für eine komplexe Zeichensprache mit rekursiver Grammatik.

Gemeinsamkeiten und Unterschiede mit den großen Affen

Drittens zeigte sich in verschiedenen Dimensionen eine zentrale Eigenschaft des Menschen, seine *Selbstbezüglichkeit*. Die drei Formen der Selbstbezüglichkeit, die oben unterschieden wurden (2.1.1), konnten wir wiederfinden: Die besten Beispiele für das erste Modell, den direkten Selbstbezug der Reflexivität, sind die sokratische Vernunft und die bedeutungtragende Sprache. Als Kompetenzen zweiter Ordnung (Vernunft und

Formen der Selbstbezüglichkeit

Metasprache) beziehen sich Denken und Sprechen direkt auf die entsprechenden Tätigkeiten erster Ordnung. Eine ähnliche Höherstufigkeit haben wir auch in den Bereichen des Fühlens und des sozialen Handelns entdeckt. Gefühle entstehen, wenn wir unsere affektive Betroffenheit von einer Situation fühlen, wenn wir unser Fühlen fühlen. Durch die Internalisierung von sozialen Normen bilden sich Absichten zweiter Ordnung, mit denen wir uns auf unsere primären Absichten beziehen. Das zweite Modell der indirekten Selbstvermittlung finden wir bei der Tätigkeit eines nicht-entfremdeten Arbeitens und in der Rückbezüglichkeit des hörbaren Sprechens; in beiden Fällen beziehen wir uns über einen Umweg (über Werke oder Laute) auf uns selbst. Für das dritte Modell, die präreflexive Vertrautheit, stehen die leiblichen Vorgänge des Wahrnehmens und Spürens; sie setzen nämlich voraus, dass wir unseren Leib von seiner Umgebung abgrenzen können.

Entwicklungsstadien Viertens lassen sich in vielen Dimensionen *Stufen- und Stadienmodelle* konzipieren. Diese sind ein Beleg dafür, dass sich menschliche Fähigkeiten entwickeln, dass sie nicht auf einem Ausgangsniveau verharren. Ein genauerer Blick zeigt aber interessante Unterschiede zwischen den Entwicklungsprozessen in den verschiedenen Dimensionen: Eine lineare, ins Unendliche fortschreitende Entwicklungstendenz charakterisiert unser Werkzeugverhalten, die technische Vernunft des Menschen. Die dialektische Entwicklung unserer kognitiven Fähigkeiten, des sozial-kognitiven Horizont und der Kommunikation verläuft über wenige Stufen. Das Fühlen ist hingegen von der geringsten Elastizität; sicherlich lässt es sich kultivieren, aber im Kern gleichen unsere Bedürfnisse und Affekte, Stimmungen und Leidenschaften denen der Menschen vor vielen Jahrtausenden. Vor allem zwischen unseren technischen und unseren emotionalen Fähigkeiten besteht also eine Diskrepanz, die sich immer mehr vergrößert (73, Bd. I: 15 ff., 267 ff.). Zudem bleiben auch die sozial-kognitiven Leistungen hinter den kognitiven zurück.

2.7.2 Eine dialektische Einheit

Geschichte anthropologischer Bestimmungen Die Reihenfolge, in der die fünf anthropologischen Grundbestimmungen behandelt wurden, kann man grob mit ihrer philosophiehistorischen Dominanz parallelisieren. Seit der Antike gilt der Mensch als *animal rationale*; im 17. Jahrhundert, in den bewundernswerten Systemen des Rationalismus (Descartes, Spinoza, Leibniz u. a.), erlebt die Bestimmung des Menschen durch seine Vernunft einen nicht wieder erreichten Höhepunkt. Die letzten bedeutenden Vertreter der Anthropologie des *animal rationale* sind die großen deutschen Philosophen Kant, Fichte und Hegel; nach dem Ende des deutschen Idealismus setzen sich die konkurrierenden Auffassungen auf breiter Front durch. Bereits die Aufklärungsphilosophie des 18. Jahrhunderts ist stärker am menschlichen Fühlen interessiert; das gilt für Rousseau nicht weniger als für David Hume. Das 19. Jahrhundert, die Epoche der Industrialisierung mit ihren gewaltigen technischen Fortschritten, ist anthropologisch gesehen, nicht nur bei Marx, das Zeitalter der Arbeit. Zu dessen Folgen zählen u. a. das enorme Bevölkerungswachstum, vor allem in den großen Städten, die soziale Frage sowie die politischen Massenbewegungen; dadurch tritt die Sozialität des Menschen in den Vordergrund, die auch von neuen Wissenschaften wie Soziologie und Ethnologie erforscht wird. Seit der Mitte des 20. Jahrhunderts wandeln sich die Industrie- zu Dienstleistungsgesellschaften; durch Telekommunikation und Massenmedien treten die verschiedenen Kulturen der Erde enger miteinander in Kontakt. So ist es wohl kein Zufall, dass nun „Kommunikation" zu einem Schlüsselbegriff der Humanwissenschaften wird. Auch in der Philosophie dominieren Strömungen (Hermeneutik, analytische Philosophie, Dekonstruktivismus, Theorie des kommunikativen Handelns), für die die Sprache im Mittelpunkt des Interesses steht.

Allerdings wäre es ein großer Fehler, sich auf eine einzige Kategorie zu konzentrieren. Das würde zu einem inner-anthropologischen Reduktionismus führen, vergleichbar den außer-anthropologischen Reduktionismen, die in Teil 1.2 zurückgewiesen wurden. Man könnte sogar noch weitere Kategorien ergänzen; so wurden etwa besondere Aspekte der menschlichen Existenz wie Religion und Kunst ausgeklammert. Charakteristisch für uns Menschen ist gerade die *Vielfalt* der Fähigkeiten. Während sich andere Tierarten im Hinblick auf ihre ökologische Nische spezialisiert haben, ist der Mensch ein polykompetentes Wesen. Die *Verknüpfung* verschiedener Leistungen scheint sogar ein wesentliches Erfolgsgeheimnis des Menschen zu sein: Wahrnehmungen und Körperbewegungen verbinden sich ebenso wie Sprechen und Denken, Gefühle spielen als Triebfedern unseres Handelns eine große Rolle, dem Arbeiten gehen kognitive Operationen voraus, Empathie und sozial-kognitive Leistungen wirken zusammen usw.

Vielfalt und Verknüpfung

Diese Einsicht kann man aus der Außenperspektive stützen, vor allem mit neueren Erkenntnissen der Hirnforschung. Eine besondere Qualität des menschlichen Gehirns ist die hochgradige und extrem effektive Vernetzung der verschiedenen Areale untereinander. Nicht auf der Ebene der Substanzen oder Funktionen, sondern auf der Ebene der Relationen scheinen die herausragenden Fähigkeiten unseres Gehirns begründet zu sein. Dafür sprechen auch folgende Zahlen: Unser Gehirn besteht aus ungefähr 100 Milliarden Nervenzellen (Neuronen), die Zahl der Verbindungsstellen (Synapsen) kann hingegen kaum angegeben werden; sie liegt wohl bei einer Trillion. Man kann sagen: Die Großhirnrinde beschäftigt sich überwiegend mit sich selbst; die Neuronen, die direkt für Außenkontakte zuständig sind, befinden sich eindeutig in der Minderheit. Hinzu kommt noch, dass sich in unserem Gehirn kein Oberzentrum ausmachen lässt. Vielmehr gibt es eine Fülle von Zentren, von Funktionssystemen und Konvergenzzonen. Zwar sind die Gefühle im limbischen System, kognitive Fähigkeiten im präfrontalen Kortex (diskursiv links, intuitiv rechts) und Sprache im Broca- und Wernicke-Areal der linken Hemisphäre des Neokortex verwurzelt. Aber letztlich funktioniert das Hirn als Ganzes. Nur ein Zusammenspiel aller Komponenten, bei dem auch die „unteren" Hirnregionen nicht vergessen werden dürfen, stabilisiert unser Selbst (249, S. 13 ff.; 250, S. 73; 252, S. 174, 273 u. ö.; 254, S. 153 f.).

Neuronale Vernetzungen

Als Begriff für die Vermittlung menschlicher Fähigkeiten bietet sich die

Geist

Kategorie des *Geistes* an. In anthropologischer Verwendungsweise soll mit „Geist" keine neue Kompetenz bezeichnet werden, schon gar kein separater Bezirk im Hirn, sondern die Art (der Modus) der Verwirklichung einer Kompetenz. Insofern unterscheidet sich dieser Wortgebrauch von dem der entsprechenden englischen Ausdrücke „mind" oder „spirit". Der Begriff „Geist" kann eigentlich nur prädikativ gebraucht werden, eine Tätigkeit kann mehr oder weniger geistreich sein (vgl. 99, S. 69). Geist, so kann man nun feststellen, zeigt sich nicht nur im Denken, sondern auch in Wahrnehmung und Intuition. Selbst die Beschränkung auf kognitive Fähigkeiten muss fallengelassen werden. Geist zeigt sich ebenso in unserem Fühlen, im Arbeiten und Spielen, im sozialen Handeln und in der menschlichen Sprache. Geistlos, so lässt sich ferner behaupten, werden menschliche Tätigkeiten immer dann, wenn sie isoliert verwirklicht werden: Leerlaufender Intellektualismus, das Hineinsteigern in bestimmte Leidenschaften, sinnloses Höhertreiben unserer technischen Möglichkeiten, Sich-Verlieren in zahllosen Sozialkontakten, endloses Geschwätz – alles dies sind Belege für die Übersteigerung einer Kompetenz ohne Korrektur durch die anderen. Geistreich hingegen ist gerade die Vermittlung möglichst vieler menschlicher Fähigkeiten miteinander. Diese Vermittlungen werden in den einzelnen Tätigkeiten und durch diese selbst vorgenommen. Als solche bilden die aktualisierten menschlichen Kompetenzen eine dialektische Einheit; wir können deshalb (in Anlehnung an Hegel) von *subjektivem Geist* sprechen.

Neben der intra-individuellen gibt es aber auch die inter-individuelle Vermittlung menschlicher Fähigkeiten, also *intersubjektiven Geist*. Einige Kompetenzen des Menschen lassen sich nur sozial aktualisieren. Beim Arbeiten und Spielen, sozialen Handeln und Sprechen ist dies offensichtlich. Geistreiche Gespräche sind nie auf einen der Teilnehmer zurückzuführen; moralisches Handeln erfordert oft das Zusammenwirken mehrerer Personen, erst recht politische Betätigung. Auch das Fühlen ist kein Prozess, der sich im Inneren eines einzelnen Menschen abspielt, sondern beruht (zumindest beim Fühlen zweiter Ordnung) auf der Vermittlung von Selbst und sozialer Situation. Schließlich lassen sich kognitive Leistungen sowohl ontogenetisch wie phylogenetisch nur durch soziale Vermittlung erklären. Kinder, die nicht sozialisiert wurden, so genannte Wolfskinder, können ihre Anlagen nicht entwickeln, sie bleiben gleichsam in der Natur stecken; das gilt auch für Autisten. Hingegen zeigt sich eine gelungene Sozialisation gerade in der Entwicklung und geistreichen Verwirklichung unserer Kompetenzen. In diesem Sinne ist der intersubjektive Geist unhintergehbar.

homo creator   Erst eine solche intra- und inter-individuelle Vermittlung unserer Kompetenzen ermöglicht die kreativen Leistungen, die uns Menschen auszeichnen und die Bezeichnung *homo creator* rechtfertigen. Kreativität ist aber nicht, wie viele meinen, ein willkürliches Drauflosproduzieren oder eine *creatio ex nihilo* (Schöpfung aus dem Nichts), sondern fast immer regelgeleitet und auf einen Stoff angewiesen, in dem sie sich objektivieren kann. Beispiele dafür finden sich in allen Bereichen: bei den konstruktiven Leistungen unseres Wahrnehmens und Denkens, in der Kultivierung unseres Fühlens, im produktiven Arbeiten und phantasievollen Spielen (vor allem im Bereich der Kunst), bei der Entwicklung neuer sozialer Normen und Institutionen, nicht zuletzt im Bereich der menschlichen Sprachkompetenz (289, S. 184). Der Mensch ist zwar selbst ein Produkt seiner Phylo- und Ontogenese, aber doch auch das Wesen, das Neues schaffen kann.

Schließlich gibt es noch einen dritten Modus der Verwirklichung unserer Kompetenzen, den man als geistreich bezeichnen kann, und zwar als Form des *objektiven Geistes*. Wir können unsere diskursive und intuitive Vernunft ebenso wie unsere sprachlichen Fähigkeiten auf unterschiedliche Weise einsetzen, im Arbeiten und sozialen Handeln verschiedene Ziele verfolgen usw. Aber einem geistreichen Menschen ist die Ausrichtung dieser Tätigkeiten nicht gleichgültig. Er orientiert sich vielmehr an bestimmten Werten, indem er sich den Geltungsansprüchen unterstellt, die innerhalb unserer drei Weltbezüge erhoben werden können (2.1.3). Geistreich, so möchte ich deshalb sagen, sind Tätigkeiten, die auf das Wahre, das normativ-praktische Gute und das Authentische ausgerichtet sind. Das, was gut ist, muss nicht jeder wissen und jeder aussprechen, manche fühlen es, andere handeln einfach dementsprechend (ob nun allein oder gemeinsam mit anderen). Sokrates und Platon waren es, die als erste im Zugang zu dieser Sphäre das Wesen des Menschen gesehen haben. Aristoteles formulierte es folgendermaßen: „Dies ist nämlich im Gegensatz zu den andern Lebewesen dem Menschen eigentümlich, daß er allein die Wahrnehmung des Guten und Schlechten, des Gerechten und Ungerechten und so weiter besitzt." (28, Pol. I 2, 1253 a 15 ff.) Man muss diese Werturteile nicht als Ja/Nein-Entscheidungen ansehen (entweder „gerecht" oder „ungerecht"); in vielen Fällen handelt es sich um ein kontinuierliches Spektrum zwischen „besser" und „schlechter", aus dem sich eher Hierarchien als Dichotomien ergeben. Aber es geht nicht um beliebige Differenzierungen, nicht um die Zuordnung zu prinzipiell gleichwertigen Klassen, sondern um wertende Unterscheidungen, die sich in der Regel zwischen zwei Polen bewegen. Geistlos ist nicht das Verfehlen des Wahren und Guten, denn die Verwirklichung unserer Kompetenzen liegt oft nicht allein in unserer Hand. Geistlos ist es vielmehr, nicht zu wissen, dass „wahr" besser ist als „falsch" und „gut" besser als „böse".

Das Wahre, das Gute, das Authentische

2.7.3 Zusammenfassung, Literaturhinweise, Fragen und Übungen

Zusammenfassung

1. Querschnittartig lassen sich aus den vergangenen Kapiteln einige wichtige Resultate festhalten: (a) die Existenz anthropologischer Universalien, (b) die graduellen Unterschiede zu den großen Affen, (c) die verschiedenen Formen der Selbstbezüglichkeit des Menschen, (d) die unterschiedliche Entwicklungsfähigkeit der menschlichen Kompetenzen.
2. Eines der auffälligsten Merkmale des Menschen ist die Vielfältigkeit seiner Vermögen. Für die Fähigkeit, unterschiedliche Kompetenzen intra- und inter-individuell zu vermitteln, wird der Begriff des Geistes vorgeschlagen. Mit diesem Begriff soll zudem die Orientierung unserer Tätigkeiten am Wahren, Guten und Authentischen bezeichnet werden.

Literaturhinweise

Den Begriff des Geistes verwenden auch Scheler (122, S. 38 ff.) und Plessner (114, S. 303 ff.), allerdings in jeweils einer anderen Bedeutung. Der Ausdruck *homo creator* findet sich, im Rahmen einer Erörterung der kulturschöpferischen Leistungen des Menschen, zum ersten Mal bei Michael Landmann (13, S. 239). Die Vielfalt der möglichen Bestimmungen des Menschen wird deutlich in (27) und in (164, S. 49–71).

Fragen und Übungen

– Tragen Sie Ihre eigenen Arbeitsergebnisse aus den letzten Kapiteln zusammen und entwickeln Sie eine eigene anthropologische Position.
– Informieren Sie sich über die Geschichte des Begriffes „Geist". Welche Konnotationen sind für eine philosophische Anthropologie wichtig, welche nicht?
– Inwiefern sind Vielfalt und Vernetzung der menschlichen Kompetenzen entscheidend?

3. Klassische anthropologische Grundfragen

Nachdem im ersten Teil die Vorgehensweise und im zweiten Teil die wichtigsten Kategorien der philosophischen Anthropologie geklärt wurden, können wir uns nun zentralen Fragen unseres menschlichen Selbstverständnisses zuwenden. Die lebensweltliche Verbundenheit der philosophischen Anthropologie zeigt sich darin, dass die drei ausgewählten Probleme nicht nur von wissenschaftlichem Interesse nicht. Hinsichtlich der ersten Frage, ob wir Menschen eher Natur- oder Kulturwesen sind, kann die philosophische Anthropologie auf der metatheoretischen Ebene zur Begriffsklärung, Theoriebildung und Methodologie der empirischen Humanwissenschaften beitragen (3.1). Wenn die Frage lautet, ob der Mensch gut oder böse sei, muss die Anthropologie zusätzlich mit der praktischen Philosophie kooperieren; ihr wichtigstes Ziel ist es, ein differenziertes Bild menschlichen Sozialverhalten zu geben (3.2). Die dritte Frage, die sich auf die Stellung des Menschen im Kosmos richtet, verlangt einen möglichst umfassenden Blick auf das Ganze. Bei keinem anderen Problem treten Innen- und Außenperspektive so stark auseinander (3.3). Äußerst lehrreich ist bei allen drei Fragen ein Blick in die Diskursgeschichte.

3.1 Angeboren oder erworben?
Die Naturalismus-Kulturalismus-Kontroverse

„Wir sind Überlebensmaschinen – Roboter, blind programmiert zur Erhaltung der selbstsüchtigen Moleküle, die Gene genannt werden." Richard Dawkins (215, S.18)

„Gebt mir ein Dutzend gesunder, wohlgestalteter Kinder und meine eigene Umwelt, in der ich sie erziehe, und ich garantiere, daß ich jedes nach dem Zufall auswähle und es zu einem Spezialisten in irgendeinem Beruf erziehe, zum Arzt, Richter, Künstler, Kaufmann oder zum Bettler und Dieb, ohne Rücksicht auf seine Begabungen, Neigungen, Fähigkeiten, Anlagen und die Herkunft seiner Vorfahren." John B. Watson (267, S.123)

3.1.1 Zur Geschichte der Kontroverse

Bei den im zweiten Teil entwickelten Kategorien wurde bewusst offengelassen, ob die so bezeichneten universalen Grundfähigkeiten des Menschen genetisch verankert oder kulturell erworben sind. Eine solche Debatte zwischen Naturalisten und Kulturalisten kann prinzipiell bei allen menschlichen Kompetenzen aufbrechen, von den kognitiven Fähigkeiten bis zu unserem Sprachvermögen. Sie lässt sich zudem, wie zuerst gezeigt werden soll, weit zurückverfolgen.

In (fast) allen traditionellen Weltbildern hat der Mensch seinen Platz in einer umfassenden natürlichen Ordnung. Das gilt noch für die Vorsokratiker. Die Sophisten sind die ersten, die deutlich unterscheiden zwischen dem natürlichem Gewordensein (griech. *physis*) und dem von uns Gesetzten (*thesis*) bzw. den kulturellen Normen (*nomos*). In der frühen Neuzeit wird die Naturalismus-Kulturalismus-Kontroverse auf erkenntnistheoretischem Boden ausgetragen. Während Rationalisten wie Descartes eingeborene Ideen postulieren, meinen Empiristen wie Hobbes, dass alle Bewusstseinsinhalte aus den Erfahrungen stammen, die wir im Laufe unseres

Antike und frühe Neuzeit

Lebens gemacht haben (33, S. 170 f.). In Anlehnung an den scholastischen Ausdruck „tabula rasa" spricht Locke vom menschlichen Verstand vor aller Erfahrung als einem „white paper" (51, S. 76 u. 107). In seiner Entgegnung ergänzt der Rationalist Leibniz den Grundsatz der empiristischen Erkenntnistheorie „Nihil est in intellectu, quod non fuerit in sensu" (Es ist nichts im Verstand, was nicht in den Sinnen gewesen ist) durch den Nachsatz „excipe: nisi intellectus ipse" (außer dem Verstand selbst) (50, S. 103).

Marx   Das sind jedoch nur Vorgeplänkel. Die eigentliche Kontroverse beginnt Mitte des 19. Jahrhunderts mit der Etablierung von zwei neuen Paradigmen. Die anthropologische Grundannahme des *historischen Materialismus* ist, dass Menschen geprägt werden durch die gesellschaftlichen Verhältnisse. Unsere Gedanken, Moralvorstellungen und Weltbilder bilden demnach kaum mehr als den ideologischen Überbau einer sozio-ökonomisch bestimmten Basis. Allerdings leugnet der gewissenhafte Philosoph Marx nicht, dass der Mensch selbst Teil der Natur ist und seine Produktionsweise auch von vorgefundenen ökologischen Bedingungen abhängt (vgl. 54, Bd. 3: 20 ff., 26 ff.).

Darwin   In denselben Jahren, in denen Marx' Hauptwerke erscheinen, veröffentlicht Charles Darwin die Schriften, mit denen er die *biologische Evolutionstheorie* begründet. Deren anthropologische Grundannahme lautet, dass der Mensch ein Produkt der Naturgeschichte ist. Abgesehen von unseren körperlichen Eigenschaften seien auch die intellektuellen, emotionalen und sozialen Fähigkeiten des Menschen im Tierreich verwurzelt. Allerdings leugnet der genaue Beobachter Darwin nicht, dass Spracherwerb, Werkzeugherstellung, Gewissen und Religiosität des Menschen naturgeschichtlich nicht vollständig erklärt werden können (vgl. 213, 3. u. 21. Kap.).

Synthetische Evolutionstheorie   Der ursprüngliche Darwin'sche Ansatz wies einige Lücken auf, vor allem in der Vererbungslehre. Das war einer der Gründe, warum noch in der ersten Hälfte des 20. Jahrhunderts die Evolutionstheorie gerade von philosophisch interessierten Biologen abgelehnt wurde. Gregor Mendel hatte zwar schon zu Darwins Lebzeiten einige Gesetzmäßigkeiten der Vererbung gefunden, diese wurden aber erst nach 1900 von verschiedenen Forschern parallel wiederentdeckt. Die Integration dieser beiden biologischen Theorien, der Darwin'schen Entwicklungslehre und der Mendel'schen Vererbungslehre, gelang einige Jahrzehnte später in der *Synthetischen Evolutionstheorie*. In der zweiten Hälfte des 20. Jahrhunderts kam die molekulargenetische Forschung zu spektakulären Erkenntnissen; die Entdeckung der DNS-Doppelhelix 1953 und die vollständige Sequenzierung des menschlichen Genoms 2000 sind markante Daten in diesem fortlaufenden Prozess. Jetzt weiß man, dass Vererbungsprozesse in der gesamten Natur nach den gleichen biologischen Mechanismen mit dem gleichen molekularen Material ablaufen. Sensationell ist die Entdeckung, dass die Erbsubstanz der Schimpansen mit der menschlichen zu ca. 98 % identisch ist (vgl. 246). Endgültig widerlegt ist der sog. Lamarckismus: Eigenschaften, die im Laufe eines Lebens erworben wurden, können nicht über das in der DNS verschlüsselte Erbgut weitergegeben werden.

Ethologie   Im Gegensatz zum klassischen Behaviorismus, der nur Reiz-Reaktions-Schemata anerkannte und in dem deshalb interne Faktoren (auch genetische Anlagen) keine Rolle spielen konnten, entdeckte die *vergleichende*

Verhaltensforschung (Ethologie), als deren deutschsprachige Hauptvertreter Konrad Lorenz und Irenäus Eibl-Eibesfeldt gelten, erbkoordinierte bzw. vorprogrammierte (instinktive) Verhaltensweisen. Zudem wurde durch Feldforschungen nachgewiesen, dass unsere nächsten Verwandten im Tierreich, die Schimpansen und die Bonobos (Zwergschimpansen), in etlichen Verhaltensmustern den Menschen näher stehen, als man noch vor einigen Jahrzehnten ahnte.

Bei bestimmten „moral-analogen" Verhaltensweisen geriet jedoch die evolutionsbiologisch aufgeklärte Ethologie in Schwierigkeiten: Wenn ein Mitglied einer Gruppe die anderen durch laute Schreie warnt (wie es beispielsweise Murmeltiere bei heranfliegenden Steinadlern tun), setzt sich ein solcher Warnrufer einer erhöhten Lebensgefahr aus. Müssten nicht im Laufe der Zeit die Altruisten aussterben, so dass nur noch Egoisten übrig bleiben? Tatsächlich jedoch verhält sich der Warnrufer aus evolutionstheoretischer Sicht „zweckrational", wenn er durch die eigene Selbstaufopferung diejenigen Individuen rettet, die dieselben Gene haben wie er, also seine Verwandten. Entsprechendes gilt für die „Helfer am Nest", also Lebewesen, die sich nicht selbst fortpflanzen, sondern ihre Familienangehörigen bei der Aufzucht von deren Nachkommen unterstützen. Entscheidend für den evolutionären Erfolg ist nicht die „individuelle Fitness" eines Organismus, sondern die „inklusive Fitness" (Gesamteignung) einer Gruppe verwandter Lebewesen. Mit diesen und weiteren Thesen begründete Edward O. Wilson 1975 in seiner Schrift „Sociobiology: A New Synthesis" ein neues Paradigma; im letzten Kapitel dieses Buches dehnte er seinen Ansatz auf menschliche Verhaltensweisen aus. Die Kultur ist für Wilson nur ein neuer, wenn auch sehr raffinierter Trick der Naturgeschichte. Popularisiert und radikalisiert wurde die *Soziobiologie* 1976 in dem Buch „The Selfish Gene" von Richard Dawkins. Als grundlegende Einheit des Evolutionsprozesses sieht er nicht die Art oder die Population (Gruppenselektion), auch nicht das Individuum, sondern das Gen selbst. Scheinbar altruistische Verhaltensweisen wie Warnrufe und Hilfeleistungen seien letzlich nichts als purer Gen-Egoismus.

Soziobiologie

Der Soziobiologie wurde immer wieder vorgeworfen, sie würde Erkenntnisse über tierische Verhaltensweisen allzu unreflektiert auf den Menschen übertragen. Diesen Fehler versucht ein Ansatz zu vermeiden, der in den neunziger Jahren mit paradigmatischem Anspruch auftrat: die *evolutionäre Psychologie*. Deren Vertreter nehmen Anregungen der Kognitionswissenschaften und der Hirnforschung auf. Sie betonen die große Bedeutung des menschlichen Gehirns, das nach ihrer Ansicht in der Zeit unseres Jäger/-Sammler-Daseins ausschlaggebend geprägt worden sei. Deshalb, so wird behauptet, laufen in unserem Verhalten immer noch Programme ab, die an die Situationen dieser fernen Zeit angepasst sind.

Evolutionäre Psychologie

Auf der anderen Seite, beim Kulturalismus, lassen sich ähnliche Schübe der Weiterentwicklung feststellen wie beim Naturalismus. Dass der historische Materialismus um theoretische Annahmen ergänzt werden muss, die die Weitergabe bestimmter Verhaltensmuster von einer Generation zur nächsten erklären, war eines der Hauptanliegen der frühen Frankfurter Schule und ihrer interdisziplinären Gesellschaftstheorie. Für die Herausbildung bestimmter Charaktertypen seien nicht Vererbungsprozesse verant-

Weiterentwicklung des Kulturalismus

wortlich, sondern die Strukturen der familialen Sozialisation, die man durch eine modifizierte Psychoanalyse erklären könne (*Freudo-Marxismus*). Wo die Ethologie auf die biologischen Umwelten hinwies, an die sich das Verhalten anpassen muss, zeigten *kultursoziologische* Erklärungsansätze seit Max Weber, dass Phänomene wie Religionen und Weltbilder unser Handeln wirkungsvoll prägen (328). Während die Soziobiologie den Einfluss der Gene betont, spielen für neuere mikrosoziologische und alltagspsychologische Ansätze die auf Sprache beruhenden interpretativen und konstruktiven Leistungen der Subjekte die entscheidende Rolle (*Interpretative Sozialwissenschaften*). In den Geschichtswissenschaften hat sich schließlich mit der *Historischen Anthropologie* ein Ansatz etabliert, der aufzeigen konnte, wie stark sich zentrale Phänomene des menschlichen Daseins wie Familie, Geschlechterverhältnisse, Umgang mit dem eigenen Körper usw. im Laufe der letzten Jahrhunderte gewandelt haben. Die folgende Übersicht zeigt noch einmal einige der beteiligten Konfliktparteien in grober Zuordnung:

Naturalismus	*Kulturalismus*
Klassischer Darwinismus	Historischer Materialismus
Synthetische Evolutionstheorie	Freudo-Marxismus
Vergleichende Verhaltensforschung	Kultursoziologie
Soziobiologie	Interpretative Sozialwissenschaften
Evolutionäre Psychologie	Historische Anthropologie

Der Ausgang dieser Kontroverse hat enorme Konsequenzen für unser Selbstverständnis und unsere Verhaltensweisen gegenüber anderen, für Pädagogik und Politik. Dass die empirischen Humanwissenschaften diese Frage allein nicht entscheiden können, zeigt der heftige innerbiologische Streit über die neueren Forschungsergebnisse: Einige prominente Biologen verbinden mit ihren Erkenntnissen die Aufforderung, unser menschliches Selbstbild zu verändern; andere Fachvertreter weisen diese Konsequenz zurück. Deshalb sind philosophische Beiträge erforderlich und erwünscht.

3.1.2 Einige metatheoretische Klärungen

Welche menschlichen Eigenschaften in welchem Umfang ererbt und welche erworben sind, kann philosophisch nicht geklärt werden. Allerdings ist es Aufgabe einer philosophischen Anthropologie, einige Fehlschlüsse und Missverständnisse aufzudecken, die in den öffentlichen Diskussionen zu diesem Thema immer wieder zu finden sind und die die Naturalismus-Kulturalismus-Kontroverse seit langem verzerren.

Naturalistischer Fehlschluss

Erstens ist erneut daran zu erinnern, dass man aus anthropologischen Erkenntnissen *keine normativen Aussagen* ableiten kann. Die in diesem Zusammenhang verwendeten Begriffe von „Natur" und „Kultur" sind, im Unterschied zu manchen umgangssprachlichen Verwendungen, nicht wertend gemeint. Die „Natur des Menschen" ist keineswegs (wie viele weiterhin meinen) seine eigentliche Beschaffenheit, unser Wesen. Einen *naturalistischen Fehlschluss*, bei dem unberechtigterweise von einem Sein auf ein

Sollen geschlossen wird, findet man noch bei einigen Ethologen und Soziobiologen. In abgeschwächter Form zeigt sich die Favorisierung des Natürlichen oder Naturgemäßen in unserer Umgangssprache (129): Zum einen wird unter dem Natürlichen dasjenige verstanden, was selbstverständlich ist oder der „Logik der Sache" entspricht; zum anderen ist das Natürliche das Ursprüngliche oder Authentische, der „Kern der Sache". Auf der anderen Seite verwechseln viele den hier verwendeten weiten Begriff der Kultur mit einem engen Begriff von Kultur, der wertend auf die Erzeugnisse schöpferischer Tätigkeit (Literatur, Musik usw.) bezogen wird. Wegen dieses weiten Begriffs der Kultur hat der anthropologische Kulturalismus nichts gemein mit einem „Idealismus" im marxistischen Sinne. Um dieses Missverständnis zu vermeiden, sprechen kulturalistische Ethnologen, die den Einfluss ökonomischer Faktoren hervorheben wollen, ausdrücklich von einem „Kulturmaterialismus".

Zweitens ist vor dem entgegengesetzten Fehler zu warnen, einem *antinaturalistischen Fehlschluss*. Sicherlich ist das Denken, Sprechen und Urteilen über den Menschen nur in Bildern, Begriffen und Theorien möglich, die von uns geschaffen bzw. konstruiert wurden. „Gen" und „Umwelt" sind als theoretische Begriffe unter angebbaren Bedingungen vor ungefähr hundert Jahren entstanden. (1909 sprach W. L. Johannsen zum ersten Mal von Genen; im selben Jahr erschien von Jakob von Uexküll „Umwelt und Innenwelt der Tiere".) Aber damit ist nicht dasjenige, was als Gen bezeichnet wird und zu dem wir nur einen sprachlich vermittelten Zugang haben, zu einem kulturellen Produkt geworden. Die sprachliche Konstitution eines Gegenstandsbereichs ist nicht dessen faktische Erzeugung. Auch wissen-(schafts)soziologische Überlegungen dürfen nicht mit anthropologischen verwechselt werden. Das wird etwa in vielen Beiträgen der feministischen Philosophie zur Konstruktion des Geschlechts nicht beachtet.

Drittens darf man die beiden Konfliktparteien nicht mit *methodologischen Positionen* identifizieren. Die Behauptung, der Mensch sei ein Naturwesen, konvergiert keineswegs zwangsläufig mit einer Vorliebe für naturwissenschaftliche Methoden; entsprechendes gilt für den Kulturalismus und die geisteswissenschaftlichen Methoden. Eine solche Zuordnung liegt nur nahe in einer Szene, in der physikalisch orientierte Humangenetiker Naturalisten sind, während es die sinnverstehend verfahrenden Sozialwissenschaftler mit dem Kulturalismus halten. Es lassen sich leicht andere Konstellationen finden. Den extremsten Kulturalismus, den man sich vorstellen kann, hat wohl John B. Watson vertreten, der Begründer des Behaviorismus – also einer methodologischen Schule, die streng naturwissenschaftlich vorgehen will. Auf der anderen Seite gibt es viele Geisteswissenschaftler, die eine naturalistische Anthropologie vertreten. Interessanterweise gibt es unter Hirnforschern sowohl Naturalisten als auch Kulturalisten: Einige sind Darwinisten und betonen die evolutionäre Programmierung unseres Gehirns; dabei verweisen sie u. a. auf die strukturellen und funktionalen Analogien mit den Gehirnen von Tieren. Andere sind der Auffassung, dass das Gehirn sich durch Interaktionen mit der Umwelt selbst organisieren muss; eines ihrer wichtigsten Argumente ist, dass das menschliche Erbgut aus viel zu wenig Genen bestehe, um einen so komplexen Gegenstand wie unser Gehirn zu determinieren.

Anti-naturalistischer Fehlschluss

Keine methodologischen Positionen

Keine politischen Positionen

Viertens besteht zwischen anthropologischen Grundannahmen und *politischen Positionen* kein notwendiger Zusammenhang (bestenfalls eine „Wahlverwandtschaft"). In Deutschland war es lange Zeit klar, dass Biologismus „rechts" und Kulturalismus „links" sei. Der Darwin'sche Ansatz schien zum Sozialdarwinismus und damit zum Rassismus zu führen, während der Marx'sche Ansatz im Osten unangreifbar war und im Westen als Grundlage für eine undogmatisch-kritische Position angesehen wurde. Dazu passte, dass ein darwinistisch argumentierender Naturalist wie Konrad Lorenz zeitweise mit dem Nationalsozialismus sympathisierte, während die marxistisch geprägten Kulturalisten der Frankfurter Schule ins Exil gehen mussten. Aber schon der extreme Kulturalismus eines Konservativen wie Arnold Gehlen fügt sich nicht in dieses einfache Schema. Ein anderes Gegenbeispiel ist Noam Chomsky, der sich ausdrücklich auf die Angeborenheitsthesen des frühneuzeitlichen Rationalismus beruft und den kulturalistischen Behaviorismus von Skinner aus einer ultra-linken Perspektive kritisiert.

Mensch-Tier-Unterschiede

Fünftens müssen Naturalisten keineswegs die *Unterschiede zwischen Menschen und Schimpansen* leugnen. Zwar war die biologische Vorgeschichte der Menschengattung lange mit derjenigen der Affen identisch und als gemeinsames Erbe mögen deshalb vergleichbare Eigenschaften zu finden sein. Aber vor mindestens 6 Millionen Jahren trennten sich die Linien der Schimpansen und unserer Vorfahren; seitdem besitzen beide Arten eine eigene Stammesgeschichte. Selbst kleine genetische Unterschiede, wie die zwischen Bonobos und Schimpansen, können zu sehr unterschiedlichem Verhalten führen. Im Laufe von Jahrmillionen können sogar Übereinstimmungen mit Arten aus anderen Klassen und Stämmen des Tierreichs entstehen. Aus biologischer Sicht muss man nämlich unterscheiden zwischen *Homologien*, die auf einer gemeinsamen Stammesgeschichte beruhen, und *Analogien*, die durch konvergierende Entwicklungen entstehen, bedingt etwa durch ähnliche Umweltbedingungen. Ein Beispiel: Asseln, Graugänse und Gibbons leben (wie die Menschen) überwiegend in monogamen Partnerschaften; da diese Arten auf verschiedenen Ästen im Stammbaum des Lebens sitzen, ist dieses soziale Phänomen von der Evolution offensichtlich mehrmals „erfunden" worden.

Universalien

Sechstens ist der Streit zwischen Naturalismus und Kulturalismus nicht identisch mit demjenigen zwischen Universalismus und Partikularismus. Menschen gleichen sich nicht nur von Natur, sondern auch von Kultur – und dasjenige, in dem sich Menschen unterscheiden, kann ebenso durch naturale wie durch kulturelle Faktoren bedingt sein. Einerseits gleicht sich das Erbmaterial aller Menschen weitgehend; andererseits sind (außer eineiigen Zwillingen) alle Menschen genetisch einzigartig. Einerseits sind sicherlich viele Unterschiede zwischen Menschen auf ihre Zugehörigkeit zu den verschiedenen Kulturkreisen zurückzuführen; andererseits gibt es universale Eigenschaften, für die keine naturale Verankerung anzunehmen ist. So werden beispielsweise in allen bekannten menschlichen Gesellschaften Speisen durch Erhitzen von Wasser zubereitet; ein Gen für das Kochen ist aber sicher nicht vorhanden. Um solche *kulturellen Universalien* zu erklären, gibt es mindestens drei Theorien:

– Die historische Erklärung des *Diffusionismus* besagt, dass in der Menschheitsgeschichte alle wichtigen Erfindungen (technische Innovationen, religiöse Weltbilder, politische Strukturen usw.) nur einmal gemacht wurden. Von ihrem Ursprungsort haben sie sich über den ganzen Erdball verbreitet. So sind etwa Demokratie und Wissenschaft im fünften vorchristlichen Jahrhundert in Griechenland entstanden und von dort in alle anderen Kulturkreise durchgedrungen. Im Zuge des gegenwärtigen Globalisierungsprozesses kommt es ebenfalls zur massiven Diffusion von Kulturelementen.

– Die ökologische Erklärung des *Funktionalismus* läuft darauf hinaus, dass die Menschen in allen Regionen angesichts vergleichbarer Probleme ähnliche Lösungsstrategien entwickelt haben. So kam es in verschiedenen Flussufer-Kulturen am Nil, Euphrat und Tigris, Indus und Huang He zu einer Bewässerungslandwirtschaft mit Städten, einer politischen Zentralgewalt, Verwaltungsstäben usw. Sekundär sind diese Innovationen von weiteren Gesellschaften freiwillig oder gezwungenermaßen übernommen worden.

– Hingegen betont eine anthropologische Erklärung, wie sie etwa der *Strukturalismus* vornimmt, interne Faktoren: Die Menschen in allen Kulturen verfügen über vergleichbare Kompetenzen; deshalb entwickeln sie überall ähnliche Weltbilder und Institutionen. Oberflächlich scheinen die vielen Sprachen, Mythen und Moralsysteme erhebliche Unterscheide aufzuweisen, in den Tiefenstrukturen entdecken wir aber große Gemeinsamkeiten.

Wahrscheinlich spielen alle drei Möglichkeiten in der Menschheitsgeschichte eine Rolle. Auf jeden Fall kann man eine lange Liste kultureller Universalien erstellen, die sich in allen Gesellschaften finden lassen. Ein kurzer Auszug: Arbeitsteilung, Gastfreundschaft, Halten von Haustieren, Klatsch, Musik, Nahrungstabus, Tanz, Trauer um Tote, Wortwitz usw. (151, S. 124 ff.; 264, S. 601–608).

Gefährlich ist siebtens die *essentialistische* Interpretation biologischer Grundbegriffe wie „Art" und „Rasse". Unter „Essentialismus" soll hier die Auffassung verstanden werden, dass sich die Vielfalt der Natur auf eine begrenzte Zahl von Grundklassen reduzieren ließe, die im Lauf der Zeit konstant bleibt (227, S. 46 ff., 63 ff.; 228, S. 15 u. ö.). Zum einen ist zu bedenken, dass alle Menschen dieselben Vorfahren haben, also genetisch miteinander verwandt sind. Gemäß der Darwin'schen Evolutionstheorie sind Arten nicht mehr und nicht weniger als Abstammungsgemeinschaften; Rassen hingegen entstehen durch Anpassungen an das Klima. Zum anderen wird die Anzahl der Rassen nicht durch klare genetische Differenzen vorgegeben: Ob man drei Rassen unterscheidet, sieben oder fünfzig – in jedem Fall handelt es sich nicht um Klassifikationen, sondern um die Konstruktion von Idealtypen. Zudem sind die Grenzen zwischen den Rassen ständig im Fluss, wobei in einer globalisierten Welt die Vermischung tendenziell zunimmt. Das gilt jedoch nicht für die Kategorie „Geschlecht": Denn alle Arten, die sich sexuell fortpflanzen, benötigen einen Geschlechtsdimorphismus, eine klare Abgrenzung zweier Gestalten, die gleichsam durch einen genetischen Schalter bewirkt wird: Entweder ein Individuum hat an einer Stelle im Erbgut ein Y-Chromosom oder nicht. Hier gibt es, abgesehen von einigen Ausnahmen, keine unscharfen Grenzen.

Schließlich gilt sowohl für natürliche Abstammungsgemeinschaften wie für Kulturkreise: Bei den meisten Eigenschaften sind die *internen Differen-*

Kritik am
Essentialismus

Interne Differenzen

zen größer als die externen. Denn die Eigenschaften einer Menschengruppe sind immer Durchschnittswerte mit einer breiten statistischen Verteilungskurve. Das gilt für Rassen und Ethnien wie für Gesellschaften und die beiden Geschlechter (193, S. 45–60; 152). Angenommen, Musikalität wäre erblich, also genetisch verankert, man hätte zudem die Musikalität der beiden Geschlechter ermittelt und das Ergebnis wäre, dass Frauen von Natur musikalischer sind als Männer. Wegen der genetischen Einzigartigkeit aller Menschen könnte es sich dabei nur um Durchschnittswerte handeln. Die Streuung der musikalischen Begabung bei den Frauen wäre größer als die Differenz der ermittelten Durchschnittswerte zwischen Männern und Frauen. Es würde allein in Deutschland Millionen von Männern geben, die musikalischer sind als die durchschnittliche Frau – und Millionen von Frauen, die musikalisch weniger begabt sind als der durchschnittliche Mann. Von einem genetisch verankerten Durchschnittswert einer Menschengruppe kann also nicht auf ein bestimmtes Individuum geschlossen werden. Es gibt nicht nur Ausnahmen in jeder Gruppe – die Ausnahme ist das Individuum, welches genau den Durchschnittswert seiner Gruppe repräsentiert. Zudem wandelt sich dieser Wert auf Grund der genetischen Rekombination bei jeder Befruchtung einer Eizelle und anderer Veränderungen ständig.

3.1.3 Eine Hierarchie offener Systeme

Viele Jahrzehnte, vor allem nach den Erfahrungen mit rassistischen Ideologien, dominierten in der Öffentlichkeit und in den Humanwissenschaften kulturalistische Ansätze wie der Behaviorismus und der Marxismus (in ihren verschiedenen Spielarten); Biologismus wurde zu einem Schimpfwort. Seit einiger Zeit sind jedoch die naturalistischen Positionen auf dem Vormarsch. Dass der Einfluss naturaler Faktoren lange Zeit unterschätzt wurde (und in Deutschland immer noch unterschätzt wird), ist nicht zu bestreiten. Ausgehend von Überlegungen, die sich gegen die These des genetischen Determinismus richten, soll im Folgenden ein anthropologisches Modell vorgeschlagen werden, das möglichst alle Einflussfaktoren integrieren kann.

Kritik am Atomismus   Zurückzuweisen sind erstens atomistische Erklärungen, die eine bestimmte Eigenschaft auf ein einzelnes Gen zurückführen wollen. Dieser Punkt kann verdeutlicht werden, wenn man den Aufbau des menschlichen Genoms betrachtet (180, S. 36–60): Es besteht, so weiß man heute, aus über drei Milliarden DNS-Basen, die gleichsam die Buchstaben des Textes mit unseren Erbinformationen bilden. Ein großer Teil des Genoms ist funktionslos; es enthält deaktivierte Gene sowie seltsame Einsprengsel, die vielleicht auf Virusinfektionen unserer Vorfahren zurückzuführen sind. Die eigentlichen Gene machen nur ein Drittel des Genoms aus; zudem bestehen sie selbst wiederum zum größten Teil aus Regulationsabschnitten, vergleichbar den Satzzeichen eines Textes und Anweisungen dafür, wie ein Text zu lesen sei. Wichtig sind gewisse Leitgene, die dafür sorgen, dass die Programme in der richtigen Entwicklungsphase des Organismus aktualisiert werden. Die eigentlichen Gene sind Bauanleitungen für die Herstellung von Proteinen (Körpereiweißen), die wiederum als Triebfedern (Hormone), Katalysatoren (Enzyme), Wächter (Antikörper), Spediteure (roter Blutfarbstoff) usw. dienen können. Wahrscheinlich wird die Entstehung jedes Proteins von mehreren Genen beeinflusst; und jedes Gen wirkt sich auf mehrere Proteine aus. Dass ergibt sich schon aus dem Umstand, dass es nur 30 000 Gene, aber wohl 100 000 Proteine gibt. Darüber hinaus bestehen zwischen den verschiedenen Genen komplexe Wechselbeziehungen, die zur Verstärkung oder Neutralisierung einer Wirkung führen können. Atomistisch lassen sich bestenfalls Störungen erklären: Für Krankheiten oder psychische Leiden kann tatsächlich ein einziges defektes Gen verantwortlich sein. Es ist ähnlich wie bei einer komplizierten Maschine, bei der schon eine einzige lockere Schraube zum Stillstand führt. Für den Normalbetrieb aber ist das menschliche Genom als eine Funktionseinheit zu betrachten, als Ganzes.

Entsprechendes gilt für jede einzelne Zelle, für das Gehirn und schließlich für den menschlichen Organismus. Alle diese Gebilde sind nicht die Summe ihrer Elemente, sie sind kein Haufen, sondern sie bilden ein komplexes Gewebe, eine Ganzheit. Deren Bestandteile können isoliert weder existieren noch verstanden werden. Beispielsweise existieren in der Naturgeschichte Augen nur als Glieder eines Organismus; es wäre unsinnig, die Evolution dieses Organs zu erforschen, ohne es immer wieder auf das Ganze zu beziehen, innerhalb dessen es eine Funktion erfüllt und sich entwickelt hat. Deshalb empfiehlt es sich, zumindest aus heuristischen Gründen, verschiedene ontologische Ebenen zu unterscheiden. Das bereits an früherer Stelle (1.2.1) vorgeschlagene *Schichtenmodell* kann hier weiter differenziert werden:

Ontologisches
Schichtenmodell

...
Organismus (Individuum)
Organ (z. B. Gehirn)
Gewebe
Zelle
Organelle (Zellkern, Mitochondrien usw.)
Genom
Gen
Makromolekül
Atom
...

Es gibt viele verschiedene Schichtenmodelle; manche würden das Diagramm durch weitere Zwischenebenen ergänzen, andere wiederum einige Schichten streichen. Zudem ließe es sich (wie die letzte Zeile andeuten soll) sicherlich nach unten fortsetzen (Elementarteilchen, Quarks usw.). Wichtiger sind allerdings die höheren Ebenen: Organismen gehören fast immer zu einer Population. Diese wiederum lebt in einem Ökosystem, zu dem neben der natürlichen Umwelt auch Populationen anderer Arten gehören. Das Ökosystem ist (eventuell über einige Zwischenstufen) Teil des umfassenden globalen Systems der Erde. Durch eine solche Hierarchie ließe sich vielleicht die Kontroverse zwischen den verschiedenen neo-darwinistischen Strömungen schlichten, die sich nämlich darüber streiten, welches die entscheidenden Einheiten der Evolution sind: die Gene, das Gehirn, das Individuum oder die Population. Ein Schichtenmodell legt jedoch die Vermutung nahe, dass alle Ebenen wichtig sind.

Holons   Das höhere Niveau besteht jeweils aus mehreren, manchmal unzähligen Einheiten der nächsten, etwa ein Gen aus Makromolekülen, ein Makromolekül aus Atomen. Die Ganzheiten einer Ebene sind also für die nächsthöhere Ebene ein Teil. Aus diesem Grund hat Arthur Koestler den Neologismus „Holon" eingeführt, eine Zusammensetzung aus dem griechischen Wort für „ganz" (*hólos*) und der Endung -on, die für Elemente wie Protonen oder Neuronen typisch ist (109, S. 59; vgl. 212, S. 36 ff.; 230, S. 22 ff. u. 321 f.). Alle Holons operieren mit begrenzter Selbständigkeit und entwickeln sich. Die höheren Ebenen sind komplexer; sie besitzen eine größere innere Differenzierung und benötigen deshalb auch stärkere integrative Kräfte. Während jedoch die unteren Ebenen auch ohne die oberen bestehen können, ist dies umgekehrt nicht möglich. Wenn in einem Organismus alle Organe oder gar alle Zellen zerstört würden, würde es ihn nicht mehr geben. Es gibt Einzeller ohne Gehirn, aber kein Gehirn ohne Zellen.

Ursachen und Bedingungen   Gegen die These des genetischen Determinismus kann man nun zweitens, wie es zuerst Platon (61, Phd. 99b) getan hat, zwischen *Ursachen und notwendigen Bedingungen* unterscheiden. Beispielsweise sind bestimmte Regionen im Gehirn notwendige Bedingungen für unser Sprachvermögen; ohne funktionstüchtiges Broca-Areal könnten wir nicht sprechen. Aber neurobiologische Vernetzungen sind deshalb noch lange nicht die Ursachen von sprachlichen Äußerungen. In noch stärker vermittelter Weise, nämlich über mehrere Ebenen hinweg, ist sogar das Genom eine notwendige Bedingung aller menschlichen Kompetenzen, aber eben nicht deren Ursache. Da die Abfolge der Bedingungen von unten nach oben verläuft, würde man dieses Modell in klassischer Terminologie als materialistisch bezeichnen; idealistische Ansätze postulierten hingegen, dass die oberen Schichten die unteren bedingen. Allerdings wirken die höheren Schichten auch auf die niederen zurück; nicht durch Erzeugung von Elementen, aber durch die Organisation ihrer Beziehungen. Das ist besonders wichtig, wenn die Elemente nicht invariante Gegenstände, sondern prozessierende Einheiten sind. Insgesamt bestehen bei einem Lebewesen wie dem Menschen also komplexe vertikale Bedingungsverhältnisse.

Emergenz   Die Holons jeder höheren Schicht haben zwei Arten von Eigenschaften: zum einen solche, die bereits auf einer anderen Ebene zu finden sind – zum anderen solche, bei denen dies nicht der Fall ist. Von den Eigenschaften des Menschen sind beispielsweise Ausdehnung und Bewegung bereits auf unteren Schichten zu finden, nicht aber die Fähigkeit zu denken. Das Auftreten neuer Eigenschaften wird als *Emergenz* bezeichnet. Emergenz (von engl. emerge = auftauchen) ist kein sensationelles Phänomen. Moleküle bestehen aus Atomen, aber aus zwei Wasserstoff- und einem Sauerstoff-Atom entsteht Wasser, das die Eigenschaft besitzt, wässrig zu sein,

was bei den Atomen nicht der Fall ist. So können wir auch sagen, dass aus
dem Gehirn und dem restlichem Organismus ein Mensch entsteht, der Eigenschaften wie Denken, Sprechen usw. besitzt, die weder auf den unteren
noch auf den höheren Ebenen vorkommen; sowohl Gehirne als auch Gesellschaften denken nicht.

Drittens sind Holons nicht nur vertikal ein Teil eines Ganzen bzw. selbst $\quad$ Wechselwirkungen
das Ganze für ihre Teile, sie stehen darüber hinaus horizontal in Beziehung
zu ihrer Umwelt, die selbst wiederum aus Holons derselben und/oder anderer Arten besteht. Diese Beziehungen sind immer *Wechselwirkungen*.
Allerdings können Holons mehr oder weniger offen für Interaktionen sein.
Das Ökosystem der Erde insgesamt ist ein Beispiel für ein geschlossenes
System, hingegen sind Zellen wegen der Durchlässigkeit ihrer Membranen
offene Systeme. Das Genom im Zellkern ist weitgehend gegen äußere Einflüsse abgeschirmt, aber solche können bereits auf die von den einzelnen
Genen gesteuerte Proteinsynthese wirken. Selbst ein physisches Merkmal
wie die Körpergröße ist nicht vollständig genetisch bestimmt, sondern auch
durch Umweltbedingungen (ökologische und klimatische Bedingungen,
soziale Stellung, Lebensstil u. a.). Diese wirken nicht erst seit der Geburt,
sondern schon seit der Zeugung, vor allem über den Stoffwechsel der Mutter. Manche Anthropologen unterscheiden deshalb zwischen „hereditär"
(ererbt) und „kongenital" (angeboren). Wichtiger sind aber spätere Zeiträume; vor allem in der frühen Kindheit gibt es sensible Phasen, in denen sich
bestimmte genetische Faktoren entfalten – aber nur bei entsprechender Stimulation (223, S. 115 ff.). Das gilt höchstwahrscheinlich auch für unsere
Disposition zum Spracherwerb; trotz genetischer Veranlagung muss jedes
Wort gelernt werden. Schon bei den meisten Wirbeltieren finden sich
keine geschlossenen, sondern offene Verhaltensprogramme, deren Inhalte
auch durch ökologische Bedingungen, individuelle Lernleistungen u. a. bestimmt werden (226, S. 66 ff.).

Wenn die erforderlichen Umwelteinflüsse ausbleiben, kann es sein, dass
genetische Anlagen in sehr unterschiedlicher Gestalt oder sogar nie in Erscheinung treten. Angenommen, zwei ein-eiige Zwillinge besitzen die genetische Disposition zu einer Pollenallergie. Der eine Zwilling fährt zur
See und verbringt seinen Landurlaub regelmäßig auf der Reeperbahn; sein
Bruder hingegen arbeitet als Gärtner in einem kleinen Dorf. Nur letzterer
wird mehrere Wochen im Jahr unter Heuschnupfen leiden. Die Art und
Weise, wie genetische Anlagen unsere Verhaltensweisen beeinflussen,
dürfte sehr viel unspezifischer sein und deshalb noch stärker von Umweltbedingungen abhängen. Man kann sich eine Person mit ererbten aggressiven Neigungen vorstellen, die in Kriegszeiten beim Militär Karriere macht,
in Friedenszeiten hingegen beim Roten Kreuz. Japanische Männer, die sich
vor 1945 für ihr Land opfern wollten, taten es nach 1945 für ihre Firma.

Wegen der Wechselwirkungen zwischen dem Organismus und seiner
Umwelt ist Erblichkeit *keine konstante Größe* (236, S. 182 ff.; 237, S. 67 ff.).
In der Verhaltensgenetik wird unter „Erblichkeit" der genetische Anteil an
den Unterschieden zwischen den Menschen innerhalb einer Population
verstanden. Wenn von der 80prozentigen Erblichkeit einer Eigenschaft,
etwa des Körpergewichts, gesprochen wird, so ist damit nicht gemeint,
dass 80% des Körpergewichts genetisch veranlagt sind, sondern dass die

Abweichungen zwischen dünnen und dicken Menschen nur zu 20% durch kulturelle Einflüsse erklärt werden können. Dieser Erblichkeitsfaktor kann sich aber im Laufe der Zeit ändern. Das verdeutlicht folgendes Gedankenexperiment: In einer Gesellschaft gibt es dünne und dicke Menschen; die Unterschiede beruhen, so sei angenommen, zur Hälfte auf genetischen Faktoren, zur anderen Hälfte auf Umweltbedingungen, etwa der sozialen Ungleichheit zwischen Armen und Reichen, sozialisatorisch erworbenen Ernährungsgewohnheiten, Umfang der körperlichen Betätigung u.a. Dann bricht eine Hungersnot aus, die den Individuen gerade noch ihr Überleben ermöglicht und sie deshalb alle abmagern lässt. Die Spannbreite der genetischen Faktoren bleibt unberührt. Weil jedoch die gesellschaftlichen Variationsmöglichkeiten weggefallen sind, ist die Erblichkeit gestiegen. Ein anderes Beispiel: In der Pubertät orientieren sich Jugendliche in ihren Denk und Handlungsweisen weniger an den Eltern und stärker an der Gruppe gleichaltriger Freunde, später kommen Partner, berufliche Vorbilder u.ä. hinzu. Dadurch werden genetisch bedingte Eigenschaften zugunsten kulturell erworbener Verhaltensweisen zurückgedrängt. In einer späteren Lebensphase spielen jedoch oft Altersgenossen keine große Rolle mehr; man wird seinen Eltern wieder ähnlicher (manchmal sogar äußerlich). Der wichtigste kulturelle Einfluss ist wohl die Familie. Wenn man diese (wie in Platons utopischem Staat in der „Politeia" geplant) abschaffen könnte, würden die erblich bedingten Unterschiede viel stärker hervortreten. Generell führt eine homogene Umwelt zu einer höheren Erblichkeit, eine sehr differenzierte Umwelt (mit sehr unterschiedlichen Sozialisations- und Bildungsverläufen) zu einem geringeren Einfluss genetischer Faktoren.

Genotyp
und Phänotyp
    Aus den dargestellten Gründen muss man unterscheiden zwischen *Genotyp und Phänotyp*. Der Genotyp ist die Gesamtheit der genetischen Programme eines individuellen Organismus, der Phänotyp die Gesamtheit seiner Merkmale, die aber auf den horizontalen Wechselwirkungen und vertikalen Bedingungsverhältnissen aller Holons beruhen. Das scheint geradezu eine Definition des Lebens zu sein (228, S. 45). Steine und Sterne unterliegen auch Umwelteinflüssen, besitzen aber kein genetisches Programm. Schon bei Pflanzen kann aus den genetischen Dispositionen nicht eindeutig auf das Erscheinungsbild geschlossen werden, weil diese sich nur in Wechselwirkung mit der Umwelt aktualisieren. Die erste Umwelt eines Gens bilden die anderen Gene sowie das biochemische Material der Umgebung. Für das gesamte Genom ist das Innere des Zellkerns die erste Umwelt. Es folgen (gemäß dem obigen Schema) weitere Umwelten, so dass sich eine Verschachtelung ergibt wie bei der russischen Puppe in der Puppe. Allerdings zählen zu den Umwelteinflüssen auch Faktoren wie die Zelle, der Uterus u.a., die auf die Seite der Natur gehören.

Sozialgefüge
    Dennoch spielen auch nicht-naturale Bedingungen eine große Rolle. Denn die höheren Schichten, über der Ebene des Organismus, sind beim Menschen keine Ökosysteme. In der Naturgeschichte der Menschen kommt es nämlich zur Distanzierung von der natürlichen Umwelt (2.4.2) und zur Konstitution komplexer sozialer Gefüge mit neuen Subeinheiten, vor allem der Familie (2.5.3). Im Laufe der kulturellen Evolution entstehen schließlich zahlenmäßig größere, heterogen zusammengesetzte und komplexer organisierte soziale Gruppen, bis hin zu den modernen Gesellschaf-

ten der Gegenwart. Diese sind wiederum Teil des Weltsystems, das solange nicht als Weltgesellschaft zu bezeichnen ist, wie Normengefüge und Kommunikation noch nicht übergreifend globalisiert sind. Wie bereits oben erwähnt, wirken die höheren Ebenen auch auf die unteren zurück, zwar nicht als notwendige Bedingungen, aber durch die Strukturierung der Beziehungen der Elemente. In einer Kleinfamilie wächst man anders auf als im Großen Haus der alteuropäischen Welt; in agrarischen Gesellschaften gibt es andere Verständigungsformen als in einer technischen Zivilisation. Da unsere Kompetenzen sich überwiegend in inter-individuellen Beziehungen verwirklichen, sind diese soziokulturellen Einflüsse nicht zu unterschätzen.

Wie man aus den bisherigen Ausführungen schließen kann, sind wir Menschen vielschichtige Naturwesen in vielschichtigen Sozialgefügen. Wir unterliegen einer Fülle notwendiger Bedingungen und stehen in komplexen Wechselwirkungen. Die Hypothese des genetischen Determinismus, die am Anfang dieses Abschnitts stand, kann man somit zurückweisen.

3.1.4 Zusammenfassung, Literaturhinweise, Fragen und Übungen

Zusammenfassung

1. In gewissem Sinne seit der Antike, vor allem seit der Mitte des 19. Jahrhunderts wird darüber gestritten, ob wichtige menschliche Eigenschaften in unserer Natur liegen oder durch soziokulturelle Einflüsse entstehen. Durch die Fortschritte der Biologie und der Sozialwissenschaften haben sich die jeweiligen Positionen stark gewandelt. Heute konzentriert sich die Debatte auf die Rolle der Gene.

2. Allerdings ist der Streit zwischen Naturalismus und Kulturalismus immer durch eine Reihe von Fehlschlüssen und Missverständnissen verzerrt worden. Aufgabe der philosophischen Anthropologie ist es, hier Aufklärungsleistungen zu erbringen: Es sind (a) naturalistische und (b) anti-naturalistische Fehlschlüsse zu vermeiden. Man darf Kulturalismus und Naturalismus weder (c) mit methodologischen noch (d) mit politischen Positionen gleichsetzen. Auch Naturalisten akzeptieren (e) Unterschiede zwischen Menschen und Schimpansen. Sowohl auf naturalistischer als auf kulturalistischer Grundlage sind (f) Gemeinsamkeiten und Unterschiede zwischen Menschen erklärbar. Der Naturalismus darf sich (g) nicht mit einer essentialistischen Interpretation der Begriffe „Art" und „Rasse" belasten. Schließlich sind (h) die Unterschiede innerhalb einer Menschengruppe (Geschlecht, Rasse, Kulturkreis, Ethnie usw.) immer größer als zwischen dieser und einer anderen Gruppe.

3. Gegen einen genetischen Determinismus sprechen folgende allgemeine Überlegungen: (a) Einzelne Verhaltensmuster lassen sich nicht auf bestimmte Gene zurückführen. Diese sind selbst bloß Teile des Genoms, das als Funktionseinheit anzusehen ist. (b) Das Genom wirkt zwar als Ganzes, aber nur auf einer unteren Ebene in einem ontologischen Schichtenmodell. Die Ganzheiten einer Schicht sind die Elemente der übergeordneten Ganzheiten; eine Entität, die, je nach Blickrichtung, Teil und Ganzes ist, wird als Holon bezeichnet. Die unteren Ebenen sind notwendige Bedingungen der höheren Ebenen, aber nicht die Ursachen der entsprechenden Phänomene. (c) Jede Ganzheit steht mit ihrer Umwelt in einer Wechselwirkung. Auf den Menschen wirken nicht nur die naturalen Einflüsse „von unten"; zumindest seine inter-individuellen Beziehungen, die für die Verwirklichung seiner Kompetenzen wichtig sind, werden auch „von oben" durch die Sozialgefüge beeinflusst, die sich von ihrer natürlichen Umwelt weitgehend entkoppelt haben.

Literaturhinweise
Zur Geschichte der Biologie kann man sich immer zuverlässig bei Ernst Mayr informieren (226, 227, 228). Zur Einführung in die Soziobiologie sollte man Dawkins
(215) lesen; eine soziobiologische Position innerhalb der Primatologie vertritt (241).
Eine soziologische Stellungnahme dazu ist (326). Die evolutionäre Psychologie
wurde begründet durch (256), zur Kritik (230) und (231). Einen „kulturmaterialistischen" Ansatz vertritt Marvin Harris (303), (304); dagegen vgl. (310). Für die verschiedenen Richtungen der historischen Anthropologie gibt es inzwischen Überblicksdarstellungen und Einführungen (334, 336, 343, vgl. 340 u. 342). Geeignete
Einführungen in die Debatten der feministischen Philosophie sind (128) und (171).
Die Theorie einer Hierarchie offener Ganzheiten übernehme ich aus dem Buch
„Das Gespenst in der Maschine" von Arthur Koestler (109), das trotz vieler überholter und zweifelhafter Auffassungen sehr lesenswert ist. Meine Ausführungen zur
Emergenztheorie stützen sich auf (134, S. 107 ff.), (195), (145, S. 255–293) und (228,
S. 42 ff.). Auch zur Naturalismus-Kulturalismus-Kontroverse kann man Bischofs „Das
Rätsel Ödipus" (270, 6. Teil) empfehlen.

Fragen und Übungen
– Überlegen Sie (vor der Lektüre des Kapitels), welche Eigenschaften des Menschen
  eher genetisch verankert und welche eher soziokulturell erworben sind.
– Ordnen Sie Positionen, die Ihnen bekannt sind, der hier entwickelten Abfolge
  naturalistischer und kulturalistischer Konzeptionen zu.
– Informieren Sie sich über folgende Forschungsprogramme: Vergleichende Verhaltensforschung, Evolutionäre Psychologie (Internet!), Historische Anthropologie.
– Lesen Sie „Das egoistische Gen" von Richard Dawkins, vor allem die ersten vier
  Kapitel. Diskutieren Sie seine Thesen.
– Finden Sie Beispiele für die im zweiten Abschnitte dargestellten Fehlschlüsse und
  Missverständnisse.
– Erläutern Sie folgende Begriffe: naturalistischer Fehlschluss, anti-naturalistischer
  Fehlschluss, Essentialismus, Holon, Emergenz.
– Welche Argumente werden im dritten Abschnitt gegen den genetischen Determinismus angeführt?
– Inszenieren Sie eine Pro-und-Kontra-Debatte zwischen Naturalisten und Kulturalisten.

3.2 Gut oder Böse?
Der Optimismus-Pessimismus-Streit

„Weil es im Wesen des Menschen liegt, daß er das Gute tun kann, deshalb sagen
wir, (seine Veranlagung) sei gut." Meng Zi, chinesischer Philosoph um 300 v. Chr.
(zit. nach 184, S. 71)

„[Es] ist klar, daß der Mensch böse veranlagt ist und das Gute an ihm erarbeitet werden muß." Xun Zi, chinesischer Philosoph um 250 v. Chr. (zit. nach 184, S. 279)

3.2.1 Eine Typologie des moralisch relevanten Sozialverhaltens

Die Frage | Kaum ein anthropologisches Problem hat die Menschen seit Urzeiten wohl
so bewegt wie das, ob der Mensch gut oder böse sei. Wenn man, wofür
oben plädiert wurde (2.5.3), den Menschen als ein sozietäres Wesen ansieht, lässt sich die Frage folgendermaßen konkretisieren: Ist im mensch-

lichen Zusammenleben eher mit altruistischen oder mit egoistischen Verhaltensweisen, mit Kooperation oder Konflikten zu rechnen? Optimistische und pessimistische Anthropologien scheiden sich an dieser Stelle.

Die erste wichtige Klärung, die die philosophische Anthropologie vornehmen kann, ist die begriffliche Erweiterung des Dualismus von Gut und Böse zu einer Dreiteilung. Es gibt nämlich zwei Varianten einer pessimistischen Anthropologie, eine dunkle und eine schwarze: Für die eine ist der Mensch schlecht, für die andere böse. Das Böse ist eine Steigerung des Schlechten, weil Leid und Zerstörung nicht nur als Mittel, sondern sogar als Zweck erstrebt wird. Schlechte Menschen lassen sich durch Strafandrohungen leichter von ihrem Tun abbringen als böse. Denn um andere zu schädigen und zu quälen, ist der böse Mensch bereit, auf eigene Vorteile zu verzichten. Im Extremfall vernichtet er willentlich sogar sich selbst; insofern handelt er aus der Sicht des gesunden Menschenverstandes irrational. Hingegen handelt der schlechte Mensch, dem es um nichts anderes als den eigenen Vorteil geht, nach einem individuellen Nutzenkalkül. Sein Pendant, der gute Mensch, stellt hingegen das allgemeine Wohlergehen über sein eigenes. Für „schlecht" und „gut" können wir in anthropologischen Zusammenhängen auch die Begriffe „Egoismus" und „Altruismus" benutzen, die die Soziobiologie zu neuen Ehren gebracht hat. Unsere Dreier-Typologie, die in ähnlicher Form zum ersten Mal von Schopenhauer entwickelt wurde (67, S. 249, 267 u. ö.), sieht also folgendermaßen aus:

Gut – Schlecht – Böse

das Böse	das Schlechte	das Gute
fremdes Leid um seiner selbst willen	eigenes Wohl auf Kosten des fremden Glücks	fremdes Wohl auf Kosten des eigenen Glücks
	Egoismus	Altruismus

Von der begrifflichen Logik her könnte es noch einen vierten Typ geben: das Streben nach dem eigenen Leid, das eigene Leid um seiner selbst willen. Schopenhauer bezeichnet diese Verhaltensweise als *Askese* (66, Bd. 4: 710 f.). Da asketische Verhaltensweisen aber in erster Linie die eigene Person betreffen, sind sie für die Frage nach dem sozialen Wesen des Menschen irrelevant und wir können sie hier ausklammern.

3.2.2 Das Böse

Im alten Griechisch wie im Lateinischen steht für „schlecht" und „böse" nur ein Wort zur Verfügung (*kakon* bzw. *malum*). Sicherlich beweist die Abwesenheit eines Wortes nicht die Abwesenheit des entsprechenden Begriffs, schon gar nicht der entsprechenden Phänomene. Dennoch wurde eine Typologie, die die bezeichneten Phänomene in ihrer ganzen Tragweite erfas-

Geschichte des Bösen

sen kann, erst an der Schwelle vom 18. zum 19. Jahrhundert entwickelt. Das zeigt ein kurzer Blick in die Diskursgeschichte.

Die klassische antike Philosophie geht vom Bild des vernünftigen Menschen aus. Die berühmte sokratische These lautet sogar, dass alle Menschen immer nur das Gute erstreben, nie das Schlechte. Platon hält daran fest, dass freiwillig keiner Schlechtes tue; nur aus Unwissenheit, schlechter Erziehung oder der Bindung an unsere körperlichen Begierden verfehlen wir das Gute (61, Men. 77c u. Tim. 86d/e). Aristoteles unterscheidet immerhin die Schlechtigkeit von der Rohheit, für die der Kannibalismus ein Beispiel ist. Aber rohe Menschen sind nicht im eigentlichen Sinne böse, sondern gar nicht zum Guten fähig. Das gilt nach Ansicht des Aristoteles für Kranke, Wahnsinnige und Barbaren (28, NE VII 1 u. VII 6).

Davon ist die christliche Antwort zu unterscheiden, die als Lehre von der Erbsünde bekannt ist. Grund des Bösen sei eine freie Gesetzesübertretung des ursprünglichen Menschen. Im Gegensatz zur klassisch-antiken Ethik wissen die frühen christlichen Denker, dass der Mensch nicht nur nach dem Guten strebt. Paulus schreibt im Römer-Brief: „Denn das Gute, das ich will, das tue ich nicht; sondern das Böse, das ich nicht will, das tue ich." (346, Röm. 7, 19) Das wird von Augustinus aufgegriffen. Das Böse sei nicht (wie bei den Sokratikern) Dummheit, sondern Überhebung. Man handle aus „Ekel vor der Gerechtigkeit" und erstrebe das „schändliche Tun selbst"; Augustins autobiographisches Beispiel mit dem Birnendiebstahl zeigt aber, wie unspektakulär das Böse gedacht wird (29, 2. Buch, IV 9).

Der große Unterschied zwischen christlicher Theologie und moderner Philosophie ist, dass jene seit Augustin behauptet, kein Mensch könne sich aus eigener Kraft von der Sünde befreien, während diese annimmt, dass der Mensch frei und seiner selbst mächtig sei. Das wird vor allem bei Kant deutlich (47, Rel. 1. Stück). Er unterscheidet zunächst zwischen der Anlage und dem Hang zum Bösen: Während die ursprünglichen Anlagen angeboren seien, stehe der Hang in unserer Verantwortung. Es gebe Anlagen zum Guten und zum Bösen, aber einen dreifachen Hang zum Bösen: Erstens zeige sich die Gebrechlichkeit der menschlichen Natur darin, dass man zwar die moralischen Maximen kennt, aber ihnen nicht folgt. Dieses Phänomen wird seit der Antike als Willensschwäche bezeichnet. Zweitens sei die Unlauterkeit des menschlichen Herzens zu konstatieren: Wir vermischen gute und schlechte Maximen, vor allem handeln wir moralisch aus unmoralischen Motiven. Drittens, und darin liegt für Kant das eigentliche Böse, entscheiden wir uns bewusst gegen die moralischen Maximen; er spricht von der Verderbtheit oder besser der Verkehrung unseres Willens. Der Ursprung des Bösen ist also für Kant unsere Freiheit, die endliche Vernunft des Menschen. Kant bezeichnet es als „teuflisch", das Böse um des Bösen willen zu tun; aber selbst er traut dies den Menschen nur ausnahmsweise zu.

Aus heutiger Sicht muss man die Harmlosigkeit dieses Ansatz monieren. Denn nach unserer Begriffseinteilung ist das von Kant so bezeichnete Böse eigentlich das Schlechte und allein das Teuflische wirklich böse. Mit dem Marquis de Sade hat Kant bereits einen Zeitgenossen, dessen literarische Gestalten aus Freiheit und mit vollem Bewusstsein das Böse um seiner selbst willen tun. Bei Schopenhauer findet sich dann, wie schon erwähnt, das ganze Spektrum anthropologischer Positionen. Aber auch im 19. Jahrhundert sind es weniger akademische Philosophen als vielmehr Schriftsteller wie Edgar Allan Poe, Charles Baudelaire und Gustav Flaubert, die das Böse thematisieren (130). Im 20. Jahrhundert hat die Verwissenschaftlichung der Anthropologie dazu geführt, dass nur noch sehr selten vom Bösen die Rede ist, sondern stattdessen von Aggressivität oder von Gewalt. Als böse sind diese Phänomene jedoch nur anzusehen, sofern es sich um selbstzweckhafte Aggressivität bzw. Gewalt um ihrer selbst willen handelt. Unter günstigen Umständen kann jemand seine Aggressivität für produktive und pro-soziale Zwecke einsetzen, manchmal muss (leider) sogar das Gute mit Gewalt durchgesetzt werden. Zudem kann das Böse auch ohne aggressiven Hintergrund geschehen.

Eine *Phänomenologie des Bösen* müsste verschiedene Gestalten unterscheiden. Die spektakulärste Form ist das *affektive Böse*. Es zeigt sich im Massaker und im Amoklauf, in sinnlosen Grausamkeiten und irrationaler Destruktivität, in einer heißen Gewalt, die nach René Girard allen Religionen und Kulturen zugrunde liegt (302, vgl. 331). Die Beteiligten erfasst ein Blutrausch, der keine Regeln kennt und alle Grenzen überschreitet. Hass muss diesen Exzessen gar nicht zugrunde liegen; die Gewalt selbst putscht die Gefühle auf; sie wirkt wie eine Sucht, die immer stärkere Dosierungen verlangt. Zudem, so heißt es, überkommt diejenigen, die wahrhaftig Herr über den Tod unzähliger anderer sind, das Gefühl, selbst unsterblich zu sein.

Vier Formen des Bösen

Den Gegenpol zum leidenschaftlichen Bösen bildet das *kalkulierte Böse*. Es entspringt nicht irgendwelchen irrationalen Emotionen, sondern dem Intellekt. Der Marquis de Sade propagierte, dass man nicht durch Leidenschaften, sondern durch Selbstbeherrschung zur größten Lust gelangen würde, die in der Erzeugung fremder Unlust liege. Der Sadist will seine Opfer nicht (sofort) töten, sondern er will sich an ihrer Angst weiden und an ihrem Leiden erfreuen; dazu benötigt er Macht, möglichst absolute Macht. Von der Regellosigkeit der heißen Gewalt unterscheidet sich die kalte Gewalt durch ihre Ordnung, an die Stelle des Exzesses tritt die systematische Quälerei und das gleichgültige Töten. In den deutschen Konzentrations- und Vernichtungslagern herrschte nicht die heiße, sondern die kalte und kontrollierte Grausamkeit.

Gerade das Beispiel des Nationalsozialismus zeigt aber auch, dass das Böse weder affektiv noch kalkuliert, weder emotional noch rational sein muss. Administrative Akte, aber auch viele alltägliche Verrichtungen exemplifizieren, wie seit Hannah Arendt gesagt wird, das *banale Böse*. Arendt hatte noch in ihrer Totalitarismus-Schrift die Verbrechen des Nationalsozialismus als das radikal Böse bezeichnet, weil es um Taten gehe, die eben nicht durch egoistische Motive wie Eigennutz, Habgier, Machtgier usw. erklärt werden können (74, S. 701). Durch den Eichmann-Prozess ändert Arendt ihre Meinung; bei Schreibtischtätern dieser Art finde man überhaupt keine Motive, vor allem kein Vorstellungsvermögen und keine Urteilskraft. Ein solcher Mensch weiß zwar, was er tut, aber er weiß nicht, was er anrichtet. Das kann sich sogar mit Intelligenz, Pflichtbewusstsein und Gesetzestreue sowie mit verschiedenen Sekundärtugenden verbinden. Deshalb spricht Arendt von der Banalität des Bösen, von dessen Alltäglichkeit, die in totalitären Gesellschaften normal werden kann (77, S. 57). Ausdrücklich lehnt sie deshalb später den Kantischen Ausdruck des „radikal Bösen" ab: Das Böse sei extrem, aber nicht radikal, weil es ohne Tiefe ist (78, S. 36).

Schließlich gibt es noch eine vierte Gestalt des Bösen, das *heilige Böse*. Nach Girards Auffassung wurde die heiße Gewalt domestiziert in Opferritualen, bei denen beliebige Sündenböcke ausgesondert und getötet werden. Wenn diese Gewalt als heiliges Werk ausgegeben wird, ist sie nicht nur erlaubt, sondern sogar geboten. Das meinte vielleicht Pascal, als er notierte: „Nie tut man Böses so vollkommen und so freudig, als wenn man es im Einklang mit seinem Gewissen tut." (59, fr. 813/895) Gewalt, die durch absolute Werte absolut gerechtfertigt ist, ist selbst absolut; sie kennt keine Ausnahme und keine Gnade. In religiös motivierten Selbstmordattentaten berühren sich die Extreme, das Heilige und das Böse. Leider finden alle Gestalten des Bösen unter den Menschen ihre Vertreter – und das Böse existiert wahrscheinlich in allen Menschen.

3.2.3 Der Egoismus

Anthropologie der frühen Neuzeit

Dennoch behauptet kaum jemand, dass Menschen nur böse seien. Aber viele würden zustimmen, dass der Mensch schlecht ist, wenn diese Schlechtigkeit durch das Verfolgen eigennütziger Absichten ohne Rücksichtnahme auf den Anderen definiert ist. Ein anderer Ausdruck dafür ist Egoismus. Einen *anthropologischen Egoismus* haben, obwohl das Wort damals noch unbekannt war, in der frühen Neuzeit viele wichtige Denker vertreten. Zu nennen ist vor allem Thomas Hobbes. Menschen streben, so seine Auffassung, nach Selbsterhaltung und nach Selbstdurchsetzung (also Macht), aber sie hätten Furcht vor dem eigenen Tod. Diese Furcht erhalte deshalb immer wieder Nahrung, weil wegen der annähernden Gleichheit aller Menschen prinzipiell jeder jeden töten könne. Da wir aber auch über eine kalkulierende Vernunft verfügten, könnten wir einsehen, dass ein Staat mit Gewaltmonopol am besten für alle sei. In diesem Staat sei alles erlaubt, was nicht verboten ist, so dass jedem in seiner Privatsphäre die Verfolgung der eigenen Interessen möglich wäre.

Deshalb kann das hobbesianische Menschenbild ergänzt werden durch das Leitbild des *homo oeconomicus*, das der klassischen Nationalökonomie zugrunde liegt. Hier ist es weniger die Furcht vor negativen Sanktionen (primär dem eigenen Tod) als das Streben nach positiven Sanktionen (nämlich materiellem Wohlstand), das die Menschen antreibt, auch in diesem Fall nicht als spontaner, sondern als kalkulierter Egoismus. Man könne durchaus auf kurzfristige Profite verzichten, sich nach außen altruistisch geben, sogar wirklich tugendhaft sein – entscheidend ist der langfristige Vorteil für sich selbst. Ein solches rationales Selbstinteresse, so die Vertreter der bürgerlichen Philosophie der Neuzeit, erweise sich sogar für alle anderen als vorteilhaft, eben durch die Begründung eines lebenssichernden Staates und eines wohlstandsfördernden Kapitalismus. Dafür prägte Mandeville eine einprägsame Formel: *private vices, public benefits* – die privaten Laster (also egoistische Handlungsweisen) führen zu öffentlichen Vorteilen. Zwar würden alle Menschen nur an ihren eigenen Vorteil denken, aber genau daraus entspringe der allgemeine Reichtum.

Dass Menschen egoistisch denken und handeln, ist evident. In Frage steht aber, ob jedes Handeln egoistisch motiviert ist, ob alle Erscheinungen der sozialen Welt durch den individuellen Egoismus erklärt werden können. Es ist ein seit vielen Jahrhunderten beliebtes Entlarvungsspiel, Menschen ihre moralische Maske herunterzureißen. Darin sind sich alle einig, die sophistische Aufklärung, die französische Moralistik, die marxistische Ideologiekritik, die nietzscheanische Machttheorie, die Freud'sche Psychoanalye, die Soziobiologie – alle liefern Argumente für die Aussage „Du glaubst nur, dass der andere altruistisch ist, in Wahrheit ist alles blanker Egoismus", ja, noch schlimmer: „Manchmal glaubst du von dir selbst, dass du dich altruistisch verhältst – auch das ist nur Egoismus".

Gegen einen generalisierten anthropologischen Egoismus sprechen jedoch die folgenden Überlegungen. Selbst wenn man, mit der modernen Ökonomie, die Menschen generell als Nutzenmaximierer ansieht, so folgt daraus nicht, dass sie egoistisch seien. Hier sind zwei Fehlschlüsse aufzudecken. Erstens: Aus dem Umstand, dass alle menschlichen Handlungen intentional (absichtlich) geschehen und man diese Intentionen dem Akteur zurechnen kann, kann man nicht folgern, dass diese Absichten egoistische sein müssten. Nach dieser falschen Logik wird die Sorge oder sogar die Hingabe für das Wohl der anderen zu einer egoistischen Handlung – die entsprechende Person habe eben bloß etwas ungewöhnliche Neigungen. Manchmal hört man sogar die Behauptung, moralisch handelnde Personen seien selbstsüchtig, weil sie ausschließlich die Reinheit des eigenen Gewissens interessiere. Der Fehler liegt darin, dass nicht zwischen den Ausdrücken „etwas erstreben" und „meinen Nutzen erstreben" unterschieden wird. Das, was ich erstrebe, muss nicht auf Kosten anderer geschehen (117).

Zweitens: Aus dem Umstand, dass mit der Realisierung von Handlungszielen generell Lust verbunden ist, kann man nicht folgern, dass diese Ziele egoistische sein müssten. Nach dieser falschen Logik wird die eigene Genugtuung über erfolgreiche Hilfeleistungen und großzügige Wohltaten zum Beleg, dass hier ein verkappter Egoismus vorliegt. Manchmal hört man sogar die Behauptung, echte Moralität müsse sich durch Askese auszeichnen. Der Fehler liegt darin, dass aus der Aussage, man freue sich über das Gelingen einer Handlung, nicht folgt, dass man nur die Freude erstrebte. Man muss unterscheiden zwischen einem (möglicherweise egoistischen) Luststreben als Motiv einer Handlung und dem (moralisch neutralen) Gefühl der Genugtuung, das sich bei der oder nach der erfolgreichen Durchführung einer Handlung einstellt. Zumindest muss das, worüber ich mich freue, nicht immer nur mein eigener Vorteil sein (45).

Schon in den frühen Neuzeit haben deshalb viele Denker verschiedene Formen des Selbstinteresses unterschieden. Berühmt ist Rousseaus Entgegensetzung von *amour de soi* und *amour propre*, von Selbstliebe und Selbstsucht (62, S. 297 Anm.; 63, S. 441 ff.; vgl. 147). Dabei ist es zweitrangig, ob die eine Eigenschaft in unserer Natur liegt und die andere soziokulturell erworben ist. In jedem Fall handelt es sich bei der *Selbstliebe* um die privilegierte Zuwendung zum eigenen Selbst, ohne die wir gar nicht

Zwei Fehlschlüsse

Selbsterhaltung und Selbststeigerung

am Leben bleiben würden; wahrscheinlich unterscheiden wir uns in dieser Hinsicht nicht von allen anderen Lebewesen. Die Selbstliebe zielt zunächst einmal als individuelle *Selbsterhaltung* auf die Sicherung der grundlegenden Voraussetzungen des Lebens, zu denen durchaus auch nicht-materielle Bedingungen gehören können. Unter extremen Umständen werden selbsterhaltende Maßnahmen reflexartig oder instinktiv durchgeführt. Wer weiß schon, wie er sich, wenn sein Leben bedroht ist, verhalten würde? In der Regel richtet sich die Selbsterhaltung nicht gegen andere. Zum Glück muss in unserer Gesellschaft normalerweise keiner um sein physisches Überleben kämpfen; auch weltweit sind (noch) genügend Ressourcen vorhanden, dass die gesamte Weltbevölkerung ihre grundlegenden Bedürfnisse befriedigen könnte.

Das Streben nach Selbsterhaltung geht nahtlos über in das Streben nach *Selbststeigerung*. Dazu können auch die effizientere Gestaltung des eigenen Alltags und ökonomische Verhaltensweisen gehören. Das ist nicht verwerflich. Nicht jede Situation ist ein Nullsummenspiel, bei dem immer einer gewinnt und ein anderer verliert. Viele Handlungen haben für andere überhaupt keine moralisch relevanten Konsequenzen. Es gibt sogar Situationen, in denen beide gewinnen – das ist die Grundlage des so genannten reziproken Altruismus (siehe unten).

Selbstdurchsetzung Problematisch wird es erst, wenn, mit Rousseau gesprochen, die Selbstliebe zur *Selbstsucht* verkommt, die uns dazu anhält, uns mit anderen zu vergleichen und sie übertreffen zu wollen. Während die Selbstliebe (so Rousseau) leicht zufrieden zu stellen sei, erzeuge die Selbstsucht ein unendliches Begehren, das schon deshalb nie an ein Ende gelangen könne, weil jeder derjenige sein möchte, der von allen anderen bewundert wird. Die Selbststeigerung wird zur *Selbstdurchsetzung*, die sich rücksichtslos gegenüber den Anderen zur Geltung bringen möchte. Die Macht, die man dadurch gewinnt, kann Menschen befriedigen, ja glücklich machen. Es gibt aber auch andere Formen des Glücks. Viel weiser sind die Menschen, die nicht nach Macht streben. Denn es sind gerade zwischenmenschliche Ereignisse, ob beim Spielen oder bei kooperativer Arbeit, vor allem in Freundschaft und Liebe, die uns glücklich machen. Auf jeden Fall ist der nach Glück strebende und der das Glück erlebende Mensch nicht notwendigerweise ein Egoist. Glück und Moral schließen sich nicht aus, auch wenn sie nicht (wie viele antike Philosophen hofften) völlig zur Deckung kommen.

3.2.4 Der Altruismus

Diese begrifflichen Unterscheidungen belegen nicht, dass der anthropologische Egoismus Unrecht hat; sie zeigen nur, dass er es sich manchmal zu einfach macht. Kann der anthropologische Egoismus nicht nur formal angezweifelt, sondern auch inhaltlich in seine Schranken gewiesen werden? Dafür müsste gezeigt werden, dass der Mensch auch über altruistische Anlagen verfügt. Wenn die universalistische Moralphilosophie nicht ein leeres Gedankenspiel, vielleicht sogar eine instrumentalisierbare Ideologie darstellen soll, muss nachgewiesen werden, dass moralische Einstellungen, die über die bisher erörterten hinausgehen, möglich sind. Letztlich ist das

Gute, ebenso wie das Böse, ein Rätsel: „Ich habe mich oft gefragt und keine Antwort gefunden, / woher das Sanfte und das Gute kommt, / weiß es auch heute nicht und muß nun gehn." (Gottfried Benn, „Menschen getroffen", 345, S. 321) Dennoch gibt es interessante Überlegungen zu den nicht-egoistischen Seiten des Menschen.

Aus soziologischer Sicht wird die Tragfähigkeit des Hobbes'schen Gedankenexperiments angezweifelt. Wenn nämlich alle Menschen zweckrationale Egoisten sind, dann kann man fragen: Warum halten sich Menschen eigentlich an einen fiktiven Vertrag, vor allem wenn sie sich unbemerkt Vorteile verschaffen können? Aus welchem Grund sollte ich zudem meinen Staat verteidigen, wenn er angegriffen wird? Was für den Hobbes'schen Naturzustand gilt, trifft auf alle sozialen Situationen in der modernen Welt zu; sie zeichnen sich durch eine doppelte Kontingenz aus: Normalerweise weiß ich nicht, wie der andere handeln wird; aber der andere ahnt auch nicht, was ich machen werde (vgl. 321, S. 148). Wie kann es dann in der Lebenswelt Verlässlichkeit und Dauerhaftigkeit geben? Ausgehend von diesen Überlegungen zweifeln deshalb viele Soziologen, dass es auf Grundlage des Egoismus ein stabiles soziales Zusammenleben geben könne. Gesellschaften seien überhaupt nur möglich, so die These Durkheims, wenn es ein normatives Kollektivbewusstsein gebe, institutionalisiert in Sittlichkeit und Religion. Allerdings meinte Durkheim, dass die gemeinsamen Werte sich wandeln und in der Moderne vom Zerfall bedroht seien.

Die Egoismus-Kritiker können sich auch auf die Biologie berufen. Der klassische Darwinismus wie die Ethologie nahmen an, dass es neben instinktiven Verhaltensweisen der Selbsterhaltung (Ernährung, Flucht usw.) noch solche der Arterhaltung (Fortpflanzung und Brutpflege) gebe; diese Erklärungen sind inzwischen obsolet (vgl. 3.1.1). Aber die Soziobiologie hat auf neuer Grundlage eine Theorie altruistischen Verhaltens entwickelt, die große Übereinstimmungen mit der Erkenntnissen der Ethnologie aufweist, vor allem hinsichtlich der unterschiedlichen Formen des Altruismus (vgl. 233, S. 149–167).

Im *schwachen Altruismus* fördert man zwar das fremde Wohl, aber man tut dies letztlich im eigenen Interesse, nämlich in der Erwartung einer Gegenleistung. Das Prinzip des schwachen Altruismus ist die *Reziprozität*. Beide Seiten profitieren; man kann von wechselseitigem Egoismus ebenso sprechen wie von wechselseitigem Altruismus. Voraussetzung ist, dass die Individuen sich als solche erkennen und an frühere Ereignisse erinnern können. Ein anschauliches Beispiel aus dem Tierreich ist das gegenseitige Kraulen der Schimpansen, ihre wechselseitige Hautpflege. Die Soziobiologie betont, dass der schwache Altruismus auch zwischen Lebewesen stattfindet, die nicht miteinander verwandt sind. Damit konvergieren Forschungsergebnisse der Ethnologie. Der französische Soziologe Marcel Mauss hat bereits 1923/24 in seiner klassischen Studie „Die Gabe" Indizien dafür geliefert, dass der gegenseitige Gabentausch ein universales Phänomen ist. Getauscht werden nicht nur materielle, sondern auch immaterielle Güter wie Dienstleistungen. Eines der wichtigsten Tauschgüter archaischer Gesellschaften sind jedoch die Frauen (vgl. 2.5.3). Die einfachste Form der Reziprozität ist der Austausch von Worten, beispielsweise

Kritik am
Hobbesianismus

Schwacher
Altruismus

von Begrüßungsformeln. Die Gegenseitigkeit kann sogar in wechselseitiger Verschuldung bestehen, in Form eines stummen Tausches vollzogen werden, mit erheblicher Zeitverzögerung stattfinden usw. Auch die archaische Strafidee (Auge um Auge) beruht auf diesem Prinzip. Starke Gefühle stabilisieren diesen Verhaltenskomplex: Dankbarkeit für eine empfangene Wohltat, Entrüstung über die fremde und Reue über die eigene Verletzung der Reziprozität. Die Erwartungen des anderen können bereits in den eigenen Handlungen berücksichtigt werden und führen zu dem Gefühl einer unbestimmten Verpflichtung (97, S. 136–142).

Starker Altruismus Im *starken Altruismus* hingegen wird keine Gegenleistung erwartet; man verzichtet tatsächlich auf das eigene Wohl zugunsten des Glücks der anderen, manchmal bis hin zur physischen Selbstaufopferung. Die bereits erwähnten Musterbeispiele im Tierreich sind die Brutpflege und Warnrufe vor Feinden. Auch diese biologischen Verhaltensmuster konvergieren mit ethnologischen Erkenntnissen. Das Organisationsprizip archaischer Gemeinschaften ist nämlich das Verwandtschaftssystem, in dem das Prinzip der *amity* gilt (299). Amity, eigentlich so viel wie Freundschaft und Friedfertigkeit, meint die Bereitschaft zu a-symmetrischen Handlungsmustern, zur Großzügigkeit, zum vorbehaltlosen Geben und zur voraussetzungslosen Hilfsbereitschaft. Die entsprechende moralphilosophische Kategorie ist das *Wohlwollen*. Dieses Prinzip gilt aber nur innerhalb des Verwandtschaftskreises; in uni-linearen Abstammungssystemen (in denen man also seine Herkunft nur von einem Elternteil ableitet) sind bereits die Schwieger-Verwandten nicht einbezogen. Noch in modernen Gesellschaften spielt dieses Handlungsmuster eine wichtige Rolle, etwa in der übermäßigen, sogar illegalen Förderung von Verwandten (Nepotismus). Die Schattenseite dieses Altruismus ist, dass für die eigene und die fremde Gruppe unterschiedliche, ja fast entgegengesetzte Maßstäbe gelten (243, S. 38–58).

Offensichtlich ergänzen sich der schwache und der starke Altruismus. Die Horden der Wildbeutergesellschaften waren intern nach dem Amity-Prinzip und extern nach dem Reziprozitätsprinzip organisiert. Allerdings wurden diese Ordnungsmuster immer durch vertikale Prinzipien ergänzt, vor allem um Rivalitäten und Konflikte zu schlichten (300; 332). So findet sich in fast allen Gesellschaften das normative Prinzip der *Pietas*, des Gehorsams und der Ehrerbietung gegenüber den Eltern, das auch die Grundlage der Ahnenverehrung bildet.

Gruppen- Nun ist es gerade die Kernthese der Soziobiologie, dass der starke Altru-
zugehörigkeit ismus sich nur im Kreis von Verwandten abspielt. So wie der schwache Altruismus sich als wechselseitiger Egoismus entpuppte, ist der starke Altruismus für die Soziobiologie nichts als ein Gen-Egoismus. Diese These kann allerdings für menschliches Handeln nicht aufrechterhalten werden, denn uneigennütziges Verhalten findet sich auch zu Gunsten von Menschen, mit denen man nicht verwandt ist. Sicherlich wird nicht jeder begünstigt. Die entscheidende Voraussetzung für einen starken Altruismus, für Hilfs- und Opferbereitschaft, scheint auch in der menschlichen Welt die Zugehörigkeit zur selben sozialen Gruppe zu sein. Aber an die Stelle der Familie bzw. des Verwandtenkreises können auch Nachbarschaften, religiöse Gemeinschaften, militärische Einheiten, soziale Klassen, die Ethnie oder die

Nation treten. Dass alle diese Kollektive vom ursprünglichen Verwandt-schaftsaltruismus zehren, merkt man daran, dass ideologisch die Ähnlich-keit zwischen ihnen und der Familie immer wieder beschworen wird; etwa wenn man das Volk als Großfamilie und den Herrscher als fürsorglichen Hausvater hinstellt. Die Hoffnung der überschwänglichen Aufklärung war, dass alle Menschen Brüder werden, dass also der starke Altruismus mit sei-nem Prinzip des Wohlwollens vom Familialismus über den Ethnozen-trismus bis zum Humanismus erweitert werden könne.

Davon sind wir sicherlich noch weit entfernt. Dennoch ist ein morali-scher Fortschritt der Menschheit nicht mit anthropologischen Argumenten auszuschließen; auf die Erweiterung des sozial-kognitiven Horizonts wurde bereits verwiesen (2.5.4). Unüberschreitbare Schranken für unsere moralische Motivation hat jedenfalls noch niemand festgestellt. Zudem kann sich ein echter (also nicht bloß gen-egoistischer) Altruismus (und somit eine universalistische Moral) noch auf zwei andere Instanzen stüt-zen; er speist sich noch aus anderen Quellen als Reziprozität und Grup-penzugehörigkeit.

Als erstes sind die *moralischen Affekte* zu erwähnen, die jeder Mensch besitzt (vgl. 2.3.3). Die Fähigkeit zur Empathie entsteht in der Regel in jedem Menschen zeitgleich (und offenbar in enger Verbindung) mit der Fä-higkeit des Selbstbezugs. Auf der Empathie bauen die moralischen Affekte auf, deren wichtigster das *Mitleid* ist. Zur Empathie sind von allen Tieren nur die großen Affen in der Lage, zum Mitleid wohl nur der Mensch. Im Unterschied zur Reziprozität und zum Verwandtschaftsaltruismus können wir Mitleid mit allen Menschen empfinden; ein weinendes Kind muss, um unsere Hilfstätigkeit zu motivieren, nicht mit uns verwandt sein und wir er-warten von ihm auch keine Gegenleistung. Das Mitleid kann sogar die Grenze zwischen den Arten überschreiten, denn wir empfinden es sogar bei Tieren.

Mitleid

Was mit „Mitleid" gemeint ist, wurde oft missverstanden; so hat es von der Stoa über Kant bis Nietzsche viele Denker gegeben, die diesen Affekt ablehnten. Die andere Traditionslinie führt von Rousseau über Schopen-hauer bis Max Scheler. Von letzterem stammt der Hinweis, dass wir zwar von „Mitleid" reden, aber nicht von „Mitschmerz"; entsprechend gibt es „Mitfreude", aber keine „Mitlust" (120, S. 24). Wir fühlen offensichtlich nur mit Wesen, denen wir mehr als körperlichen Schmerz (oder physische Lustzustände) zutrauen, nämlich das reflexive Haben von Schmerz und Lust, also Leid und Freude. Sodann sollte zwischen unterschiedlichen For-men des Mitleids differenziert werden; andere Sprachen ermöglichen dies durch verschiedene Ausdrücke (frz. „pitié", „compassion", „commiséra-tion"; engl. „pity", „compassion"). Scheler unterscheidet drei Typen des Mitleids (120, S. 142): Die schwächste Form ist das passive, distanzierte Bedauern, kaum mehr als ein kognitives Zur-Kenntnis-Nehmen fremden Leids. Dann kommt die emotionale Anteilnahme. Schließlich kann zur af-fektiven Komponente noch eine motivationale hinzutreten; man richtet sich nicht nur auf das Leid eines anderes, sondern strebt auch nach dessen Beseitigung. In der vom Christentum propagierten Tugend der Barmherzig-keit ist das Mitleid habitualisiert. Der Unterschied zwischen Wohlwollen und Mitleid liegt darin, dass dieses eher re-aktiv ist, sich auf das sichtbare

Leid eines anderen bezieht, hingegen jenes aktiv (ohne äußeren Anlass) das Glück der anderen erstrebt.

Praktische Vernunft Schließlich gibt es noch die menschliche Vernunft. Im Anschluss an Aristoteles können wir dem Menschen die Fähigkeit zusprechen, praxisbezogene Überlegungen anzustellen, mit dem Ziel, das Gute zu erstreben und zu verwirklichen. Aus der *praktischen Vernunft*, so jedenfalls Kant, entspringt der kategorische Imperativ, die Stimme unseres vernunftgeleiteten Gewissens. Es sagt uns: „Jeder Mensch ist eine Person wie du. Alle, die ‚ich' sagen können, verdienen dieselbe Achtung." Analog zur theoretischen Vernunft (vgl. 2.2.3) fordert die praktische Vernunft die Reflexion auf unser normatives Wissen, das Vorbringen von Gründen sowie die Allgemeingültigkeit der Handlungsregeln. Als Vermögen des Allgemeinen dringt unsere Vernunft auf eine praktische Universalisierung; niemand darf etwas für sich in Anspruch nehmen, was er (unter ansonsten gleichen Bedingungen) nicht auch allen anderen zugestehen würde. Zweifel sind jedoch hinsichtlich der motivatorischen Kraft der Vernunft angebracht, obwohl man nicht so weit gehen muss wie Hume, der in der Vernunft bloß eine Sklavin unserer Gefühle sah (44, Bd. II: 153). Am besten hat es vielleicht Freud ausgedrückt: „Wir mögen noch so oft betonen, der menschliche Intellekt sei kraftlos im Vergleich zum menschlichen Triebleben, und recht damit haben. Aber es ist doch etwas Besonderes um diese Schwäche; die Stimme des Intellekts ist leise, aber sie ruht nicht, ehe sie sich Gehör verschafft hat. Am Ende, nach unzählig oft wiederholten Anweisungen, findet sie es doch." (92, Bd. IX: 186, vgl. Bd. I: 598)

Erscheinungsformen des Guten Insgesamt haben wir also vier Wurzeln des Guten gefunden: Reziprozität, Wohlwollen, moralische Affekte, praktische Vernunft. Davon unterscheiden sollten wir die Erscheinungsformen des Guten, die sich komplementär zur Phänomenologie des Bösen entwickeln lassen. Beispiele für das *affektive Gute* sind spontane Gesten der Unterstützung und Großzügigkeit gegenüber Fremden, aber auch selbstlose Liebe und Freundschaft. Das *kalkulierte Gute* zeigt sich in individuell beharrlich verfolgten Wohltätigkeitsmaßnahmen ebenso wie in kollektiv organisierten Hilfsaktionen, getragen oft durch ehrenamtlich tätige Personen. Weniger offensichtlich als diese Phänomene ist das zur Banalität des Bösen komplementäre *banale Gute*; die Orientierung an außergewöhnlichen Heldentaten verstellt den Blick auf die alltägliche Moral, auf Kooperation, Solidarität und Menschlichkeit in der Lebenswelt. Schließlich gibt es das *heilige Gute*: Für absolut legitimierte Werte sind Menschen bereit, sich zu opfern, allerdings sind sie auch bereit, andere mit in den Tod zu nehmen. In einer solchen „Hypermoral" berühren sich die Extreme.

3.2.5 Die Grenzen der Anthropologie

Resultate Ist der Mensch nun gut oder böse? Das erste Ergebnis dieses Kapitels sollte sein, dass der Dualismus von Gut und Böse sowie selbst der Trialismus von Böse/Schlecht/Gut zu undifferenziert sind. Es gibt *sehr unterschiedliche Gestalten* des Bösen, des Schlechten und des Guten, die teilweise noch ineinander übergehen wie in heiligen Heldentaten oder im reziproken Altruismus, der zugleich ein wechselseitiger Egoismus ist. Das zweite Ergebnis muss sein, dass die Grenzen zwischen Gut und Böse nicht zwischen Rassen, Klassen, Völkern oder Geschlechtern verlaufen, sondern *quer durch jeden Menschen*. Solschenizyn fügt hinzu: „Diese Linie ist beweglich, sie schwankt im Laufe der Jahre. Selbst in einem vom Bösen besetzten Herzen hält sich ein Brückenkopf des Guten. Selbst im gütigsten Herzen – ein uneinnehmbarer Schlupfwinkel des Bösen." (358, S. 343) Alle Gestalten sind überall zu finden, jederzeit können sie in Erscheinung treten. Deshalb ist der Mensch weder gut noch schlecht oder gar böse, sondern er ist sowohl gut wie schlecht als auch böse – potentiell. Eine Anthropologie, die dieser Uneindeutigkeit nicht Rechnung trägt, die, anders gesagt, kein Gleichgewicht zwischen Optimismus und Pessimismus herstellen kann, ist unzureichend oder sogar ideologisch missbrauchbar.

Daran schließt sich eine weitere wichtige anthropologische Einsicht an. Sie lautet, dass die Anthropologie *nicht ausreicht*, um individuelle Handlungen zu erklären, auch nicht das von Menschen getätigte Gute, Schlechte und Böse. Vielmehr werden zusätzlich andere Erklärungen benötigt: Man muss vor allem mikro- und makrosoziale Bedingungen einbeziehen, die sich nicht auf die an diesen Situationen beteiligten einzelnen Menschen zurückführen lassen. Das bestätigen sozialpsychologische Befunde, aber auch alltägliche und historische Erfahrungen.

Am berühmtesten ist das von Stanley Milgram Anfang der sechziger Jahre durchgeführte Experiment. In der klassischen Anordnung fordert ein Leiter, der mit der Autorität eines Wissenschaftlers auftritt, die Versuchspersonen (die von ihrem Status nichts wissen) dazu auf, bei anderen Personen dadurch Lernerfolge zu erzielen, dass sie diese bei einem Misserfolg bestrafen. Sie können nämlich ihren Schülern (die in Wahrheit nur schauspielern) durch einen einfachen Knopfdruck Elektroschocks verpassen. Während des Experiments wurden die Versuchspersonen vom Leiter dazu ermuntert, die Stärke der fingierten Elektroschocks zu steigern; wenn dies geschah, waren Schmerzensschreie zu hören. Das bestürzende Ergebnis ist nun, dass die Mehrheit der Teilnehmer bereit war, die Strafaktionen bis hin zu lebensgefährlichen Stromstärken fortzuführen. Auch diejenigen, deren Geschlecht, Bildungsgrad, soziale Herkunft usw. nicht auf ein gewalttätiges Potential schließen ließ, sogar Menschen, die ansonsten viel Mitgefühl zeigen, fügen den vermeintlichen Versuchspersonen immer stärkere Schmerzen zu.

Zwei Experimente

Ebenso erschreckend sind die Resultate des spektakulären Stanford-Prison-Experiments, das wenige Jahre später von Philipp Zimbardo ersonnen wurde (268, S. 410–413). Junge Männer, die sich freiwillig gemeldet hatten, wurden nach dem Zufallsprinzip in zwei Gruppen eingeteilt: Die eine Gruppe sollte für einen gewissen Zeitraum die Rolle von Gefangenen übernehmen, die andere ihre Wächter spielen. Die Wächter entwickelten rasch typische Eigenschaften von Menschen, die Gefallen an ihrer absoluten Macht gewinnen, während die Gefangenen sich schnell unterwerfen und bei passender Gelegenheit rebellieren. Ein entscheidender Faktor ist offensichtlich die *Depersonalisierung und Dehumanisierung* des anderen: Wenn der andere erst einmal seiner individuellen Würde beraubt ist, wenn er nur noch eine Nummer ist und aus dem Kreis der Menschheit ausgeschlossen wurde, kann man mit ihm alles machen. Depersonalisierung und Dehumanisierung gehen weiter als der übliche Schematismus des Feindbildes: Feinde sind vermeintlich böse Menschen; wer depersonalisiert wurde, ist nur noch Teil einer anonymen Masse, wer dehumanisiert wurde, gar kein Mensch mehr.

Situation Ähnliche Beobachtungen hat man immer wieder gemacht: Wer zufällig einer Gruppe angehört, übernimmt bedenkenlos die dort geltenden Werte und ist bereit, die Mitglieder einer anderen Gruppe zu verachten, obwohl er, wenn der Zufall es gewollt hätte, dieser hätte ebenfalls angehören können. In einem Eisenbahnabteil entwickeln Personen, die einander fremd sind und nur zufällig zusammensitzen, gemeinsam eine spontane Abneigung gegenüber neuen Fahrgästen, die sich dazusetzen wollen. Aber schon an der nächsten Station sind diese integriert, die Antipathie richtet sich nun gegen die nächsten Passagiere, die ebenfalls ihren Platz beanspruchen (350, S. 11–15). Soziologen sprechen von spontanem Ethnozentrismus, Ethologen von Pseudo-Speziation. Hinzu kommt der Konformitätsdruck, der durch verschiedene Gruppenexperimente eindringlich aufgezeigt wurde. Sehr viele Menschen sind bereit, ihre begründeten Überzeugungen preiszugeben, wenn die (in dieser Weise instruierte) Mehrheit ihrer Gruppe ihnen widerspricht. Jedoch ein einziger Verbündeter reicht manchmal aus, um gegen die Mehrheit an seiner Meinung festzuhalten (268, S. 415 ff.; 263, S. 636).

Anpassung und Konformitätsdruck, Gehorsam und Autoritätshörigkeit sind offensichtlich menschliche Eigenschaften, die je nach Situation zu völlig unterschiedlichen Verhaltensweisen führen können. Das erklärt auch, warum die meisten SS-Schergen nach dem Zweiten Weltkriegs wieder ein unauffälliges Leben führen konnten. Jede Macht findet die Menschen, die sie benutzen kann und die ihr gehorchen; Menschen übernehmen fast immer die ihnen zugewiesenen Rollen; manchmal reicht es, sie in eine Uniform zu stecken. Auf jeden Fall lassen sich Situationen herstellen, in denen „ganz normale Männer" zu schrecklichsten Gewalttaten fähig sind (329). Um solche Verbrechen künftig zu verhindern, müssen nicht die Menschen geändert werden, sondern die gesellschaftlichen und politischen Verhältnisse, in denen sie leben. Der Mensch ist moralisch das nicht-festgestellte Tier: böse, schlecht und gut. Hingegen steht fest, dass sich das Böse eher in totalitären als in demokratischen Systemen ereignet. Das ist die Lehre, die man aus den ungeheuerlichen Verbrechen des 20. Jahrhunderts ziehen muss.

3.2.6 Zusammenfassung, Literaturhinweise, Fragen und Übungen

Zusammenfassung

1. Die alte Streitfrage, ob Menschen eher gut oder böse seien, muss zunächst weiter differenziert werden: Philosophisch lassen sich das Böse, das Schlechte und das Gute unterscheiden.
2. Das Böse ist die Schädigung anderer als Selbstzweck. Erst in der Moderne haben Philosophen die volle Tragweite dieser menschlichen Veranlagung begriffen. Es

lassen sich unterschiedliche Gestalten des Bösen unterscheiden: das affektive Böse, das kalkulierte Böse, das banale Böse und das heilige Böse.

3. Das Schlechte ist die Verfolgung eigener Interessen auf Kosten anderer. Dafür kann man den Begriff „Egoismus" benutzen. Allerdings sollte man zwischen Selbstliebe und Selbstsucht bzw. zwischen Selbsterhaltung, Selbststeigerung und Selbstdurchsetzung unterscheiden.

4. Das Gute ist das Handeln zugunsten des Wohls anderer. Anthropologisch kann man den Begriff des Altruismus aufgreifen und vier Wurzeln altruistischen Verhaltens unterscheiden: (a) Reziprozität, (b) Wohlwollen, (c) moralische Affekte, (d) praktische Vernunft.

5. Die Anthropologie stößt insofern an ihre Grenzen, als in allen Menschen jederzeit alle Formen zu finden sind. Zusätzlich muss man die soziale Situation betrachten, die dem einen Menschen die eine und dem anderen Menschen eine andere Rolle zuweist.

Literaturhinweise

Eine populäre Einführung zum Problem des Bösen bietet das Buch von Rüdiger Safranski (182), empfehlenswert ist auch (189). Lorenz' Buch über „Das sogenannte Böse" (224) ist zwar in vielen Einzelheiten überholt, aber immer noch interessant zu lesen. Die berühmte These von der „Banalität des Bösen" findet sich in Hannah Arendts Buch „Eichmann in Jerusalem" (77). Als dessen Gegenstück kann das Buch von Todorov, „Angesichts des Äußersten" (202), gelten, denn hier wird die These von der Banalität des Guten formuliert. In meiner Darstellung der vier Wurzeln des Altruismus folge ich implizit Gehlens umstrittenen Buch „Moral und Hypermoral" (100), das, gegen den Strich gelesen, eine interessante Theorie unserer moralischen Motivation enthält (vgl. 198, S. 77–83). Wer sich für Ethnologie interessiert, kann sich in (308) und (311) einen Überblick verschaffen. Zur Sozialpsychologie lese man die entsprechenden Passagen in einem Lehrbuch; empfehlenswert ist (268, Kap. 9).

Fragen und Übungen

– Führen Sie eine (Straßen-)Umfrage durch: Ist der Mensch gut oder böse? Lassen sich die Antworten auf Geschlecht, Alter, soziale Position etc. zurückführen?
– Informieren Sie sich über die Geschichte des Begriffs „das Böse".
– Lesen Sie das Kapitel über das radikal Böse in Kants Religionsschrift. Inwiefern können wir seine Auffassungen heute noch teilen, inwiefern nicht?
– Was ist unter „Egoismus" zu verstehen? Erläutern Sie die hier entwickelten Differenzierungen.
– Was verstehen Sie unter „Altruismus"? Erläutern Sie die hier entwickelten Differenzierungen.
– Inwiefern zeigt sich bei diesem Problemkomplex, dass die Anthropologie an ihre Grenzen stößt?
– Erläutern Sie folgende Begriffe: das banale Böse, homo oeconomicus, Reziprozität, Depersonalisierung.
– Sehen Sie den Film „Das Experiment" (Deutschland 2001; Regie: Oliver Hirschbiegel). Inwiefern sind die dort dargestellten Phänomene als realistisch anzusehen?
– Inszenieren Sie eine Pro-und-Kontra-Debatte zwischen verzweifelten Pessimisten und euphorischen Optimisten. Lassen Sie auch die Anhänger des anthropologischen Egoismus zu Wort kommen.

3.3 Zentrum oder Peripherie?
Die Stellung des Menschen im Kosmos

„Denn kein anderes Wesen wirklich ist mehr zu bejammern /
Als der Mensch von allem, was atmet und kriecht auf der Erde." Homer (353, XVII:
446 f.)

„Welch ein Meisterwerk ist der Mensch! Wie edel durch Vernunft! Wie unbegrenzt
an Fähigkeiten! In Gestalt und Bewegung wie bedeutend und wunderwürdig! Im
Handeln ähnlich einem Engel! Im Begreifen wie ähnlich einem Gott! Die Zierde
der Welt!" William Shakespeare (357, 2. Aufzug, 2. Szene)

3.3.1 Kopernikanische Dezentrierungen

Wenn die philosophische Anthropologie die Frage nach der Stellung des
Menschen im Kosmos stellt, geht es nicht um Astronomie. Gemeint ist
nicht der Ort, sondern der Stellenwert des Menschen in der Ordnung der
Dinge. Allerdings wird auch eine solche Betrachtung Wissen über das Universum und seine Geschichte einbeziehen müssen.

Schlüsselstellung
des Menschen
    In den mythischen Weltbildern der meisten traditionalen Gesellschaften
besitzt der Mensch eine *Schlüsselstellung*. Das bedeutet nicht unbedingt,
dass er im Mittelpunkt alles Seienden steht oder dass er das höchste und
wertvollste Wesen ist – über dem Menschlichen steht in jedem Fall das,
was für das Heilige oder das Göttliche gehalten wird. Aber die Menschen
hätten, so meint man, auf eine besondere Weise Zugang zum Heiligen
oder Anteil am Göttlichen, als einzige Lebewesen auf Erden oder vielleicht
sogar im Universum. Durch den Menschen, im Menschen seien Endliches
und Unendliches, Profanes und Heiliges verbunden. In diesen Gesellschaften strebt man danach, möglichst nahe an den Orten zu leben, die als hei-
lig gelten, am Nabel der Welt (298, S. 15). Nicht zuletzt gilt die Erde als
Mittelpunkt des Kosmos. In der antiken Philosophie sind es vor allem die
Stoiker, die den Menschen auf Grund seines *Logos* als vollkommenes
Wesen ansehen, dessentwegen alles geschaffen sei, sogar das Firmament
mit seinen Sternen als Schauspiel für unsere Augen (31, 2. Buch). Im christlichen Denken schließlich ist der Mensch das Ebenbild Gottes. Dieses
schöne Weltbild ist uns (auch wenn wir es immer wieder verdrängen) verloren gegangen, der Mensch ist seiner Schlüsselstellung beraubt. Nietzsche
hat diagnostiziert, dass wir seit Kopernikus immer kleiner werden (58,
Bd. 5: 404); Freud hat später sehr eingängig drei Schritte einer Dezentrierung unterschieden (92, Bd. I: 283 f.; 93, S. 7 ff.), denen weitere gefolgt
sind.

Kosmologische
Kränkung
    Am Anfang steht die kosmologische Dezentrierung: Seitdem Kopernikus
das geozentrische Weltbild des Ptolemäus durch ein heliozentrisches er-
setzte, leben wir Menschen nicht mehr in der Mitte des Universums. Schon
wenige Jahrzehnte später war bekannt, dass auch unsere Sonne keineswegs das Zentrum bildet. Heute wissen wir, dass unser Planet um einen
gelben Zwergstern kreist, der sich in einem der spiralförmigen Arme unserer Galaxie befindet, die aus einigen hundert Milliarden Sternen besteht

und mit einigen anderen eine kleine Gruppe bildet, ein Cluster. Andere Galaxienhaufen sind sehr viel größer; sie haben mehrere tausend Mitglieder. Bewährte kosmologische Theorien belehren uns darüber, dass wir uns am Rande unserer Galaxie, der Milchstraße, befinden. Galaxien gibt es vielleicht so viele, wie unsere Milchstraße Sterne hat: 100 Milliarden. Nicht nur in unserem Sonnensystem kreisen Planeten um eine Sonne; aber wahrscheinlich sind die anderen von der Erde so weit entfernt, dass wir sie niemals erreichen können. Selbst künftiger Funkkontakt mit extraterrestrischen Intelligenzen gilt als sehr unwahrscheinlich. Schließlich darf man nicht vergessen, dass der größte Teil des Universums leer ist. Wahrscheinlich steht uns sogar noch ein weiterer Dezentrierungsschritt vor: die Entdeckung, dass es nicht nur ein Universum gibt, sondern viele, also ein Multiversum.

Entsprechendes gilt für die zeitlichen Dimensionen: Die Anfangssingularität, vulgär als „Urknall" bezeichnet, liegt viele Milliarden Jahre zurück; die Schätzungen schwanken zwischen 10 und 20. Unsere Sonne ist 5 Milliarden Jahre alt und wird wohl noch ebenso lange Licht und Energie spenden, sich aber dann in einen Roten Riesen verwandeln, der alles Leben auf der Erde (wenn es dann noch welches gibt) vernichtet, vielleicht sogar den ganzen Planeten verschluckt. Wie lange es noch das Universum geben wird, weiß keiner. Verschiedene Szenarien wurden entwickelt; momentan glauben viele Experten, dass dem Universum noch eine lange Zeit bevorsteht, mehr als man früher annahm, vielleicht 100 Milliarden Jahre. Allerdings könnte dies eine langweilige Zukunft sein, ohne komplexe Strukturen, kein Pulsieren zwischen einem Anfangs- und einem Endzustand, kein dramatischer Zusammenbruch. Metaphorisch gesprochen: Der Tod dauert sehr viel länger als das Leben (vgl. 82, S. 154). Alle diese Zahlen bewegen sich in Dimensionen, die wir uns ohnehin nicht vorstellen können. Gegenüber der endlosen Weltzeit ist unsere Lebenszeit nicht einmal der Bruchteil einer Sekunde (81, S. 71–79).

Aber besitzt der Mensch nicht wenigstens auf der Erde eine Sonderstellung? Die biologische Kränkung, die sich mit dem Namen von Charles Darwin verbindet, besteht jedoch darin, dass wir Menschen selbst Tiere sind, ein Produkt der Naturgeschichte, entstanden nach denselben Mechanismen wie alle anderen Lebewesen. Die biochemischen Grundlagen unserer Existenz sind die gleichen wie bei allen Tieren und Pflanzen; unser Genom ist zu 98% deckungsgleich mit dem der großen Affen, zu zwei Dritteln mit dem der Maus, noch zur Hälfte mit dem einer Fliege. Auch hier lassen sich weitere Kränkungen ergänzen (206, S. 21 f.): Die neurobiologische Kränkung ist, dass unser Gehirn ein Produkt der Naturgeschichte ist und sich strukturell kaum von dem der anderen Wirbeltiere unterscheidet. Die soziobiologische Kränkung ist, dass unser Verhalten ebenfalls aus dem Tierreich hervorgegangen ist, dass selbst unser Altruismus (oft) nichts weiter als ein Gen-Egoismus ist. Die ökologische Kränkung ist, dass wir Menschen in ein komplexes Ökosystem eingebunden sind, dass wir uns der natürlichen Lebensbedingungen nicht einfach entledigen können.

Selbst die Behauptung, dass wir Menschen als späte Produkte der Naturgeschichte deren komplexeste und interessanteste Gestalten sind, muss in diesem Zusammenhang zurückgewiesen werden (vgl. 220). Warum soll

Biologische Kränkung

etwas, das später entsteht oder komplexer ist, besser sein als das Frühere oder Einfachere? Zudem ist die Evolution kein unilinearer Prozess, sondern hat auf verschiedenen Strängen zu großartigen Spitzenprodukten geführt. Außerirdische würden vielleicht andere Lebewesen viel interessanter finden, etwa Bakterien, Bienen oder Delphine. Schon Platon wies darauf hin, dass die Kraniche in ihren Klassifikationssystemen nicht zwischen Pflanzen, Tieren und Menschen, sondern zwischen Pflanzen, Tieren und Kranichen unterscheiden (61, Pol. 263d). Der Mensch ist nur eine von weit über 10 Millionen Arten, die es derzeit noch gibt (vgl. 234).

Psychologische Kränkung — Die dritte Dezentrierung, so Freud, sei durch die Psychoanalyse bewirkt worden, hat aber ihre Vorläufer bei Philosophen wie Schopenhauer. Denn obwohl der Mensch sich aus der Mitte des Universums vertrieben und in das Reich der Tiere zurückgestoßen sah, war er immer noch stolz auf seine Vernunft. Tatsächlich aber können wir uns nicht auf uns selbst verlassen. Auf der einen Seite ist unser bewusstes Seelenleben nur eine dünne Schicht über einem brodelnden Vulkan; wir wissen nicht einmal, was sich dort unten abspielt. Auf der anderen Seite steht ein grausamer Zwingherr, das Über-Ich, das gegen uns uralte Strafandrohungen zur Geltung bringt. Das Ich ist, so Freud, nicht Herr im eigenen Hause.

Andere Denker haben weitere Kränkungen erwähnt. So nennt Carnap in einem ähnlichen Zusammenhang neben Kopernikus, Darwin und Freud noch Marx, der die großen Haupt- und Staatsaktionen auf niedere materielle Interessen und anonyme ökonomische Prozesse zurückführte, und Nietzsche, der die wenig erfreulichen Wurzeln unserer Moral ausgrub (85, S. 110). Von Montaigne über Schopenhauer bis Monod sind daraus extrem pessimistische Konsequenzen gezogen (57, Bd. II: 186; 65, Bd. III: 9; 229, S. 151 u. 157). Wie dem auch sei, nach den bisherigen kopernikanischen Dezentrierungen befinden wir uns irgendwo am Rande von Raum und Zeit, verkörpern ein zufälliges, durch unwahrscheinliche Bedingungen begünstigtes Spätprodukt der Naturgeschichte und sind kaum in der Lage, mit unseren Artgenossen wie mit uns selbst freundlich umzugehen.

3.3.2 Ptolemäische Gegenrevolutionen

Freud interessierte sich für dieses Thema nicht als Anthropologe, sondern als Tiefenpsychologe. Ihm war aufgefallen, dass alle Dezentrierungen psychischen Widerstand mobilisieren. Sie können als Kränkungen unserer Eigenliebe aufgefasst werden, durchaus vergleichbar denen, die wir im Laufe unserer Ontogenese durchmachen müssen, wenn wir uns (so Freuds Theorie) von unserem frühkindlichen Narzissmus befreien, also einer Weltsicht, in der alles auf uns zugeschnitten zu sein scheint. Deshalb antworten auf die kopernikanischen Dezentrierungen immer wieder ptolemäische Gegenrevolutionen. Einige seien hier dargestellt, wiederum nur in skizzenhafter Zuspitzung und nicht in historischer Abfolge.

Anthropologisches Prinzip — Als erste ptolemäische Gegenrevolution bezeichne ich die Bemühungen, in der Kosmologie das *anthropische Prinzip* zu etablieren (146, S. 157–161; vgl. 160). Den Ausgangspunkt bildet die Erkenntnis, dass die Geschichte des Universums auch ganz anders hätte verlaufen können. In seiner gegenwärtigen Gestalt beruht es auf einer Fülle von unwahrscheinlichen Rahmenbedingungen und Naturgesetzen. Um Haaresbreite wäre schon kurz nach dem Urknall die gesamte Materie wieder kollabiert oder in alle Richtungen zerstreut worden. Wenn es den Mond nicht geben würde, den toten Begleiter der Erde, hätte unser Heimatplanet keine stabile Atmosphäre ausbilden können. Schließlich wird bekanntlich die biologische Evolution durch zufällige Mutationen und die Unwägbarkeiten des Selektionsprozessses vorangetrieben (219). Nicht nur unser individuelles Leben (2.4.5), das Leben überhaupt gehorcht dem Prinzip Zufall. Alles ist kontingent und doch so exakt aufeinander abgestimmt, dass irgendwann der *Homo sapiens* entstehen konnte. Wie ist das möglich? Die Vertreter des anthropischen Prinzips behaupten: Von Anbeginn war das Universum in seinen Ausgangsbedingungen und seinen Gesetzesstrukturen so beschaffen, dass es Leben und sogar uns als Beobachter hervorbringen musste. Für den Kosmos ist Vernunft gleichsam eine notwendige Bedingung, auch wenn diese erst nach einigen Milliarden Jahren hervortritt.

In dieser Form beruht das anthropische Prinzip auf einem Denkfehler, auf einer gedanklichen Verzerrung, die wir uns an unserer eigenen Existenz als Individuen klarmachen können. Auch die Tatsache, dass ich als der Mensch existiere, der ich bin, beruht auf einer Fülle von Zufällen. Sie reichen von den Kontingenzen der genetischen Rekombination über biographische Ereignisse im Leben meiner Eltern bis zu den Wirren der Geschichte des 20. Jahrhunderts. Daraus aber zu folgern, dass die Menschheitsgeschichte auf meine individuelle Existenz abgestimmt war, ist genau das, was Freud diagnostizierte: Narzissmus. Sinn hat das anthropische Prinzip nur in einer sehr schwachen Version auf der erkenntnistheoretischen Ebene: Es kann uns anleiten, nach den versteckten und komplexen Bedingungen zu suchen, die unsere Existenz ermöglichen.

Die zweite ptolemäische Gegenrevolution möchte die *Sonderstellung des Menschen* im Reich der lebendigen Natur retten. Wenn nun aber nach Darwin kaum noch Argumente beigebracht werden können, dass der Mensch das vollkommenste Tier ist, dass er qualitativ etwas Besseres ist als andere Lebewesen – dann bleibt noch die andere Möglichkeit, ihn zum einzigen Mängelwesen der Natur zu erklären, zu einem total unwahrscheinlichen Zufall, zum bösesten aller Tiere, zum „Untier" (155). Alle anderen Lebewesen, so behaupten die Ptolemäer, seien optimal an ihre Umwelten angepasst und organisch spezialisiert, nur der Mensch nicht. Alle anderen Tiere besäßen Regulationsmechanismen, die verhindern, dass sie sich und ihre Umwelt zerstören, nur der Mensch nicht.

Diese Auffassung lässt sich mit biologischen Einsichten schnell widerlegen. Von einer optimalen Anpassung aller anderen Lebewesen kann keine Rede sein. 99% aller Arten sind im Laufe der Naturgeschichte ausgestorben; die heute existierenden Arten wird dieses Schicksal ebenfalls ereilen (wenn wir sie nicht vorher ausrotten). Die Auffassung, in der Natur sei alles perfekt gestaltet, bezeichnet man (unter Anspielung auf eine dogmatisch-optimistische Figur in Voltaires „Candide") als Panglossianismus (218). Die panglossianische Sicht der Natur ist aber falsch, unter teleologischen und unter darwinistischen Prinzipien. Zudem sind wir Menschen von der Evolution keineswegs so stiefmütterlich behandelt worden, wie es die Vertreter

Mängelwesen

der Mängelwesen-Theorie meinen. Wir sind ebenso ein Produkt der Naturgeschichte wie alle anderen Tiere. Und so böse oder schlecht, wie manche meinen, sind wir Menschen nun auch wieder nicht. Ein Beleg dafür ist die Tatsache, dass die Anzahl der „Morde" in allen bisher untersuchten Säugetierpopulationen erheblich höher liegt als in Los Angeles (264, S. 232). Bei den Verfechtern der Mängelwesen- bzw. Untier-These findet sich ein Umkippen von einem Extrem ins andere, das für narzisstische Störungen typisch ist, das Schwanken zwischen den Vorstellungen der eigenen Grandiosität und der eigenen Minderwertigkeit: Wenn ich nicht der Größte sein kann, dann möchte ich wenigstens der Kleinste sein. In naturgeschichtlicher Hinsicht ist beides falsch: Menschen sind einzigartige Wesen, aber von einer Einzigartigkeit, die (wie schon dieses Wort ausdrückt) alle Arten besitzen.

Neuer Mensch Bleiben die beiden ersten Gegenrevolutionen auf der Ebene der Theorie, der Deutung der menschlichen Existenz, so möchte die dritte praktisch werden, um dem Menschen tatsächlich eine bessere Stellung verschaffen. Gemeint ist die Idee, einen *Neuen Menschen* zu kreieren. Die heutigen Verfechter eines Neuen Menschen sind Anhänger der *Reprogenetik*. Darunter verstehe ich eine Kombination verschiedener medizinischer Bereiche, der Reproduktionsmedizin, der Gentechnik und der Keimbahnmanipulation. Auf diese Weise könnte man in den nächsten Jahrzehnten nicht nur die menschliche Fortpflanzung optimieren und viele Krankheiten beseitigen, sondern auch in das menschliche Erbgut eingreifen. Zunächst ließen sich genetische Defekte, dann die Anlagen zu unerwünschten Eigenschaften beseitigen, um schließlich konstruktiv unsere DNS-Struktur zu verbessern. Denn nach Ansicht der Reprogenetiker sei der Mensch tatsächlich ein Mängelwesen; aber damit müssen wir uns nicht abfinden – wir können ihn immer weiter vervollkommnen. Der Mensch ist ein Produkt, das erst entworfen und hergestellt werden muss.

Diese Vision ist allein deshalb ernst zu nehmen, weil mit ihr ein allgemeiner Trend der Philosophiegeschichte auf den Punkt gebracht wird. Die Menschen früherer Zeiten haben sich als Substanz verstanden, als gegenständliches Etwas. Nach christlicher Auffassung beruht Erkenntnis auf Liebe, Wahrheit wird uns als Gnade zuteil. Dagegen protestiert das neuzeitliche Denken: Der Mensch ist nicht Substanz, sondern Subjekt. Nur durch unsere eigenen konstruktiven Akte gelangen wir zur Wahrheit; am besten lässt sich das erkennen, was wir selbst hergestellt haben. Deshalb wird schließlich die Subjekt-Philosophie in der technischen Moderne durch das Projekt-Denken radikalisiert. Heute wollen wir alles entwerfen: nicht nur Städte und Häuser, sondern auch Körper und Kinder (88, S. 17 f., 24 f.). In der Gegenwart heißt es nicht mehr „Erkenne dich selbst", sondern „Erfinde dich selbst" (210, S. 236).

Die reprogenetischen Projekte werfen eine Fülle ökonomischer und technischer, vor allem aber moralischer und politischer Probleme auf, die an anderer Stelle diskutiert werden müssen. Die philosophische Anthropologie nährt jedoch die Skepsis gegenüber den Verwirklichungsmöglichkeiten dieser Visionen. Aus den Ergebnissen der beiden vergangenen Kapitel lässt sich folgern, dass reproduktions- und gentechnische Eingriffe keinen völlig neuen Menschen schaffen werden. Unser Genom bildet ein komplexes Ganzes, in dem nicht einfach einzelne Teile ausgewechselt werden können. Darüber hinaus ist die Reparatur eines defekten Elements (also eine negative Eugenik, die sich gegen Erbkrankheiten richtet) immer noch erheblich einfacher als die Konstruktion neuer Eigenschaften (also eine positive Eugenik). Wer meint, man könne beispielsweise die menschliche Aggressivität durch reprogenetische Merkmalsplanung dämpfen, hat von Anthropologie wenig verstanden. Wir sind ohnehin nicht identisch mit unserem Genom, dieses bildet bloß eine Ebene eines Schichtenmodells (3.1.3). Darüber hinaus wird unser Handeln in starkem Maße von der jeweiligen Situation bestimmt, von gesellschaftlichen Bedingungen (3.2.5). Wäre beispielsweise eine genetische Optimierung der menschlichen Moralität möglich, so würden sich auf Grund der gesellschaftlichen Dynamik bald neue normative Unterschiede auftun, neue Außenseiter und neue Eliten bilden usw. (319, S. 163–178). Schließlich darf die Rolle der Kontingenzen in der Entwicklung von Genom, Hirnstrukturen, sozialen Verhältnissen usw. nicht vernachlässigt werden.

Sehr viel konsequenter sind deshalb diejenigen, die sich des menschlichen Leibes, des alten Adams, ganz entledigen wollen. Dieser sei, so meinen die Anhänger der *computertechnischen* Version des Neuen Menschen, ohnehin ein Auslaufmodell (163). Die menschlichen Rechenkapazitäten (die sie mit dem Geist verwechseln) sollen jedoch bis ins Unendliche gesteigert werden. Wir sollten unser gesamtes Bewusstsein auf Mikrochips transferieren, damit die Evolution auf einem neuen, leistungs- und widerstandsfähigeren Substrat fortgesetzt werden könne. Aus psychoanalytischer Sicht liegt die Vermutung nahe, dass es sich hier um den Abwehrmechanismus einer Identifikation mit dem Angreifer handelt. Dass Computer besser rechnen, Schach spielen, Daten verwalten können als wir, hat bei diesen Personen zu einer narzisstischen Kränkung geführt (266, S. 382 f.). Noch stärker als bei den reprogenetischen Entwürfen will man sich der Tätigkeiten entledigen, die uns Menschen schwer fallen: Erziehung, Liebe, Politik. Sollte sich dieses Projekt durchsetzen, wäre nicht nur die philosophische Anthropologie überflüssig, sondern der Mensch im wahrsten Sinne des Wortes am Ende.

Allerdings darf darauf hingewiesen werden, dass bisher alle Visionen eines Neuen Menschen gescheitert sind. Der Neue Mensch ist nämlich eine alte Idee. Vereinzelt finden wir sie schon im griechischen Denken, etwa in den eugenischen Phantasien Platons. Einige Strömungen im Christentum hoffen auf eine völlige Verwandlung des alten Adam, der durch Jesus von Nazareth überwunden wurde. Im 18. Jahrhundert vertreten viele Aufklärer die Idee einer Vervollkommnung (Perfektibilität) des Menschen, wobei sich Rousseau noch teleologisch an alten Idealen orientiert, andere aber schon an ein endloses Fortschreiten denken. Die utopischen Sozialisten der ersten Hälfte des 19. Jahrhunderts greifen den Gedanken auf, dass man irgendwann sogar Tod, Verbrechen, Schicksalsschläge usw. abschaffen könnte. Im 20. Jahrhundert finden wir die Idee des Neuen Menschen im Bolschewismus und im Nationalsozialismus ebenso wie bei den Neuen Linken von 1968 und in der ästhetischen Avantgarde. Wenn man aus diesem historischen Abriss eine Lehre ziehen kann, dann ist es die, dass die reprogenetischen und computertechnischen Visionen einen Neuen Menschen genauso scheitern werden wie alle früheren, weniger an ihren Gegnern als an ihrem eigenen Größenwahn. Zudem sind die Ingenieure des Neuen Menschen selbst fehlbare Individuen der alten Art.

Ebenso wahrscheinlich ist aber, dass die medizinischen und technischen Fortschritte unser Leben weiter verändern und uns gleichsam stärker auf den Leib rücken werden. So wie Leichenöffnungen und Schutzimpfungen (gegen die es zunächst auch großen Widerstand gab) inzwischen zum Alltag gehören, werden wir uns wohl an Organtransplantationen, elektronische Implantate, neurochirurgische Eingriffe usw. gewöhnen. Dadurch wird sich auch das menschliche Selbstverständnis verändern. Aber solche Transformationen hat es immer gegeben, mit Sicherheit an den großen Epochenschwellen der Menschheitsgeschichte. Dass wir mit dem Bestehenden, auch mit uns unzufrieden sind, ist eine anthropologische Konstante. Denn wir sind Wesen, bei denen deskriptives und normatives Selbstbild nicht identisch sind. Gegen die Bemühung, sein Selbst an einem normativen Ideal zu messen, ist prinzipiell nichts einzuwenden. Das Streben nach Verbesserung ist legitim, fraglich ist nur, welcher Schritt in die richtige Richtung führt. Neue Menschen entstehen auf diesem Wege aber nur in dem Sinne, wie auch wir gegenüber unseren Vorfahren neu sind.

3.3.3 Die Zwiespältigkeit des Menschen

Zentralisierung aus der Innenperspektive

Alle ptolemäischen Gegenrevolutionen scheitern. Die Peripherie-These ist richtig – aus der Außenperspektive. Denn aus der Innenperspektive ist klar: Wir sind es, die den Kosmos beobachten und trotz unserer Randstellung schon so viel über ihn in Erfahrung gebracht haben. Wir sind es, die allein Maßstäbe konstruieren und begründen, mit denen man Fortschritte und Rückschritte in der Naturgeschichte feststellen kann. Wir sind es, die als Subjekte Projekte haben (wie auch immer diese, wiederum von uns selbst, einzuschätzen sein mögen). Aus der Innenperspektive können wir gar nicht anders, als uns selbst zum Mittelpunkt unserer Lebenswelt zu machen. Zudem sind allein wir es, die überhaupt nur Bedeutung (im doppelten Sinne als Sinn und als Relevanz) in die Welt bringen, auch wir allein, die Werte setzen. Aus der Außenperspektive fällt es schwer, im Geist des Menschen etwas prinzipiell Besseres zu sehen als im Sozialsystem der Ameisen oder im Rüssel des Elefanten oder gar in den chemischen Reaktionen in einem Stern. Aus der Innenperspektive sind jedoch allein wir es, die uns am Wahren, Guten und Authentischen orientieren.

Größe und Elend des Menschen

Aus dem vertretenen Ansatz ergibt sich also eine dritte Position, aber keine, die sich in der ausgleichenden Mitte zwischen den beiden anderen befindet. Denn beide sind richtig; der Mensch besitzt eine ambivalente Stellung im Kosmos. Der erste bedeutende Vertreter einer solchen dialektischen Anthropologie ist Blaise Pascal. Immer wieder spricht er von „Größe und Elend des Menschen". Für die eine Seite, die Nichtigkeit und Verlorenheit des Menschen, stehen die unermesslichen Weiten des leeren Universums. Für die andere Seite, die Größe und Würde des Menschen, greift Pascal auf die klassische Definition des *animal rationale* zurück. Der Mensch gleicht einem zerbrechlichen Schilfrohr, die Natur kann ihn problemlos zermalmen; aber er weiß um seine Schwäche, seinen Tod, er allein kann das Gute denken. Dieselbe anthropologische Position vertritt auch Kant, in seinen berühmten Sätzen am Ende der „Kritik der praktischen Vernunft": „Zwei Dinge erfüllen das Gemüt mit immer neuer und zunehmender Bewunderung und Ehrfurcht, je öfter und anhaltender sich das Nachdenken damit beschäftigt: der bestirnte Himmel über mir und das moralische Gesetz in mir. ... Der erstere Anblick einer zahllosen Weltenmenge vernichtet gleichsam meine Wichtigkeit als eines tierischen Geschöpfs ... Der zweite erhebt dagegen meinen Wert als einer Intelligenz unendlich durch meine Persönlichkeit ..." (47, KpV 288 u. 290). Wenn es um die Stellung des Menschen im Kosmos geht, können wir Innen- und Außenperspektive nicht zur Deckung bringen. Der Mensch ist beides (und vieles mehr): Substanz und Subjekt, Staubkorn und moralisches Wesen, Natur und Geist.

3.3.4 Zusammenfassung, Literaturhinweise, Fragen und Übungen

Zusammenfassung
1. In traditionalen Weltbildern besitzt der Mensch eine Schlüsselstellung. In Anlehnung an Freud unterscheidet man drei kopernikanische Dezentrierungen, die kosmologische seit Kopernikus, die biologische seit Darwin und die psychologische seit Freud selbst. Weitere ließen sich ergänzen. Ihr Resultat ist, dass wir Menschen uns am Rande von Raum und Zeit befinden sowie zufällige Naturwesen mit einer schwachen Vernunft sind.
2. Als ptolemäische Gegenrevolutionen bezeichne ich Bestrebungen, den Menschen zurück in eine Schlüsselposition zu bringen: das Konzept des anthropischen Prinzips in der Kosmologie, der Begriff des Mängelwesens bzw. des Untiers in der Biologie sowie die Visionen des Neuen Menschen, die heute vor allem bei Reprogenetikern und Computertechnikern zu finden sind. Aber alle ptolemäischen Gegenrevolutionen sind (soweit wir sehen können) zum Scheitern verurteilt. Allerdings soll damit nicht bestritten werden, dass neue Erkenntnisse und neue Technologien unser Selbstverständnis erheblich verändern könnten.
3. Aus der Außenperspektive ist die periphere Stellung des Menschen nicht zu bestreiten. Aus der Innenperspektive können wir jedoch gar nicht anders, als uns zum Zentrum unserer Lebenswelt zu machen. Die daraus resultierende Ambiguität des Menschen ist nicht zu beseitigen.

Literaturhinweise
Einführend zu diesem Thema empfehle ich verschiedene Aufsätze von Franz Josef Wetz (210, S. 102–137, S. 186–211 u. S. 212–236; vgl. auch 211). Zum anthropischen Prinzip und der kosmischen Sinnsuche lese man (160). Einen guten Überblick zu den heutigen Debatten über die Vision eines Neuen Menschen gibt Fukuyama (138, Teil I). Zur Kritik an den gentechnischen Visionen des Neuen Menschen kann man (179) heranziehen; Intimfeind der computertechnischen Revolutionäre ist Joseph Weizenbaum (208). Im dritten Abschnitt orientiere ich mich außer an Pascal (59) und Kant (47, KpV) vor allem an Helmut Plessner (114, S. 341–346) und an Thomas Nagel (169, S. 11–23; 170, S. 80–84).

Fragen und Übungen
- Wie lässt sich die Frage nach der Stellung des Menschen im Kosmos verstehen?
- Listen Sie alle kopernikanischen Dezentrierungen auf und erläutern Sie ihre Konsequenzen für unser Selbstverständnis.

– Warum spricht Freud von narzisstischen Kränkungen?
– Informieren Sie sich über die Fortschritte der Gentechnik und der Künstlichen-Intelligenz-Forschung. Spekulieren Sie über die Veränderungen, die diese für unser menschliches Selbstverständnis haben werden.
– Lesen Sie die „Gedanken" Pascals (59), vor allem die Abschnitte „Elend" (Fr. 53–76), „Größe" (Fr. 105–118) und „Widersprüche" (Fr. 119–131) sowie die Fragmente zum „Mißverhältnis des Menschen" (Fr. 199–201).
– Erläutern Sie folgende Begriffe: narzisstische Kränkung, anthropisches Prinzip, Panglossianismus, Reprogenetik.
– Inwiefern lassen sich Innen- und Außenperspektive des Menschen bei der Frage nach seiner Stellung im Kosmos nicht zur Deckung bringen?
– Inszenieren Sie eine Pro-und-Kontra-Debatte zwischen Anhängern der Zentrums- und Anhängern der Peripherie-Position.

3.4 Epilog: Verschiedene Versionen

Was ist der Mensch? Wer sind wir? In einem alt-griechischen Schöpfungsmythos hat der Titan Prometheus die Menschen aus Lehm geschaffen (vgl. 355). „Hier sitz ich, forme Menschen / Nach meinem Bilde, / Ein Geschlecht, das mir gleich sei, / Zu leiden, zu weinen, / Zu genießen und zu freuen sich …" (Goethe) Er stiehlt den Göttern das Feuer und unterweist uns in seinem Gebrauch. Als die große Flut kommt, kann er seinen Sohn Deukalion warnen und so das Ende der Menschheit verhindern. Bei Hesiod ist Prometheus ein hinterlistiger Empörer, der letztlich nur Unheil über die Menschen gebracht hat. Hingegen verschafft er uns bei Aischylos nicht nur die technischen Künste, sondern verleiht den Menschen überhaupt erst Vernunft, die Schrift und die Zahlen. In beiden Versionen wird er für seine Aufsässigkeit gegen die Götter an den Kaukasus gefesselt, wo ihm ein Adler jeden Tag die Leber heraushackt. Der Schmerz ist grenzenlos, denn über Nacht wachsen die Eingeweide nach. Allerdings hat der mächtige Zeus den Menschen die prometheischen Geschenke nicht wieder abgenommen, zur Strafe aber im Gegenzug in der Büchse der Pandora Krankheiten und Schmerzen geschickt, jedoch auch die Hoffnung, die Leiden zu überwinden.

Von Platon über Francis Bacon bis Günther Anders haben viele Philosophen diesen Mythos aufgegriffen, ebenso viele Schriftsteller, zum Beispiel das Ehepaar Mary und Percy Shelley. Als sie den verregneten Sommer des Jahres 1816 in der Schweiz verbringen, erfindet Mary den modernen Prometheus: Es ist niemand anderes als Dr. Frankenstein, der mit intelligentesten technischen Mitteln einen künstlichen Menschen schafft; das Monster wird jedoch zum Mörder an seinem Konstrukteur und dessen Angehörigen. Wenig später, während eines Rom-Aufenthalts, verfasst ihr Mann eine Art Fortsetzung des Aischylos-Dramas: Zwar wird Zeus gestürzt, aber Prometheus ist durch seine Leiden zur moralischen Vollkommenheit geläutert, so dass er auf erneute Rache verzichtet und sich mit den Göttern versöhnt.

Was hat das alles zu bedeuten? Eine Antwort findet sich bei Schelling: „Prometheus ist der Gedanke, in dem das Menschengeschlecht, nachdem es die ganze Götterwelt aus seinem Innern hervorgebracht, auf sich selbst zurückkehrend, seiner selbst und des eigenen Schicksals bewußt wurde …

Prometheus ist jenes Princip der Menschheit, das wir Geist genannt haben" (64, S. 492 = II/1 482). Wir selbst sind Prometheus. Sein Name, der sich mit „der Vorausdenkende" übersetzen lässt, steht für unsere wichtige Eigenschaft, uns mit einem großen Zeithorizont im Denken und Handeln an der Zukunft ausrichten zu können. So wie bei Aischylos des Prometheus Mutter die Erdgöttin ist, ist der Mensch ein Kind der Natur. Geschwister haben wir jedoch keine; wir sind allein im Kosmos. Der Kaukasus ist die Erde, die wir nicht verlassen können; die Schmerzen, unter denen wir leiden, fügen wir uns zum größten Teil selber zu. Die Moderne ist zwar nicht der entfesselte Prometheus, aber die Entfesselung der prometheischen Geschenke.

Aber welcher Prometheus sind wir? Der verschlagene Titan, der Unheilbringer, der Gesetzesbrecher – oder der einfühlsame Kulturschöpfer, der Leidende, der sich gegen Ungerechtigkeit Empörende? Prometheus als Menschenbildner: Konstruieren wir mit Reproduktionsmedizin und Gentechnik neue Wesen – oder unterziehen wir uns der mühseligen Aufgabe, die kommende Generation in die menschliche Kultur einzuführen? Was machen wir mit den prometheischen Errungenschaften: Nutzen wir das Feuer für Atombomben oder für die Abschaffung von Hunger und Elend? Wozu dient uns unsere Vernunft? Als List oder zur Versöhnung?

Literaturverzeichnis

Weil es sich um ein Einführungsbuch handelt, wird in der Regel die am besten zugängliche Ausgabe genannt, auch bei fremdsprachigen Klassikern meistens eine Übersetzung, aber (fast) immer mit der Erscheinungsdatum der Erstausgabe. Zur besseren Orientierung ist die Literatur geordnet: Am Anfang (1) stehen allgemeine Einführungen in die philosophische Anthropologie. Die dann folgenden philosophischen Titel (2) sind zeitlich gegliedert: a) Klassiker bis zum Ende des 19. Jahrhunderts; b) wichtige Bücher des 20. Jahrhundert; c) gegenwärtige Philosophie. Die umfangreiche humanwissenschaftliche Literatur (3) ist nach Fachgebieten geordnet, um ein Einarbeiten zu erleichtern. Es ist zu beachten, dass die Zuordnung zu den Rubriken nicht immer eindeutig ist.

1. Allgemeine Hilfsmittel zur philosophischen Anthropologie

a) Einführungen

(1) Arlt, Gerhard: Philosophische Anthropologie. Stuttgart 2001.
(2) Fahrenbach, Helmut: Art. Mensch. In: H. Krings/ H. M. Baumgartner/Chr. Wild (Hrsg.): Handbuch philosophischer Grundbegriffe, Bd. 2. München 1973. S. 888–913.
(3) Ferber, Rafael: Philosophische Grundbegriffe 2: Mensch, Bewußtsein, Leib und Seele, Willensfreiheit, Tod. München 2003.
(4) Gebauer, Gunter: Art. Anthropologie. In: A. Pieper (Hrsg.): Philosophische Disziplinen. Ein Handbuch. Leipzig 1998. S. 11–34.
(5) Grawe, Ch./Hügli, A. u. a.: Art. Mensch. In: J. Ritter u. a. (Hrsg.): Historisches Wörterbuch der Philosophie, Bd. 5. Basel 1980. Sp. 1059–1105.
(6) Groethuysen, Bernhard: Philosophische Anthropologie. München/Berlin 1928/²1931.
(7) Habermas, Jürgen (1958): Anthropologie (ein Lexikonartikel). In: ders.: Kultur und Kritik. Verstreute Aufsätze. Frankfurt a. M. 1973. S. 89–111 [auch in: A. Diemer/I. Frenzel (Hrsg.): Philosophie (= Fischer Lexikon 11). Frankfurt a. M. 1958. S. 18–35].
(8) Haeffner, Gerd: Philosophische Anthropologie. Stuttgart ³2000.
(9) Heller, Bruno: Fragen der Philosophie, Teil III: Was ist der Mensch? Was sollen wir tun? o. O. [Norderstedt] 2002 (Book on Demand).
(10) Höffe, O. (Hrsg.): Der Mensch – ein politisches Tier? Essays zur politischen Anthropologie. Stuttgart 1992.
(11) Honneth, Axel/Joas, Hans: Soziales Handeln und menschliche Natur. Anthropologische Grundlagen der Sozialwissenschaften. Frankfurt/New York 1980.
(12) Kamlah, Wilhelm: Philosophische Anthropologie. Sprachkritische Grundlegung und Ethik (1972). Mannheim 1984.
(13) Landmann, Michael: Philosophische Anthropologie. Menschliche Selbstdeutung in Geschichte und Gegenwart. West-Berlin 1955.
(14) Landmann, Michael u. a.: De homine. Der Mensch im Spiegel seines Gedankens. Freiburg/ München 1962.
(15) Marquard, Odo: Art. Anthropologie. In: J. Ritter (Hrsg.): Historisches Wörterbuch der Philosophie, Bd. 1. Stuttgart/Basel 1971. Sp. 362–374.
(16) Marquard, Odo: Zur Geschichte des philosophischen Begriffs „Anthropologie" seit dem Ende des achtzehnten Jahrhunderts. In: ders.: Schwierigkeiten mit der Geschichtsphilosophie. Aufsätze. Frankfurt a. M. 1982. S. 122–144.
(17) Mühlmann, Wilhelm E.: Geschichte der Anthropologie. Frankfurt/Bonn ²1968.
(18) Paetzold, Heinz: Der Mensch. In: E. Martens/ H. Schnädelbach (Hrsg.): Philosophie. Ein Grundkurs. Reinbek 1985. S. 440–479.
(19) Scherer, Georg: Anthropologie. Faszination Philosophie 5. Bamberg 2004.
(20) Schnädelbach, Herbert: Epilog: Der Mensch. In: ders.: Philosophie in Deutschland 1831–1933. Frankfurt a. M. 1983. S. 263–281.

b) Textsammlungen

(21) Gebauer, G. (Hrsg.): Anthropologie. Leipzig 1998.
(22) Oelmüller, W./Dölle-Oelmüller, R./Geyer, C.-F. (Hrsg.): Diskurs: Mensch. Philosophische Arbeitsbücher, Bd. 7. Paderborn u. a. 1985.
(23) Schüßler, W. (Hrsg.): Philosophische Anthropologie. Freiburg 2000.

c) Didaktisches

(24) Dierkes, H. (Hrsg.): Philosophische Anthropologie. Arbeitstexte für den Unterricht (Sekundarstufe II). Stuttgart 1990.

(25) Fröhlich, M./Hastedt, H./Runtenberg, C./Thies, C. (Hrsg.): Praxishandbücher Philosophie/Ethik, Bd. 4: Anthropologie. Hannover 2004.

(26) Heller, B. (Hrsg.): Grundkurs Philosophie, Bd. 1: Einführung in die Philosophie. Philosophische Anthropologie. München [2]1995.

(27) Mäckler, A./Schäfers, C. (Hrsg.): Was ist der Mensch …? 1111 Zitate geben 1111 Antworten. Köln 1989.

2. Philosophische Literatur

a) Klassische philosophische Literatur

(28) Aristoteles (384–322 v. Chr.): Aristotelis Opera, hrsg. von I. Bekker, Berlin 1831–1870 (mit Seiten- und Zeilenzahl); benutzte Einzelausgaben in deutscher Übersetzung (zitiert mit Angabe von Buch und Kapitel):
– Metaphysik (dt. von H. Bonitz). Reinbek 1994 (Abkürzung: Met.).
– Nikomachische Ethik (dt. von O. Gigon). München 1972 (NE).
– Poetik (dt. von M. Fuhrmann). Stuttgart 1982 (Poet.).
– Politik (dt. von O. Gigon). München 1973 (Pol.).
– Rhetorik (dt. von G. Krapinger). Stuttgart 1999 (Rhet.).
– Topik (dt. von E. Rolfes). Hamburg 1992 (Top.).
– Über die Seele (dt. von W. Theiler). Hamburg 1995 (ÜS).
– Über die Teile der Tiere (dt. von A. v. Frantzius). Aalen 1978 (TT).

(29) Augustinus, Aurelius: Bekenntnisse (lat. ca. 397, dt. von K. Flasch u. B. Mojsisch). Stuttgart 1989.

(30) Cicero, Marcus Tullius: Vom pflichtgemäßen Handeln (De officiis, 44 v. Chr., dt. von H. Gunermann). Stuttgart 1976.

(31) Cicero, Marcus Tullius: Vom Wesen der Götter (De natura deorum, 45 v. Chr., dt. von O. Gigon u. L. Straume-Zimmermann). Zürich 1996.

(32) Cicero, Marcus Tullius: Gespräche in Tusculum (45 v. Chr., dt. von O. Gigon). München 1971.

(33) Descartes, René: Meditationen über die Grundlagen der Philosophie, mit den sämtlichen Einwänden und Erwiderungen (lat. 1641, dt. von A. Buchenau). Hamburg 1994.

(34) Diels, H./Kranz, W. (Hrsg.): Fragmente der Vorsokratiker, 3 Bde. Berlin [5]1951 u. ö. (zitiert nach der Standard-Nummerierung, die sich auch in allen anderen Ausgaben findet; enthält auch die Fragmente von Demokrit und den Sophisten).

(35) Diogenes Laertius: Leben und Meinungen berühmter Philosophen (griech. 3. Jh. n. Chr., dt. von O. Apelt). Hamburg 1998.

(36) Engels, Friedrich: Der Anteil der Arbeit an der Menschwerdung des Affen (1876). In: Karl Marx/Friedrich Engels: Werke, Bd. 20. Ost-Berlin 1962. S. 444–455.

(37) Ferguson, Adam: Versuch über die Geschichte der bürgerlichen Gesellschaft (engl. 1767, dt. von H. Medick). Frankfurt a. M. 1986.

(38) Feuerbach, Ludwig: Grundsätze der Philosophie der Zukunft (1843/[2]1846). In: ders.: Gesammelte Werke, Bd. 9. Hrsg. W. Schuffenhauer. Ost-Berlin 1979. S. 264–341.

(39) Fichte, Johann Gottlieb: Die Bestimmung des Menschen (1800). Hamburg 2000.

(40) Hegel, Georg Wilhelm Friedrich: Werke in 20 Bänden, hrsg. von E. Moldenhauer u. K. M. Michel. Frankfurt a. M. 1969–71 u. ö. (mit Bandnummer und Seitenzahl):
– Phänomenologie des Geistes (1807, Bd. III).
– Enzyklopädie der philosophischen Wissenschaften, 3. Teil ([3]1830, Bd. X).
– Vorlesungen zur Philosophie der Geschichte (Bd. XII).

(41) Hobbes, Thomas: Vom Menschen (De homine, 1658); Vom Bürger (De cive, 1642). Elemente der Philosophie II/III. Dt. von M. Frischeisen-Köhler u. G. Gawlick. Hamburg [3]1994.

(42) Hobbes, Thomas: Leviathan oder Stoff, Form und Gewalt eines kirchlichen und bürgerlichen Staates (engl. 1651, dt. von W. Euchner). Frankfurt a. M. 1984.

(43) Humboldt, Wilhelm von: Schriften zur Sprachphilosophie (Werke, Bd. 3, hrsg. von A. Flitner u. K. Giel). Darmstadt [8]1996.

(44) Hume, David: Ein Traktat über die menschliche Natur, 2 Bde. (engl. 1739/40, dt. von Th. Lipps). Hamburg 1989.

(45) Hume, David: Über Würde und Gemeinheit der menschlichen Natur (engl. 1741, dt. von S. Fischer). In: ders.: Politische und ökonomische Essays, Bd. 1. Hrsg. U. Bermbach. Hamburg 1988. S. 88–93.

(46) Hume, David: Eine Untersuchung über die Prinzipien der Moral (engl. 1751, dt. von G. Streminger). Stuttgart 1984.

(47) Kant, Immanuel: Gesammelte Schriften (Akademie-Ausgabe). Berlin 1900ff. (zitiert mit Sigel, Seitenzahl oder Paragraph):
– Kritik der reinen Vernunft (1781/1787, Bd. III/IV = KrV).
– Kritik der praktischen Vernunft (1788, Bd. V, S. 1–163 = KpV).
– Kritik der Urteilskraft (1790, Bd. V, S. 165–485 = KdU).

- Die Religion innerhalb der Grenzen der bloßen Vernunft (1793, Bd. VI, S. 1–202 = Rel.).
- Anthropologie in pragmatischer Hinsicht (1798, Bd. VII, S. 117–333 = Anthr.).
- Logik. Ein Handbuch zu Vorlesungen (hrsg. von G. B. Jäsche, Bd. IX, S. 1–150 = Logik).

(48) Kierkegaard, Søren: Der Begriff Angst (dän. 1844, dt. von G. Perlet). Stuttgart 1992.

(49) Kierkegaard, Søren: Die Krankheit zum Tode (dän. 1849, dt. von G. Perlet). Stuttgart 1997.

(50) Leibniz, Gottfried Wilhelm: Neue Abhandlungen über den menschlichen Verstand (ca. 1705). In: ders.: Philosophische Schriften, Bd. III.1 (frz./dt.). Hrsg. W. v. Engelhardt/H. H. Holz. Frankfurt a. M. 1965/²1986.

(51) Locke, John: Versuch über den menschlichen Verstand, 2 Bde. (1689/²1694, dt. von C. Winckler). Hamburg ⁴1981.

(52) Locke, John: Zwei Abhandlungen über die Regierung (1689/²1694, dt. von H. J. Hoffmann). Frankfurt a. M. 1977.

(53) Mandeville, Bernard: Die Bienenfabel oder Private Laster, öffentliche Vorteile (engl. 1714, dt. von W. Euchner). Frankfurt a. M. 1980.

(54) Marx, Karl nach: Marx, Karl/Friedrich Engels: Werke (MEW). Ost-Berlin 1956 ff. (zitiert mit Band und Seitenzahl):
- Ökonomisch-philosophische Manuskripte (1844). In: MEW Ergänzungsband I. S. 465–588.
- Thesen über Feuerbach (1845). In: MEW, Bd. 3. S. 5 7.
- Die deutsche Ideologie (1845/46). In: MEW, Bd. 3. S. 9–530.
- Der achtzehnte Brumaire des Louis Bonaparte (1852). In: MEW, Bd. 8. S. 111–207.
- Vorwort zur „Zur Kritik der politischen Ökonomie" (1859). In: MEW, Bd. 13. S. 7–11.
- Das Kapital, Bd. 1 (1867/²1873). In: MEW, Bd. 23.
- Kritik des Gothaer Programms (1875). In: MEW, Bd. 19. S. 11–32.

(55) Marx, Karl: Grundrisse zur Kritik der politischen Ökonomie (Rohentwurf) (1857). Ost-Berlin 1953.

(56) La Mettrie, Julian Offray de: Der Mensch eine Maschine (frz. 1748, dt. von Th. Lücke). Leipzig ²1984.

(57) Montaigne, Michel de: Essais (frz. 1580/²1588, dt. von H. Stilett). Frankfurt a. M. 1998.

(58) Nietzsche, Friedrich: Sämtliche Werke. Kritische Studienausgabe (KSA), hrsg. von G. Colli u. M. Montinari. München 1999:
- Menschliches, Allzumenschliches I und II (1878/79/80) (= KSA 2).
- Zur Genealogie der Moral. Eine Streitschrift (1887) (= KSA 5, S. 245–412).
- Nachgelassene Fragmente 1884–1885 (= KSA 11).
- Nachgelassene Fragmente 1885–1887 (= KSA 12).

(59) Pascal, Blaise: Gedanken über die Religion und einige andere Themen (frz. 1656–1662, dt. von U. Kunzmann). Stuttgart 1987.

(60) Pico della Mirandola, Giovanni: Oratio de hominis dignitate/Rede über die Würde des Menschen (lat. 1486, dt. von G. v.d. Gönna). Stuttgart 1997.

(61) Platon (427–347 v. Chr.): Sämtliche Werke in zehn Bänden, dt. von F. Schleiermacher, hrsg. von K. Hülser. Frankfurt a. M. u. Leipzig 1991 (zitiert mit Abkürzung und Stephanus-Paginierung):
- Apologie (Des Sokrates Verteidigung). In: Bd. I (Apol.).
- Kriton. In: Bd. I (Krit.).
- Protagoras. In: Bd. I (Prot.).
- Charmides. In: Bd. I (Charm.).
- Alkibiades I. In: Bd. II (Alk. I).
- Gorgias. In: Bd. II (Gorg.).
- Menon. In: Bd. III (Men.).
- Phaidon. In: Bd. IV (Phd.).
- Politeia. In: Bd. V (De re publica = Rep.).
- Phaidros. In: Bd. VI (Phdr.).
- Theaitetos. In: Bd. VI (Tht.).
- Politikos. In: Bd. VII (Pol.).
- Timaios. In: Bd. VIII (Tim.).
- Nomoi. In: Bd. IX (Leges = Leg.).

(62) Rousseau, Jean-Jacques: Abhandlung über den Ursprung und die Grundlagen der Ungleichheit (frz. 1754/1755, dt. von M. Mendelssohn). In: ders.: Schriften, Bd. 1. Hrsg. von H. Ritter. Frankfurt a. M 1988. S. 165–302.

(63) Rousseau, Jean-Jacques: Emile oder Über die Erziehung (frz. 1762, dt. von E. Sckommodau). Stuttgart 1963.

(64) Schelling, Friedrich Wilhelm Joseph: Philosophische Einleitung in die Philosophie der Mythologie oder Darstellung der reinrationalen Philosophie (1847–1852). In: ders.: Ausgewählte Schriften, Bd. 5.1. Hrsg. M. Frank. Frankfurt a. M. 1985. S. 263–582.

(65) Schiller, Friedrich: Über die ästhetische Erziehung des Menschen in einer Reihe von Briefen (1795). Hrsg. K. Hamburger. Stuttgart 1965.

(66) Schopenhauer, Arthur: Die Welt als Wille und Vorstellung (1818/²1844/³1859). In: ders.: Zürcher Ausgabe, Bd. 1–4. Zürich 1977.

(67) Schopenhauer, Arthur: Die beiden Grundprobleme der Ethik (1840). In: ders.: Zürcher Ausgabe, Bd. 6. Zürich 1977.

(68) Smith, Adam: Theorie der ethischen Gefühle (engl. 1759, dt. von W. Eckstein). Hamburg 1985.

(69) Stirner, Max: Der Einzige und sein Eigentum (1845). Stuttgart 1979.

(70) Thomas von Aquino: Summe der Theologie, 3 Bde. Hrsg. J. Bernhart. Stuttgart ³1985.

b) Klassiker des 20. Jahrhunderts

(71) Adorno, Theodor W.: Minima Moralia. Reflexionen aus dem beschädigten Leben (1951). Frankfurt a. M. 1984.

(72) Adorno, Theodor W.: Negative Dialektik (1966/²1967). Frankfurt a. M. 1975.

(73) Anders, Günther: Die Antiquiertheit des Menschen, Bd. I: Über die Seele im Zeitalter der technischen Revolution (1956); Bd. II: Über die Zerstörung des Lebens im Zeitalter der dritten industriellen Revolution (1980). München 1987.

(74) Arendt, Hannah: Elemente und Ursprünge totaler Herrschaft (amerik. 1951). München/Zürich 1986.

(75) Arendt, Hannah: Vita activa oder Vom tätigen Leben (amerik. 1958: The Human Condition). München/Zürich ⁴1985.

(76) Arendt, Hannah: Über die Revolution (amerik. 1963). München 1974.

(77) Arendt, Hannah: Eichmann in Jerusalem. Ein Bericht von der Banalität des Bösen (amerik. 1964, dt. von B. Granzow). Leipzig 1990.

(78) Arendt, Hannah: Ich will verstehen. Selbstauskünfte zu Leben und Werk. Hrsg. von U. Ludz. München/Zürich 1996.

(79) Bergson, Henri: Denken und schöpferisches Werden. Aufsätze und Vorträge (frz. 1934, dt. von L. Kottje). Hamburg 1993.

(80) Bloch, Ernst: Das Prinzip Hoffnung. 3 Bde. (1959). Frankfurt a. M. ⁷1980.

(81) Blumenberg, Hans: Lebenszeit und Weltzeit (1986). Frankfurt a. M. 2001.

(82) Blumenberg, Hans: Die Sorge geht über den Fluß. Frankfurt a. M. 1987.

(83) Blumenberg, Hans: Höhlenausgänge (1989). Frankfurt a. M. 1996.

(84) Bollnow, Otto Friedrich: Das Wesen der Stimmungen. Frankfurt a. M. ²1943.

(85) Carnap, Rudolf: Psychologie in physikalischer Sprache. In: Erkenntnis 3 (1932/33). S. 107–142.

(86) Cassirer, Ernst: Versuch über den Menschen. Einführung in eine Philosophie der Kultur (amerik. 1944, dt. von R. Kaiser). Hamburg 1996.

(87) Dewey, John: Human Nature and Conduct. An Introduction to Social Psychology (1922/²1930). In: ders.: The Middle Works, Vol. 14. Ed. J. A. Boydston. Carbondale/Edwardsville 1983.

(88) Flusser, Vilém: Vom Subjekt zum Projekt (1988/89). In: ders.: Vom Subjekt zum Projekt. Menschwerdung. Bensheim/Düsseldorf 1994. S. 7–160.

(89) Foucault, Michel: Wahnsinn und Gesellschaft. Eine Geschichte des Wahns im Zeitalter der Vernunft (frz. 1961, dt. von U. Köppen). Frankfurt a. M. 1973.

(90) Foucault, Michel: Der anthropologische Kreis (vollständiges Schlusskapitel von „Wahnsinn und Gesellschaft", frz. 1961, dt. von M. Sedlaczek). Berlin 2003.

(91) Foucault, Michel: Die Ordnung der Dinge. Eine Archäologie der Humanwissenschaften (frz. 1966, dt. von U. Köppen). Frankfurt a. M. 1974.

(92) Freud, Sigmund: Studienausgabe, hrsg. von A. Mitscherlich u. a. Frankfurt a. M. 1969 ff.
– Vorlesungen zur Einführung in die Psychoanalyse (1915–1917) und Neue Folge (1933). In: Bd. I.
– Massenpsychologie und Ich-Analyse (1921). In: Bd. IX. S. 61–134.
– Die Zukunft einer Illusion (1927). In: Bd. IX. S. 135–189.
– Das Unbehagen in der Kultur (1930). In: Bd. IX. S. 191–270.

(93) Freud, Sigmund: Eine Schwierigkeit der Psychoanalyse (1917). In: ders.: Gesammelte Werke, 12. Bd. Frankfurt a. M. ³1966. S. 3–12.

(94) Fromm, Erich: Philosophische Anthropologie und Psychoanalyse. Das Menschenbild Sigmund Freuds. In: R. Rocak/O. Schatz (Hrsg.): Philosophische Anthropologie heute. München 1972. S. 84–102.

(95) Gehlen, Arnold: Der Mensch (1940/³1944/⁴1950/⁷1957 u. ö.). In: ders.: Gesamtausgabe, Bd. 3.1 u. 3.2. Frankfurt a. M. 1993.

(96) Gehlen, Arnold: Über die Geburt der Freiheit aus der Entfremdung (1952). In: ders.: Gesamtausgabe, Bd. 4. Frankfurt a. M. 1983. S. 366–379.

(97) Gehlen, Arnold: Urmensch und Spätkultur. Philosophische Ergebnisse und Aussagen (1956). Wiesbaden ⁵1986.

(98) Gehlen, Arnold: Zur Geschichte der Anthropologie (1957). In: ders.: Gesamtausgabe, Bd. 4. Frankfurt a. M. 1983. S. 143–164 (auch in ders.: Anthropologische und sozialpsychologische Untersuchungen. Reinbek 1986. S. 7–25).

(99) Gehlen, Arnold: Mensch und Institutionen (1960). In: ders.: Anthropologische und sozialpsychologische Untersuchungen. Reinbek 1986. S. 69–77.

(100) Gehlen, Arnold: Moral und Hypermoral. Eine pluralistische Ethik (1969). Wiesbaden ⁵1986.

(101) Heidegger, Martin: Sein und Zeit (1927). Tübingen ¹⁶1986.

(102) Heidegger, Martin: Gesamtausgabe letzter Hand. Frankfurt a. M. 1975 ff.:

- Kant und das Problem der Metaphysik (1929, Bd. 3).
- Die Grundbegriffe der Metaphysik. Welt – Endlichkeit – Einsamkeit (1929/30, Bd. 29/30).
- Brief über den „Humanismus" (1946). In: ders.: Wegmarken (= Gesamtausgabe, Bd. 9). Frankfurt a. M. 1976/²1996. S. 313–364.
- Einleitung (1949) zu „Was ist Metaphysik?". In: ders.: Wegmarken (= Gesamtausgabe, Bd. 9). Frankfurt a. M. 1976/²1996. S. 365–383.
- Die Kehre (1949). In: ders.: Bremer und Freiburger Vorträge (= Gesamtausgabe, Bd. 79). Frankfurt a. M. 1994. S. 68–77.

(103) Horkheimer, Max: Bemerkungen zur philosophischen Anthropologie (1935). In: ders.: Gesammelte Schriften, Bd. 3. Frankfurt a. M. 1988. S. 249–276.

(104) Horkheimer, Max/Adorno, Theodor W.: Dialektik der Aufklärung (1944/²1947/³1969). In: Horkheimer, Max: Gesammelte Schriften, Bd. V. Frankfurt a. M. 1987. S. 11- 290.

(105) Husserl, Edmund: Logische Untersuchungen, 1. Bd.: Prolegomena zu einer reinen Logik (1900). Tübingen ⁷1993.

(106) Husserl, Edmund: Phänomenologie und Anthropologie (1931). In: Philosophy and Phemonological Research, Vol. II, No. 1/1941. S. 1–14.

(107) Jaspers, Karl: Einführung in die Philosophie (1949). In: ders.: Was ist Philosophie? Ein Lesebuch. München 1980. S. 33–118.

(108) Jonas, Hans: Organismus und Freiheit. Ansätze zu einer philosophischen Biologie. Göttingen 1973.

(109) Koestler, Arthur: Das Gespenst in der Maschine (engl. 1967, dt. von W. Wagmuth). Wien u. a. ²1968.

(110) Kondylis, Panajotis: Die Aufklärung im Rahmen des neuzeitlichen Rationalismus (1981). Stuttgart 1986.

(111) Langer, Susanne K.: Philosophie auf neuem Wege. Das Symbol im Denken, im Ritus und in der Kunst (amerik. 1942, dt. von Ada Löwith). Mittenwald 1979.

(112) Lévinas, Emmanuel: Totalität und Unendlichkeit. Versuch über die Exteriorität (frz. 1961, dt. von W. N. Krewani). Freiburg/München 1980.

(113) Merleau-Ponty, Maurice: Phänomenologie der Wahrnehmung (frz. 1948, dt. von R. Boehm). West-Berlin 1966.

(114) Plessner, Helmuth: Die Stufen des Organischen und der Mensch. Einleitung in die philosophische Anthropologie (1928). West-Berlin/New York ³1975 (auch in ders.: Gesammelte Schriften, Bd. IV).

(115) Plessner, Helmuth: Gesammelte Schriften, hrsg. von G. Dux u. a. Frankfurt a. M. 1980 ff.

- Die Aufgabe der Philosophischen Anthropologie (1937). In: Bd. VIII. S. 33–51.
- Lachen und Weinen. Eine Untersuchung der Grenzen menschlichen Verhaltens (1941). In: Bd. VII. S. 201–387.
- Über den Begriff der Leidenschaft (1950). In: Bd. VIII. S. 66–76.
- Homo absconditus (1969). In: Bd. VIII. S. 353–366.
- Trieb und Leidenschaft (1971). In: Bd. VIII. S. 367–379.
- Soziale Rolle und menschliche Natur (1960). In: Bd. X. S. 227–240.

(116) Rawls, John: Eine Theorie der Gerechtigkeit (amerik. 1971, dt. von H. Vetter). Frankfurt a. M. 1979.

(117) Russell, Bertrand: Eigeninteresse und allgemeines Wohl (engl. 1910, dt. von D. Birnbacher). In: D. Birnbacher/N. Hoerster (Hrsg.): Texte zur Ethik. München 1976. S. 189–196.

(118) Sartre, Jean-Paul: Der Existentialismus ist ein Humanismus und andere philosophische Essays 1943–1948. Reinbek 2000.

(119) Sartre, Jean-Paul: Fragen der Methode (frz. 1957/1960, dt. von V. v. Wroblewsky). Reinbek 1999.

(120) Scheler, Max: Wesen und Formen der Sympathie (1912/²1922). Bonn 1999 (auch in: ders.: Gesammelte Werke, Bd. VII. Bern/München 1973).

(121) Scheler, Max: Arbeit und Erkenntnis. Eine Studie über Wert und Grenzen des pragmatischen Motivs in der Erkenntnis der Welt (1926). In: ders.: Gesammelte Werke, Bd. VIII. Bern/München 1960. S. 191–382 (Einzelausgabe: Frankfurt a. M. 1977).

(122) Scheler, Max: Die Stellung des Menschen im Kosmos (1928). Bonn ¹²1991 (auch in: ders.: Gesammelte Werke, Bd. IX. Bern/München 1976).

(123) Scheler, Max: Philosophische Weltanschauung (1928). In: ders.: Gesammelte Werke, Bd. IX. Bern/München 1976. S. 75–84.

(124) Schiller, Ferdinand Canning Scott: Humanismus (amerik. 1911). In: Martens, E. (Hrsg.): Pragmatismus. Stuttgart 1992. S. 188–204.

(125) Schulz, Walter: Philosophie in der veränderten Welt (1972). Stuttgart ⁶1993.

(126) Sternberger, Dolf: Drei Wurzeln der Politik. Frankfurt a. M. 1984.

(127) Wittgenstein, Ludwig: Philosophische Untersuchungen (1953). In: ders.: Werkausgabe, Bd. 1. Frankfurt a. M. 1984. S. 225–580.

c) Neuere philosophische Literatur
   (inkl. Sekundärliteratur)

(128) Benhabib, Seyla/Butler, Judith/Cornell, Drucilla/Fraser, Nancy: Der Streit um Differenz. Feminismus und Postmoderne in der Gegenwart. Frankfurt a.M. 1993.
(129) Birnbacher, Dieter: „Natur" als Maßstab menschlichen Handelns. In: ders. (Hrsg.): Ökophilosophie. Stuttgart 1996. S. 217–241.
(130) Bohrer, Karl Heinz: Das Böse – eine ästhetische Kategorie? (1985) In: ders.: Nach der Natur. München/Wien 1988. S. 110–132.
(131) Dejung, Christoph: Plessner. Ein deutscher Philosoph zwischen Kaiserreich und Bonner Republik. Zürich 2003.
(132) Dennett, Daniel: Darwins gefährliches Erbe. Die Evolution und der Sinn des Lebens (amerik. 1995, dt. von S. Vogel). Hamburg 1997.
(133) Derrida, Jacques: Fines Hominis (frz. 1968). In: ders.: Randgänge der Philosophie. Hrsg. P. Engelmann. Wien ²1999. S. 133–157.
(134) Esfeld, Michael: Einführung in die Naturphilosophie. Darmstadt 2002.
(135) Fahrenbach, Helmut: Heidegger und das Problem einer „philosophischen" Anthropologie. In: V. Klostermann (Hrsg.): Durchblicke. Frankfurt a.M. 1970. S. 97–131.
(136) Fischer, Joachim: Exzentrische Positionalität. Plessners Grundkategorie der Philosophischen Anthropologie. In: Deutsche Zeitschrift für Philosophie. 48. Jg./2000, S. 265–288.
(137) Frankfurt, Harry: Willensfreiheit und der Begriff der Person (amerik. 1971). In: P. Bieri (Hrsg.): Analytische Philosophie des Geistes. Königstein/Ts. 1981. S. 287–303.
(138) Fukuyama, Francis: Das Ende des Menschen (amerik. 2002: Our Posthuman Future, dt. von K. Kochmann). Stuttgart/München 2002.
(139) Gilligan, Carol: Die andere Stimme. Lebenskonflikte und Moral der Frau (amerik. 1982, dt. von B. Stein). München/Zürich 1988.
(140) Großheim, Michael: Heidegger und die Philosophische Anthropologie. In: D. Thomä (Hrsg.): Heidegger-Handbuch. Stuttgart/Weimar 2003. S. 333–337.
(141) Habermas, Jürgen: Arbeit und Interaktion. Bemerkungen zu Hegels Jenenser ‚Philosophie des Geistes' (1967). In: ders.: Technik und Wissenschaft als ‚Ideologie'. Frankfurt a.M. 1968. S. 9–47.
(142) Habermas, Jürgen: Zur Rekonstruktion des Historischen Materialismus. Frankfurt a.M. 1976.
(143) Habermas, Jürgen: Theorie des kommunikativen Handelns, 2 Bde. Frankfurt a.M. 1981.

(144) Habermas, Jürgen: Moralbewußtsein und kommunikatives Handeln. Frankfurt a.M. 1983.
(145) Hastedt, Heiner: Das Leib-Seele-Problem. Zwischen Naturwissenschaft des Geistes und kultureller Eindimensionalität. Frankfurt a.M. 1988.
(146) Hawking, Steven: Eine kurze Geschichte der Zeit. Die Suche nach der Urkraft des Universums (engl. 1988, dt. von H. Kober). Reinbek 1988.
(147) Hentig, Hartmut von: Rousseau oder Die wohlgeordnete Freiheit. München 2003.
(148) Höffe, Otfried: Politische Gerechtigkeit. Grundlegung einer kritischen Philosophie von Recht und Staat. Frankfurt a.M. 1989.
(149) Höffe, Otfried: Wiederbelebung im Seiteneinstieg. In: ders. (Hrsg.): Der Mensch – ein politisches Tier. Essays zur politischen Anthropologie. Stuttgart 1992. S. 5–13.
(150) Höffe, Otfried: Aristoteles zur Einführung. München 1996.
(151) Holenstein, Elmar: Menschliches Selbstverständnis. Ichbewußtsein – Intersubjektive Verantwortung – Interkulturelle Verständigung. Frankfurt a.M. 1985.
(152) Holenstein, Elmar: Intra- und interkulturelle Hermeneutik (1994). In: ders.: Kulturphilosophische Perspektiven. Frankfurt a.M. 1998. S. 257–287.
(153) Honneth, Axel: Nachwort. In: Taylor, Charles: Negative Freiheit? Frankfurt a.M. 1988. S. 295–314.
(154) Honneth, Axel: Einleitung. In: ders. (Hrsg.): Kommunitarismus. Eine Debatte über die moralischen Grundlagen moderner Gesellschaften. Frankfurt/New York ²1994. S. 7–17.
(155) Horstmann, Ulrich: Das Untier. Konturen einer Philosophie der Menschenflucht. Frankfurt a.M. 1985.
(156) Hösle, Vittorio: Die Vollendung der Tragödie im Spätwerk des Sophokles. Ästhetisch-historische Bemerkungen zur Struktur der attischen Tragödie. Stuttgart-Bad Cannstatt 1984.
(157) Hösle, Vittorio: Moral und Politik. Grundlagen einer Politischen Ethik für das 21. Jahrhundert. München 1997.
(158) Hösle, Vittorio/Illies, Christian: Darwin. Freiburg 1999.
(159) Joas, Hans: Die Kreativität des Handelns. Frankfurt a.M. 1992.
(160) Kanitscheider, Bernulf: Auf der Suche nach dem Sinn. Frankfurt a.M. 1995.
(161) Karneth, Rainer: Anthropo-Biologie und Biologie. Biologische Kategorien bei Arnold Gehlen – im Licht der Biologie, insbesondere der vergleichenden Verhaltensforschung der Lorenz-Schule. Würzburg 1991.
(162) Krämer, Hans: Integrative Ethik. Frankfurt a.M. 1992.

(163) Kurzweil, Ray: Homo s@piens. Leben im 21. Jahrhundert. Was bleibt vom Menschen? (amerik. 1999, dt. von H. Dierlamm u.a.). München ³2001.

(164) Lenk, Hans: Konkrete Humanität. Vorlesungen über Verantwortung und Menschlichkeit. Frankfurt a.M. 1998.

(165) Lübbe, Hermann: Die Identitätspräsentationsfunktion der Historie. In: ders.: Praxis der Philosophie, Praktische Philosophie, Geschichtstheorie. Stuttgart 1978. S. 97–122.

(166) Marquard, Odo: Apologie des Zufälligen. Philosophische Überlegungen zum Menschen. In: ders.: Apologie des Zufälligen. Philosophische Studien. Stuttgart 1986. S. 117–139.

(167) McDowell, John: Geist und Welt (amerik. 1996, dt. von T. Blume u.a.). Paderborn u.a. 1998.

(168) Meier-Seethaler, Carola: Gefühl und Urteilskraft. Ein Plädoyer für emotionale Vernunft. München 1997.

(169) Nagel, Thomas: Mortal Questions. Cambridge, Mass. ³1988.

(170) Nagel, Thomas: Was bedeutet das alles? Eine ganz kurze Einführung in die Philosophie (amerik. 1987, dt. von M. Gebauer). Stuttgart 1990.

(171) Nagl-Docekal, Herta: Feministische Philosophie. Ergebnisse, Probleme, Perspektiven. Frankfurt a.M. 2000.

(172) Nunner-Winkler, Gertrud (Hrsg.): Weibliche Moral. Die Kontroverse um eine geschlechtsspezifische Ethik. München 1995.

(173) Nussbaum, Martha C.: Menschliches Tun und soziale Gerechtigkeit. Zur Verteidigung des aristotelischen Essentialismus. In: M. Brumlik/H. Brunkhorst (Hrsg.): Gemeinschaft und Gesellschaft. Frankfurt a.M. 1993. S. 323–361.

(174) Nussbaum, Martha C.: Gerechtigkeit oder Das gute Leben (amerik. 1988–1993, dt. von I. Utz). Frankfurt a.M. 1999.

(175) Pannenberg, Wolfhart: Was ist der Mensch? Die Anthropologie der Gegenwart im Lichte der Theologie. Göttingen 1962/⁸1995.

(176) Pauer-Studer, Herlinde: Einleitung. In: Nussbaum, Martha C.: Gerechtigkeit oder Das gute Leben. Frankfurt a.M. 1999. S. 7–23.

(177) Penrose, Roger: Schatten des Geistes. Wege zu einer neuen Physik des Bewußtseins (engl. 1994, dt. von A. Ehlers). Heidelberg 1995.

(178) Raulet, Gérard: Meta-Anthropologie und Erkenntnistheorie. In: ders. (Hrsg.): Max Scheler. Philosophische Anthropologie in der Zwischenkriegszeit. Paris 2002. S. 96–125.

(179) Reich, Jens: „Ein Mensch wird gemacht". Möglichkeiten und Grenzen der Gentechnik. Berlin 2003.

(180) Ricœur, Paul: Das Selbst als ein Anderer (frz. 1990, dt. von J. Greisch). München 1996.

(181) Rorty, Richard: Kontingenz, Ironie und Solidarität (amerik. 1989, dt. von C. Krüger). Frankfurt a.M. 1992.

(182) Safranski, Rüdiger: Das Böse oder Das Drama der Freiheit (1997). Frankfurt a.M. ³2000.

(183) Sander, Angelika: Max Scheler zur Einführung. Hamburg 2001.

(184) Schleichert, Hubert: Klassische chinesische Philosophie. Eine Einführung. Frankfurt a.M. ²1990.

(185) Schmitz, Hermann: Der unerschöpfliche Gegenstand (1990). Bonn ²1995.

(186) Schmitz, Hermann: Anthropologie ohne Schichten. In: A. Barkhaus u.a. (Hrsg.): Identität, Leiblichkeit, Normativität. Neue Horizonte anthropologischen Denkens. Frankfurt a.M. 1996. S. 127–145.

(187) Schnädelbach, Herbert: Art. Vernunft. In: E. Martens/H. Schnädelbach (Hrsg.): Philosophie. Ein Grundkurs. Reinbek 1985. S. 77–115.

(188) Schnädelbach, Herbert: Zur Rehabilitierung des animal rationale. Vorträge und Abhandlungen 2. Frankfurt a.M. 1992.

(189) Schulte, Christoph: radikal böse. Die Karriere des Bösen von Kant bis Nietzsche. München 1988.

(190) Schwemmer, Oswald: Die kulturelle Existenz des Menschen. Berlin 1997.

(191) Seebaß, Gottfried: Das Problem von Sprache und Denken. Frankfurt a.M. 1981.

(192) Sen, Amartya: Der Lebensstandard (engl. 1987, dt. von I. Utz). Hamburg 2000.

(193) Singer, Peter: Praktische Ethik (amerik. 1979/²1993, dt. von M. Bischoff u.a.). Stuttgart 1994.

(194) Steiner, George: Martin Heidegger. Eine Einführung (frz. 1978, dt. von M. Pfeiffer). München/Wien 1989.

(195) Stephan, Achim: Emergenz. Von der Unvorsehbarkeit zur Selbstorganisation. Dresden 1999.

(196) Taylor, Charles: Quellen des Selbst. Die Entstehung der neuzeitlichen Identität (engl. 1996, dt. von J. Schulte). Frankfurt a.M. 1996.

(197) Thies, Christian: Die Krise des Individuums. Ein Vergleich zwischen Adorno und Gehlen. Reinbek 1997.

(198) Thies, Christian: Gehlen zur Einführung. Reinbek 2000.

(199) Thies, Christian: David Hume und die Theorie der moralischen Affekte. In: Zeitschrift für Didaktik der Philosophie und Ethik 22. Jg./2000. S. 235–244.

(200) Thies, Christian: Gene und Umwelt – Ist Fremdgehen angeboren? Erscheint in: M. Fröhlich u.a. (Hrsg.): Praxishandbuch Anthropologie. Hannover 2004.

(201) Todorov, Tzvetan: Die Eroberung Amerikas. Das Problem des Anderen (frz. 1982, dt. von W. Böhringer). Frankfurt a.M. 1985.

(202) Todorov, Tzvetan: Angesichts des Äußersten (frz. 1991, dt. von W. Heuer u. A. Knop). Freiburg 1993.

(203) Todorov, Tzvetan: Abenteuer des Zusammenlebens. Versuch einer allgemeinen Anthropologie (frz. 1995, dt. von W. Kaiser). Frankfurt a.M. 1998.

(204) Tugendhat, Ernst: Vorlesungen über Ethik. Frankfurt a.M. 1993.

(205) Tugendhat, Ernst: Egozentrizität und Mystik. Eine anthropologische Studie. München 2003.

(206) Vollmer, Gerhard: Biophilosophie. Mit einem Geleitwort von E. Mayr. Stuttgart 1995.

(207) Weißmann, Karlheinz: Arnold Gehlen – Vordenker eines neuen Realismus. Bad Vilbel 2000.

(208) Weizenbaum, Joseph: Computermacht und Gesellschaft. Freie Reden. Frankfurt a.M. 2001.

(209) Weizsäcker, Carl Friedrich von: Der Garten des Menschlichen. Beiträge zur geschichtlichen Anthropologie (1977). Frankfurt a.M. 1980.

(210) Wetz, Franz Josef: Die Gleichgültigkeit der Welt. Philosophische Aufsätze. Frankfurt a.M. 1994.

(211) Wetz, Franz Josef: Die Kunst der Resignation. München 2003.

(212) Wilber, Ken: Eros – Logos – Kosmos. Eine Jahrtausend-Vision (amerik. 1995, dt. von J. Eggert u.a.). Frankfurt a.M. 2001.

3. Humanwissenschaftliche Literatur

a) Allgemeine Biologie

(213) Darwin, Charles: Die Abstammung des Menschen (engl. 1871, dt. von J.V. Carus). Wiesbaden ²1992.

(214) Darwin, Charles: Der Ausdruck der Gemütsbewegungen bei dem Menschen und den Tieren (engl. 1872, dt. von J. V. Carus). Frankfurt a.M. 2000.

(215) Dawkins, Richard: Das egoistische Gen (engl. 1976/²1989, dt. von K. de Sousa Ferreira). Reinbek 1996.

(216) Eibl-Eibesfeldt, Irenäus: Die Biologie des menschlichen Verhaltens. Grundriß der Humanethologie. München 1984.

(217) Ekman, Paul: Einleitung, Nachwort und Kommentar (dt. von U. Enderwitz). In: Darwin, Charles: Der Ausdruck der Gemütsbewegungen bei dem Menschen und den Tieren. Frankfurt a.M. 2000. S. XV–XXXIII und S. 407–439.

(218) Gould, Stephen Jay: Sociobiology and Human Nature: a Postpanglossian Vision. In: A. Montagu (Hrsg.): Sociobiology examined. Oxford 1980. S. 283–290.

(219) Gould, Stephen Jay: Zufall Mensch. Das Wunder des Lebens als Spiel der Natur (dt. von F. Griese). München/Wien 1991.

(220) Gould, Stephen Jay: Illusion Fortschritt. Die vielfältigen Wege der Evolution (dt. von S. Vogel). Frankfurt a.M. 1998.

(221) Hart, Stephen: Von der Sprache der Tiere (dt. von F. R. Glunk). München 1997.

(222) Lederberg, Joshua: Die biologische Zukunft des Menschen (1962). In: Das umstrittene Experiment: Der Mensch. München u.a. 1966. S. 292–301.

(223) Lorenz, Konrad: Über tierisches und menschliches Verhalten. Aus dem Werdegang der Verhaltenslehre. Gesammelte Abhandlungen, 2 Bde. München 1965.

(224) Lorenz, Konrad: Das sogenannte Böse. Zur Naturgeschichte der Aggression (1963). München 1983.

(225) Lorenz, Konrad: Die Rückseite des Spiegels. Versuch einer Naturgeschichte menschlichen Erkennens (1973). München 1977.

(226) Mayr, Ernst: Eine neue Philosophie der Biologie (amerik. 1988, dt. von I. Leipold). München/Zürich 1991.

(227) Mayr, Ernst: … und Darwin hat doch recht. Charles Darwin, seine Lehre und die moderne Evolutionsbiologie (amerik. 1991: One Long Argument, dt. von I. Leipold). München/Zürich 1994.

(228) Mayr, Ernst: Das ist Biologie. Die Wissenschaft des Lebens (amerik. 1997, dt. von J. Wißmann). Heidelberg/Berlin 2000.

(229) Monod, Jacques: Zufall und Notwendigkeit. Philosophische Fragen der modernen Biologie (frz. 1970, dt. von F. Griese). München 1975.

(230) Rose, Steven: Darwins gefährliche Erben. Biologie jenseits der egoistischen Gene (engl. 1998: Lifelines: Biology Beyond Determinism, dt. von S. Kuhlmann-Krieg). München 2000.

(231) Weber, Thomas P.: Darwin und die Anstifter. Die neuen Biowissenschaften. Köln 2000.

(232) Wilson, Edward O.: Sociobiology. A New Synthesis. Cambridge, Mass. 1975.

(233) Wilson, Edward O.: On Human Nature. Cambridge, Mass. 1978.

(234) Wilson, Edward O.: Der Wert der Vielfalt. Die Bedrohung der Artenreichtums und das Überleben des Menschen (amerik. 1992, dt. von T. Schmidt). München/Zürich ²1996.

(235) Zimmer, Dieter E.: Die Vernunft der Gefühle. Ursprung, Natur und Sinn der menschlichen Emotion (1981). München/Zürich ³1988.

(236) Zimmer, Dieter E.: Unsere erste Natur. Die

biologischen Ursprünge menschlichen Verhaltens. Frankfurt a. M. 1982.

(237) Zimmer, Dieter E.: Experimente des Lebens. Wilde Kinder, Zwillinge, Kibbuzniks und andere aufschlußreiche Wesen. Zürich 1989.

b) Primatologie

(238) Goodall, Jane: Wilde Schimpansen. Verhaltensforschung am Gombe-Strom (engl. 1971, dt. von M. W. Rien). Reinbek 1991.

(239) Goodall, Jane: Ein Herz für Schimpansen. Meine 30 Jahre am Gombe-Strom (engl. 1990, dt. von I. Stratmann). Reinbek 1991.

(240) Paul, Gregor: Von Affen und Menschen. Verhaltensbiologie der Primaten. Darmstadt 1998.

(241) Sommer, Volker: Von Menschen und anderen Tieren. Essays zur Evolutionsbiologie. Stuttgart/Leipzig 2000.

(242) Sommer, Volker/Ammann, Karl: Die großen Menschenaffen. Orang-Utan, Gorilla, Schimpanse, Bonobo. Die neue Sicht der Verhaltensforschung. München u. a. 1998.

(243) Vogel, Christian: Vom Töten zum Mord. Das wirklich Böse in der Evolutionsgeschichte. München/Wien 1989.

(244) de Waal, Frans: Wilde Diplomaten. Versöhnung und Entspannungspolitik bei Affen und Menschen (amerik. 1989, dt. von E. Vogel). München/Wien 1991.

c) Päläoanthropologie

(245) Cavalli-Sforza, Luigi Luca: Gene, Völker und Sprachen. Die biologischen Ursprünge unserer Zivilisation (frz. 1996, dt. von G. Memmert). München 2001.

(246) Diamond, Jared: Der dritte Schimpanse. Evolution und Zukunft des Menschen (amerik., dt. von V. Englich). Frankfurt a. M. 1994.

(247) Foley, Robert: Menschen vor Homo sapiens. Wie und warum sich unsere Art durchsetzte (engl. 1995, dt. von B. Mittmann). Darmstadt 2000.

(248) Schrenk, Friedemann: Die Frühzeit des Menschen. Der Weg zum Homo sapiens. München [3]2001.

d) Hirnforschung

(249) Damasio, Antonio R.: Descartes' Irrtum. Fühlen, Denken und das menschliche Gehirn (amerik. 1994, dt. von H. Kober). München [3]1998.

(250) Edelman, Gerald M./Tononi, Giulio: Gehirn und Geist. Wie aus Materie Bewusstsein entsteht (amerik. 2000, dt. von S. Kuhlmann-Krieg). München 2002.

(251) Linke, Detlef: Das Gehirn. München [2]2000.

(252) Roth, Gerhard: Das Gehirn und seine Wirklichkeit. Kognitive Neurobiologie und ihre philosophischen Konsequenzen. Frankfurt a. M. 1997.

(253) Roth, Gerhard: Fühlen, Denken, Handeln. Wie das Gehirn unser Verhalten steuert. Frankfurt a. M. 2001.

(254) Singer, Wolf: *Conditio humana* aus neurobiologischer Sicht. In: N. Elsner/H.-J. Schreiber (Hrsg.): Was ist der Mensch? Göttingen 2002. S. 143–167.

e) Allgemeine Psychologie

(255) Bally, Gustav: Vom Ursprung der Freiheit im Spiel (1945). In: H. Scheuerl (Hrsg.): Das Spiel, Bd. 2: Theorien des Spiels (zuerst 1955). Weinheim/Basel [12]1997. S. 149–157.

(256) Cosmides, Lea/Tooby, John (mit Jerome H. Barkow): The Adapted Mind. Evolutionary Psychology and the Generation of Culture. Oxford 1992.

(257) Gardner, Howard: Abschied vom IQ. Die Rahmen-Theorie der vielfachen Intelligenzen (amerik. 1983: Frames of Mind, dt. von M. Heim). Stuttgart 1991.

(258) Lacan, Jacques: Das Spiegelstadium als Bildner der Ichfunktion (frz. 1936/[2]1949, dt. von P. Stehlin). In: ders.: Schriften 1. Hrsg. N. Haas. Olten/Freiburg 1973. S. 61–70.

(259) Maslow, Abraham H.: Motivation und Persönlichkeit (amerik. 1954/[2]1970, dt. von P. Kruntorad). Reinbek 1981.

(260) Maslow, Abraham H.: Psychologie des Seins. Ein Entwurf. Frankfurt a. M. 1985.

(261) Metzger, Wolfgang: Psychologie. Die Entwicklung ihrer Grundannahmen seit der Einführung des Experiments (zuerst 1940). Darmstadt [2]1954.

(262) Milgram, Stanley: Das Milgram-Experiment. Zur Gehorsamsbereitschaft gegenüber Autorität (amerik. 1974, dt. von R. Fleissner). Reinbek 1982.

(263) Pinker, Steven: Wie das Denken im Kopf entsteht (amerik. 1997, dt. von M. Wiese u. S. Vogel). München 1998.

(264) Pinker, Steven: Das unbeschriebene Blatt. Die moderne Leugnung der menschlichen Natur (amerik. 2002, dt. von H. Kober). Berlin 2003.

(265) Tomasello, Michael: Die kulturelle Entwicklung des menschlichen Denkens. Zur Evolution der Kognition (amerik. 1999, dt. von J. Schröder). Frankfurt a. M. 2002.

(266) Turkle, Sherry: Die Wunschmaschine. Der Computer als zweites Ich (amerik. 1984, dt. von N. Hansen). Reinbek 1986.

(267) Watson, John B.: Behaviorismus (amerik. 1930, dt. von E. Giese-Lang). Köln 1968.

(268) Zimbardo, Philip G./Gerrig, Richard J.: Psychologie (amerik. 1996, dt. von S. Hoppe-Graff u. I. Engel). Berlin u. a. ⁷1999.

f) Entwicklungspsychologie

(269) Baltes, Paul B. u. a. (Hrsg.): Entwicklungspsychologie der Lebensspanne. Stuttgart 1979.

(270) Bischof, Norbert: Das Rätsel Ödipus. Die biologischen Wurzeln des Urkonflikts von Intimität und Autonomie (1985). München/Zürich ³1991.

(271) Bischof, Norbert: Das Kraftfeld der Mythen. Signale aus der Zeit, in der wir die Welt erschaffen haben. München/Zürich 1998.

(272) Bischof-Köhler, Doris: Spiegelbild und Empathie. Die Anfänge der sozialen Kognition. Bern 1993.

(273) Bischof-Köhler, Doris: Ichbewußtsein und Zeitvergegenwärtigung. Zur Phylogenese spezifischer Erkenntnisformen. In: A. Barkhaus u. a. (Hrsg.): Identität, Leiblichkeit, Normativität. Neue Horizonte anthropologischen Denkens. Frankfurt a. M. 1996. S. 78–108.

(274) Erikson, Erik: Identität und Lebenszyklus. Drei Aufsätze (amerik. 1959, dt. von K. Hügel). Frankfurt a. M. 1973.

(275) Furth, Hans G.: Denkprozesse ohne Sprache (1966). Düsseldorf 1972.

(276) Kesselring, Thomas: Jean Piaget. München 1988.

(277) Kohlberg, Lawrence: Die Psychologie der Moralentwicklung (amerik. 1968–1984, dt. von W. Althof u. a.). Frankfurt a. M. 1996.

(278) Lurija, Aleksandr R.: Die historische Bedingtheit individueller Erkenntnisprozesse (russ. 1974, dt. von R. Semmelmann u. a.). Ost-Berlin 1986.

(279) Montada, Leo: Fragen, Konzepte, Perspektiven. In: R. Oerter/L. Montada (Hrsg.): Entwicklungspsychologie. Ein Lehrbuch. Weinheim ³1995. S. 1–83.

(280) Montada, Leo: Die geistige Entwicklung aus der Sicht Jean Piagets. In: R. Oerter/L. Montada (Hrsg.): Entwicklungspsychologie. Ein Lehrbuch. Weinheim ³1995. S. 518–560.

(281) Nunner-Winkler, Gertrud: Moralische Motivation und moralische Identität. Zur Kluft zwischen Urteil und Handeln. In: D. Garz/F. Oser/W. Althof (Hrsg.): Moralisches Urteil und Handeln. Frankfurt a. M. 1999. S. 314–339.

(282) Piaget, Jean: Die geistige Entwicklung des Kindes (frz. 1940, dt. von W. Teuschl). In: ders.: Theorien und Methoden der modernen Erziehung. Frankfurt a. M. 1974. S. 153–210.

(283) Piaget, Jean: Sprechen und Denken in genetischer Sicht (frz. 1954, dt. von W. Teuschl). In: ders.: Theorien und Methoden der modernen Erziehung. Frankfurt a. M. 1974. S. 220–228.

(284) Piaget, Jean: Biologie und Erkenntnis. Über die Beziehungen zwischen organischen Regulationen und kognitiven Prozessen (frz. 1967). Frankfurt a. M. 1974.

(285) Piaget, Jean: Meine Theorie der geistigen Entwicklung (frz. 1970, dt. von H. Kober). Frankfurt a. M. 1983.

g) Sprachwissenschaft

(286) Bühler, Karl: Die Axiomatik der Sprachwissenschaften (1933). Hrsg. E. Ströker. Frankfurt a. M. ²1976.

(287) Bühler, Karl: Sprachtheorie. Die Darstellungsfunktion der Sprache (1934). Stuttgart/New York 1982.

(288) Chomsky, Noam: Cartesianische Linguistik. Ein Kapitel in der Geschichte des Rationalismus (amerik. 1966, dt. von R. Kruse). Tübingen 1971.

(289) Chomsky, Noam: Sprache und Geist. Mit einem Anhang: Linguistik und Politik (amerik. 1968/69, dt. von S. Kanngießer u. a.). Frankfurt a. M. ⁵1992.

(290) Lyons, John: Die Sprache (amerik. 1981, dt. von H.-P. Menz u. a.). München ⁴1992.

(291) Pinker, Steven: Der Sprachinstinkt. Wie der Geist die Sprache bildet (amerik. 1994, dt. von M. Wiese). München 1996.

(292) Sapir, Edward: Die Sprache. Eine Einführung in das Wesen der Sprache (amerik. 1921, dt. von C. P. Homberger). München ²1972.

(293) Werlen, Iwar: Sprachliche Relativität. Eine problemorientierte Einführung. Tübingen/Basel 2002.

(294) Whorf, Benjamin Lee: Sprache – Denken – Wirklichkeit. Beiträge zur Metalinguistik und Sprachphilosophie (amerik. 1936–41, dt. von P. Krausser). Reinbek 1963.

(295) Wygotski, Lew Semjonowitsch: Denken und Sprechen (russ. 1934, dt. von Gerhard Sewekow). Frankfurt a. M. 1986.

(296) Zimmer, Dieter E.: So kommt der Mensch zur Sprache. Über Spracherwerb, Sprachentstehung und Sprache & Denken (1986). Zürich ⁵1999.

h) Ethnologie

(297) Caillois, Roger: Die Spiele und die Menschen. Maske und Rausch (frz. 1958, dt. von S. v. Massenbach). München 1961.

(298) Eliade, Mircea: Das Heilige und das Profane. Vom Wesen des Religiösen (frz. 1956, dt. von E. Moldenhauer). Frankfurt a.M. 1998.

(299) Fortes, Meyer: Verwandtschaft und das Prinzip der Amity (amerik. 1969, dt. von I. Leverenz). In: F. Kramer/Chr. Sigrist (Hrsg.): Gesellschaften ohne Staat, Bd. II: Genealogie und Solidarität. Frankfurt a.M. 1983. S. 120–164.

(300) Fortes, Meyer: Pietas bei der Verehrung der Ahnen (engl. 1961, dt. von F. Kramer u. H. Wilderotter). In: F. Kramer/Chr. Sigrist (Hrsg.): Gesellschaften ohne Staat, Bd. II: Genealogie und Solidarität. Frankfurt a.M. 1983. S. 197–232.

(301) Geertz, Clifford: Dichte Beschreibung. Bemerkungen zu einer deutenden Theorie von Kultur (amerik. 1973, dt. von B. Luchesi u. R. Bindemann). In: ders.: Dichte Beschreibung. Beiträge zum Verstehen kultureller Systeme. Frankfurt a.M. ²1991 S. 7–43.

(302) Girard, René: Das Heilige und die Gewalt (frz., dt. von E. Mainburger-Ruh). Zürich 1987.

(303) Harris, Marvin: Kannibalen und Könige. Aufstieg und Niedergang der Menschheitskulturen (amerik. 1977, dt. von V. Bradke u.a.). Frankfurt a.M. 1978 (Neuausgabe Stuttgart 1990).

(304) Harris, Marvin: Menschen. Wie wir wurden, was wir sind (amerik. 1989, dt. von U. Enderwitz). Stuttgart ³1992.

(305) Kohl, Karl-Heinz: Ethnologie – die Wissenschaft vom kulturell Fremden. Eine Einführung. München ²2000.

(306) Lévi-Strauss, Claude: Das wilde Denken (frz. 1962, dt. von H. Naumann). Frankfurt a.M. ⁴1981.

(307) Malinowski, Bronislaw: Argonauten des westlichen Pazifik (engl. 1922, dt. von H. L. Herdt). Frankfurt a.M. 1979.

(308) Malinowski, Bronislaw: Eine wissenschaftliche Theorie der Kultur und andere Aufsätze (engl. 1941, dt. von F. Levi). Frankfurt a.M. 1949/75.

(309) Mauss, Marcel: Die Gabe. Form und Funktion des Austauschs in archaischen Gesellschaften (frz. 1923/24, dt. von E. Moldenhauer). In: ders.: Soziologie und Anthropologie, Bd. 2. Frankfurt a.M. 1989. S. 9–144.

(310) Sahlins, Marshall: Kultur und praktische Vernunft (amerik. 1976, dt. von B. Luchesi). Frankfurt a.M. 1981.

(311) Streck, Bernhard (Hrsg.): Wörterbuch der Ethnologie. Köln 1987.

(312) Turner, Victor: Das Ritual. Struktur und Anti-Struktur (amerik. 1969, dt. von S. M. Schomburg-Scherff). Frankfurt/New York 2000.

(313) Vivelo, Frank Robert: Handbuch der Kulturanthropologie. Eine grundlegende Einführung (amerik. 1978, dt. von E. Stangl). München 1988.

i) Soziologie

(314) Bourdieu, Pierre/Wacquant, Loïc J. D.: Reflexive Anthropologie (frz. 1988, dt. von H. Beister). Frankfurt a.M. 1996.

(315) Breuer, Stefan: Der Staat. Entstehung – Typen – Organisationsstadien. Reinbek 1998.

(316) Claessens, Dieter: Das Konkrete und das Abstrakte. Soziologische Skizzen zur Anthropologie. Frankfurt a.M. 1980.

(317) Dahrendorf, Ralf: Über den Ursprung der Ungleichheit unter den Menschen (1961). In: ders.: Pfade aus Utopia. München/Zürich ⁴1986. S. 352–379.

(318) Durkheim, Emile: Über soziale Arbeitsteilung. Studie über die Organisation höherer Gesellschaften (frz. 1893). Frankfurt a.M. 1992.

(319) Hondrich, Karl Otto: Der Neue Mensch. Frankfurt a.M. 2001.

(320) Knorr-Cetina, Karin: Die Fabrikation von Erkenntnis. Zur Anthropologie der Naturwissenschaft. Frankfurt a.M. 1984.

(321) Luhmann, Niklas: Soziale Systeme. Grundriß einer allgemeinen Theorie. Frankfurt a.M. 1984.

(322) Luhmann, Niklas: Die Tücke des Subjekts und die Frage nach dem Menschen. In: P. Fuchs/A. Göbel (Hrsg.): Der Mensch – das Medium der Gesellschaft. Frankfurt a.M. 1994. S. 40–56.

(323) Mead, George Herbert: Geist, Identität und Gesellschaft (amerik. zuerst 1934, dt. von U. Pacher). Frankfurt a.M. 1973.

(324) Schütz, Alfred/Luckmann, Thomas: Strukturen der Lebenswelt, Bd. 1. Frankfurt a.M. 1979.

(325) Sofsky, Wolfgang: Traktat über die Gewalt. Frankfurt a.M. 1996.

(326) Vowinckel, Gerhard: Homo sapiens sociologicus. Oder: Der Egoismus der Gene und die List der Kultur. In: KZSS 43. Jg./1991, S. 520–541.

(327) Weber, Max: Die „Objektivität" sozialwissenschaftlicher und sozialpolitischer Erkenntnis (1904). In: ders.: Gesammelte Aufsätze zur Wissenschaftslehre. Tübingen ⁴1972. S. 146–214.

(328) Weber, Max: Die protestantische Ethik und der „Geist" des Kapitalismus (1905). Weinheim ³2000.

j) Geschichtswissenschaft

(329) Browning, Christopher R.: Ganz normale Männer. Das Reserve-Polizeibataillon 101 und die „Endlösung" in Polen (amerik. 1992, Nachwort 1998, dt. von J. P. Krause). Reinbek 1999.

(330) Burckhardt, Jacob: Die Kultur der Renaissance in Italien. Ein Versuch (1860/²1869). Stuttgart 1960.

(331) Burkert, Walter: Anthropologie des religiösen Opfers. Die Sakralisierung der Gewalt. München 1984.

(332) Burkert, Walter: ‚Vergeltung' zwischen Ethologie und Ethik. Reflexe und Reflexionen in Texten und Mythologien des Altertums. München 1994.

(333) Demandt, Alexander: Der Idealstaat. Die politischen Theorien der Antike. Köln ³2000.

(334) Dressel, Gert: Historische Anthropologie. Eine Einführung. Wien u. a. 1996.

(335) Duerr, Hans Peter: Der Mythos vom Zivilisationsprozeß, 5 Bde. Frankfurt a. M. 1988 bis 2002.

(336) Dülmen, Richard van: Historische Anthropologie. Entwicklung – Probleme – Aufgaben. Köln u. a. 2000.

(337) Elias, Norbert: Über den Prozeß der Zivilisation, 2 Bde. (1936/²1969). Frankfurt a. M. 1976.

(338) Huizinga, Johan: Homo ludens. Vom Ursprung der Kultur im Spiel (niederl. 1938, dt. von H. Nachod). Reinbek 1987.

(339) Imhof, Arthur E.: Reife des Lebens. Gedanken eines Historikers zum längeren Dasein. München 1988.

(340) Lepenies, Wolf: Geschichte und Anthropologie. Zur wissenschaftstheoretischen Einordnung eines aktuellen Disziplinenkontaktes. In: Geschichte und Gesellschaft, 1.Jg./1975. S. 325–343.

(341) Lepenies, Wolf: Gefährliche Wahlverwandtschaften. Essays zur Wissenschaftsgeschichte. Stuttgart 1989.

(342) Süssmuth, Hans (Hrsg.): Historische Anthropologie. Der Mensch in der Geschichte. Göttingen 1984.

(343) Wulf, Christoph (Hrsg.): Vom Menschen. Handbuch Historische Anthropologie. Weinheim/ Basel 1997.

4. Sonstige zitierte Literatur

(344) Bachmann-Medick, Doris (Hrsg.): Kultur als Text. Die anthropologische Wende in der Literaturwissenschaft. Frankfurt a. M. 1996.

(345) Benn, Gottfried: Gedichte. In: ders.: Gesammelte Werke in 4 Bänden, hrsg. von D. Wellershoff. Stuttgart ⁸1992.

(346) Die Bibel oder die ganze Heilige Schrift des Alten und Neuen Testaments. Dt. von M. Luther. Stuttgart 1970.

(347) Biermann, Wolf: Alle Lieder. Köln 1991.

(348) Bloom, Harold: Shakespeare. Die Erfindung des Menschlichen, 2 Bde. (amerik. 1998, dt. von P. Knecht). Berlin 2002.

(349) Brecht, Bertolt: Die Dreigroschenoper (1928). In: ders.: Werke, Bd. 2. Ost-Berlin/Weimar u. Frankfurt a. M. 1988. S. 229–308.

(350) Enzensberger, Hans Magnus: Die große Wanderung. 33 Markierungen (1992). Frankfurt a. M. 1994.

(351) Goethe, Johann Wolfgang von: Faust. Der Tragödie erster und zweiter Teil. Urfaust. Hrsg. E. Trunz. München 1972.

(352) Heine, Heinrich: Reisebilder. In: ders.: Sämtliche Werke, hrsg. von K. Briegleb. 2. Bd. München ³1995. S. 97–605.

(353) Homer: Illias (griech.., dt. von H. Rupé). München 1990.

(354) Levi, Primo: Ist das ein Mensch? Ein autobiographischer Bericht (ital. 1958, dt. von H. Riedt). München 1992.

(355) Mythos Prometheus. Texte von Hesiod bis René Char. Hrsg. von W. Storch u. B. Damerau. Leipzig ³2001.

(356) Schwab, Gustav: Die schönsten Sagen des klassischen Altertums (1838–40). Himberg ²⁰1995.

(357) Shakespeare, William: Hamlet. Prinz von Dänemark (engl. ca. 1605, dt. von A. W. v. Schlegel). Frankfurt a. M. 1980.

(358) Solschenizyn, Alexander: Der Archipel GULAG (russ. 1974, dt. von A. Peturnig u. E. Walter, gekürzte Ausgabe). Reinbek 1988.

(359) Sophokles: Antigone (griech. 442 v. Chr., dt. von W. Kuchenmüller). Stuttgart 1955.

(360) Sophokles: König Oidipus (Oidipus tyrannos, griech. 430–425 v. Chr., dt. von E. Buschor). Stuttgart 1975.

Fachzeitschriften, die Themen der (philosophischen) Anthropologie behandeln

– Anthropos (hrsg. vom Anthropos Institut, St. Augustin).
– Current Anthropology (University of Chicago Press, Journals Division).
– Daseinsanalyse. Phänomenologische Anthropologie und Psychotherapie (hrsg. von der Internationalen Vereinigung für Daseinsanalyse, Zürich).

- Deutsche Zeitschrift für Philosophie (Akademie Verlag).
- Historische Anthropologie. Kultur – Gesellschaft – Alltag (Böhlau Verlag).
- Paragrane (hrsg. vom Interdisziplinären Zentrum für Historische Anthropologie an der Freien Universität Berlin).
- Philosophische Rundschau (Verlag Mohr Siebeck).
- Saeculum. Jahrbuch für Universalgeschichte (Böhlau Verlag).
- Spektrum der Wissenschaft (hrsg. vom gleichnamigen Verlag in Heidelberg).
- Theoretical Anthropology (hrsg. vom Institut für Völkerkunde der Universität Wien).
- Universitas (Hirzel Verlag).
- Zeitschrift für philosophische Forschung (Klostermann Verlag).

Personenregister

Begriffsregister

In der Reihe PHILOSOPHIE sind bisher erschienen:

Brisson, Luc
Einführung in die Philosophie
des Mythos
1996. IX, 242 S., mit einigen tab.
Übersichten und Schemata
ISBN 3-534-10112-X

Esfeld, Michael
Einführung in die Naturphilosophie
2002. 159 S., 2 s/w Abb.
ISBN 3-534-15461-4

Geyer, Carl-Friedrich
Einführung in die Philosophie
der Kultur
1994. VI, 210 S.
ISBN 3-534-11297-0

Grassi, Ernesto
Einführung in die humanistische
Philosophie
2. Auflage 1991. (II) VIII, 171 S.
ISBN 3-534-08770-4

Grondin, Jean
Einführung in die philosophische
Hermeneutik
2., überarb. Auflage 2001. 204 S.
ISBN 3-534-15076-7

Haller, Rudolf
Neopositivismus
Eine historische Einführung
in die Philosophie des Wiener Kreises
1993. VIII, 304 S.
ISBN 3-534-06677-4

Hofmann, Hasso
Einführung in die Rechts- und
Staatsphilosophie
2., um ein Register erw. Auflage
2003. IX, 228 S.
ISBN 3-534-05975-1

Horn, Christoph
Einführung in die Politische
Philosophie
2003. 176 S.
ISBN 3-534-15466-5

Kopper, Joachim
Einführung in die Philosophie
der Aufklärung
3., bibliogr. erw. Auflage 1996.
IX, 164 S.
ISBN 3-534-13270-X

Meixner, Uwe
Einführung in die Ontologie
2004. 192 S.
ISBN 3-534-15458-4

Quante, Michael
Einführung in die Allgemeine Ethik
2003. 192 S.
ISBN 3-534-15464-9

Die Reihe wird fortgesetzt.